STRASSEN UND REISEN 2001/2002

Übersichtskarte Deutschland 1 : 2.500.000 4 – 5

Deutschland 1 : 400.000
Blatteinteilung 3
Zeichenerklärung 6
Kartenteil 8 – 71

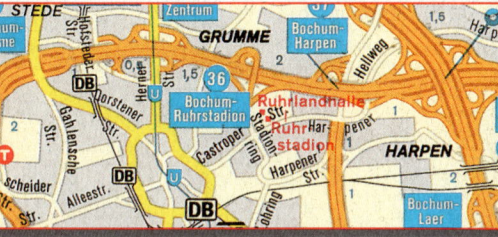

Zufahrtskarten 1 : 100.000
Blatteinteilung 3
Zeichenerklärung 7
Kartenteil 72 – 159

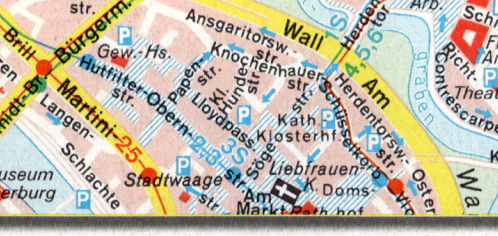

Citypläne 1 : 11.000 – 1 : 20.000
Blatteinteilung 3
Zeichenerklärung 7
Kartenteil

Alpen 1 : 750.000
Blatteinteilung 2
Zeichenerklärung 160
Kartenteil 161 – 169

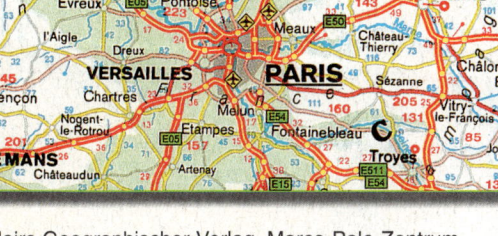

Europa 1 : 4.500.000
Blatteinteilung 2
Zeichenerklärung 170
Kartenteil 171 – 182

© Mairs Geographischer Verlag, Marco-Polo-Zentrum, 73760 Ostfildern, Tel. 0711/4502-0
Druck: Körner Rotationsdruck, 71069 Sindelfingen

Printed in Germany

Das Werk einschließlich aller seiner Teile ist urheberrechtlich geschützt. Jede urheberrechtswidrige Verwertung ist ohne Zustimmung des Verlages unzulässig und strafbar. Das gilt insbesondere für Vervielfältigungen, Übersetzungen, Nachahmungen, Mikroverfilmungen und die Einspeicherung und Verarbeitung in elektronischen Systemen.

Ortsregister Deutschland 183 – 190

Deutsche Kraftfahrzeugkennzeichen 191

Entfernungstabelle Deutschland und Europa 192

Blatteinteilung der Karten 1 : 4.500.000

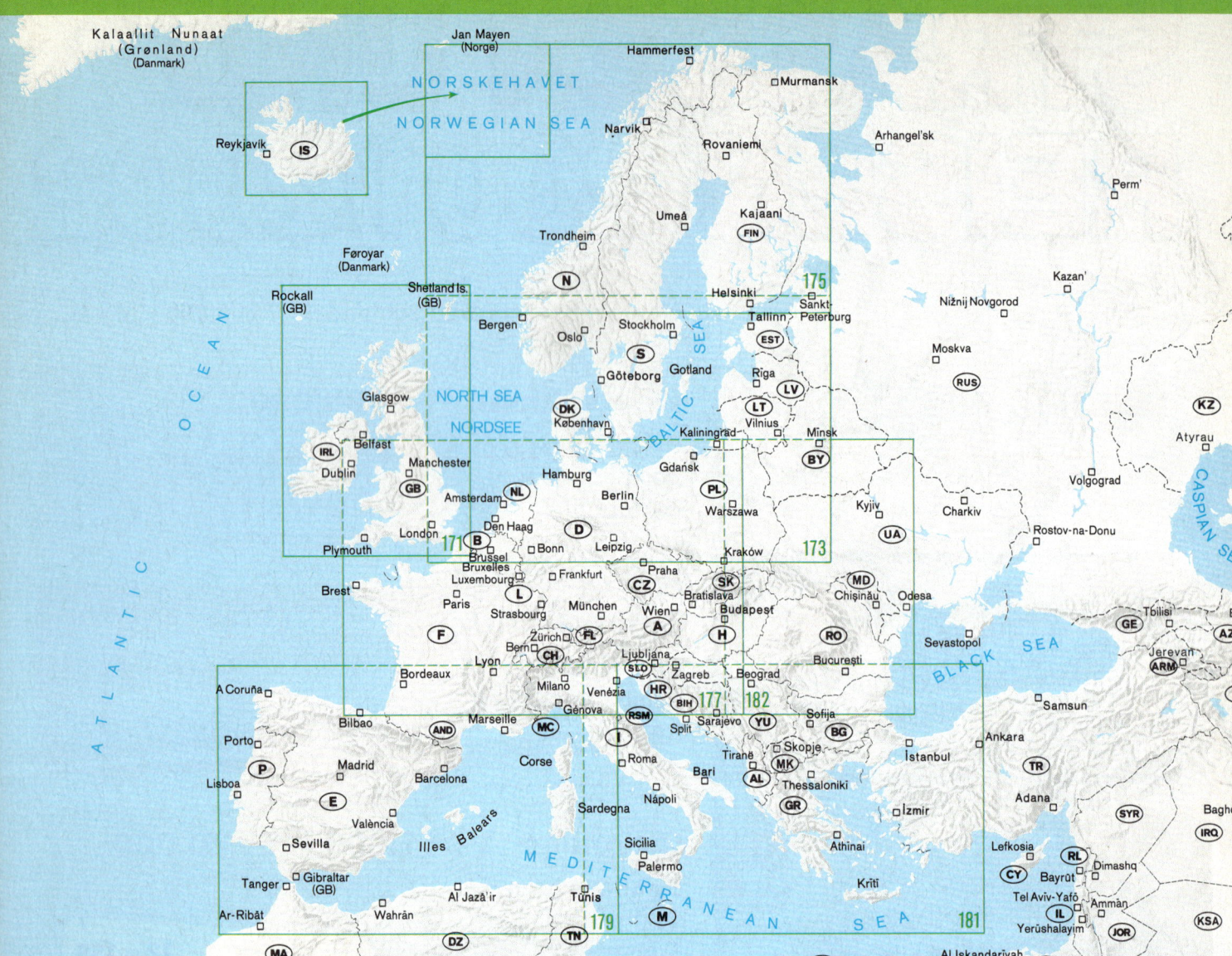

Blatteinteilung der Karten 1 : 750.000

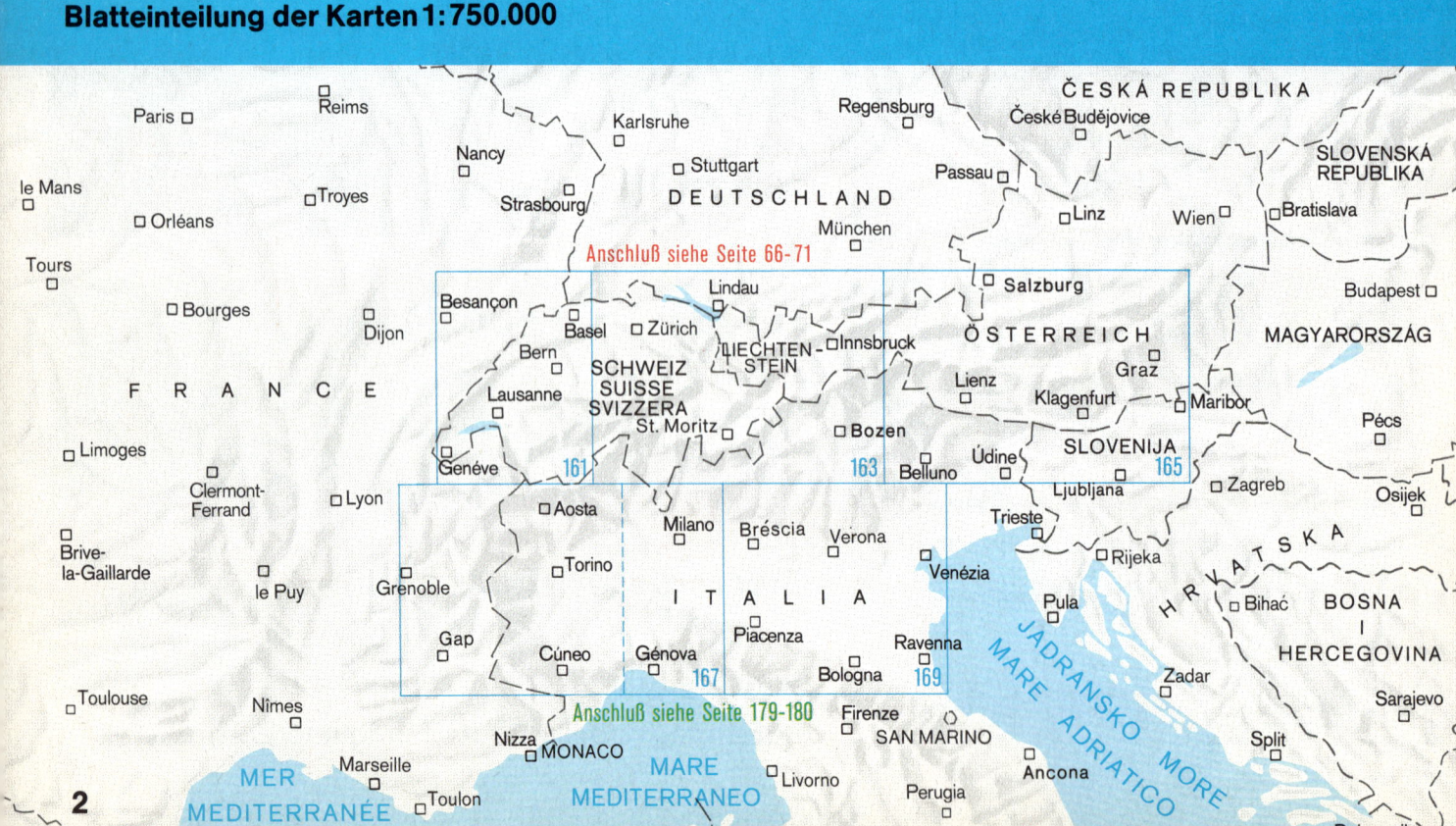

Blatteinteilung der Karten 1:400.000, 1:100.000 und der Citypläne

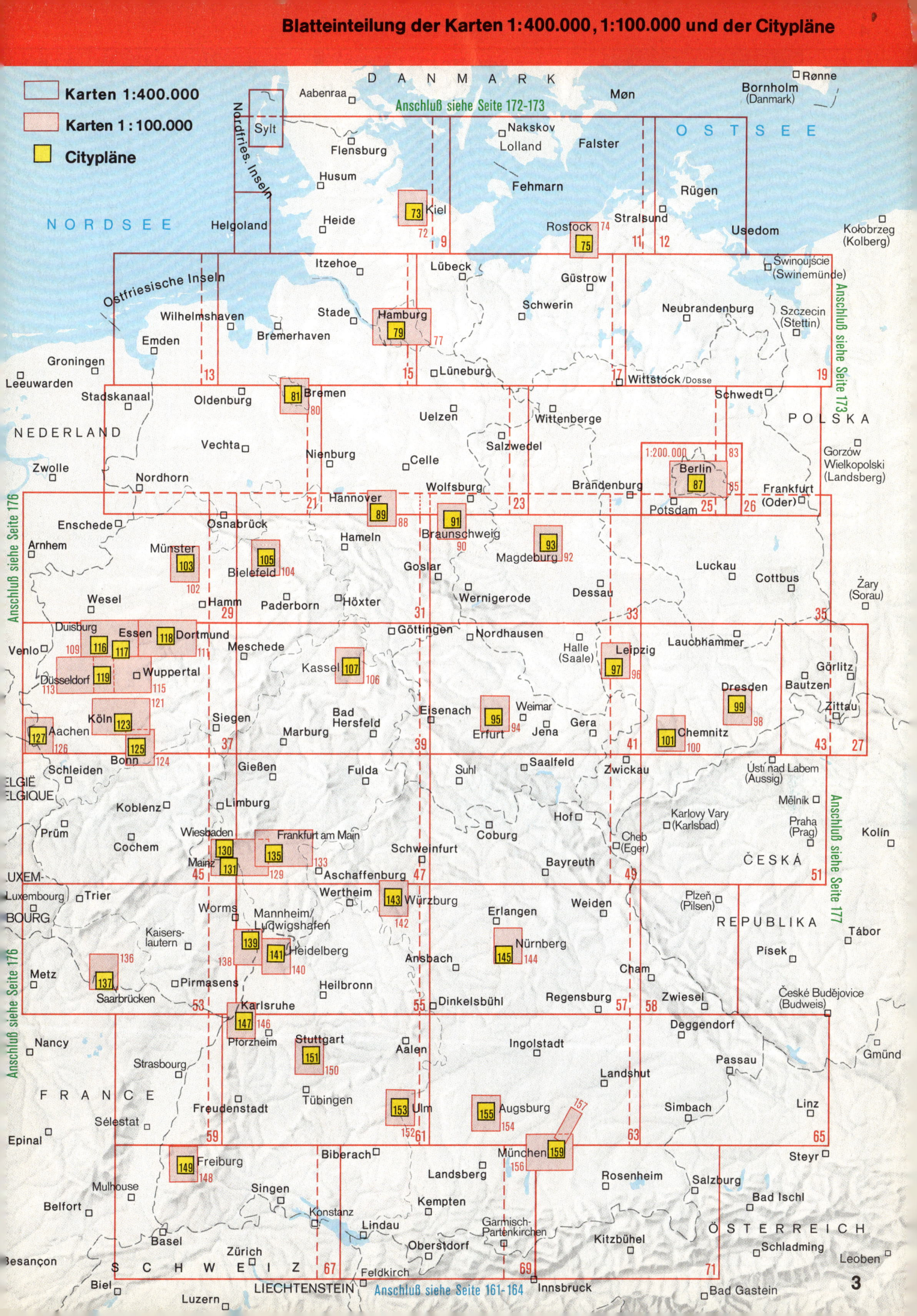

Übersichtskarte Deutschland

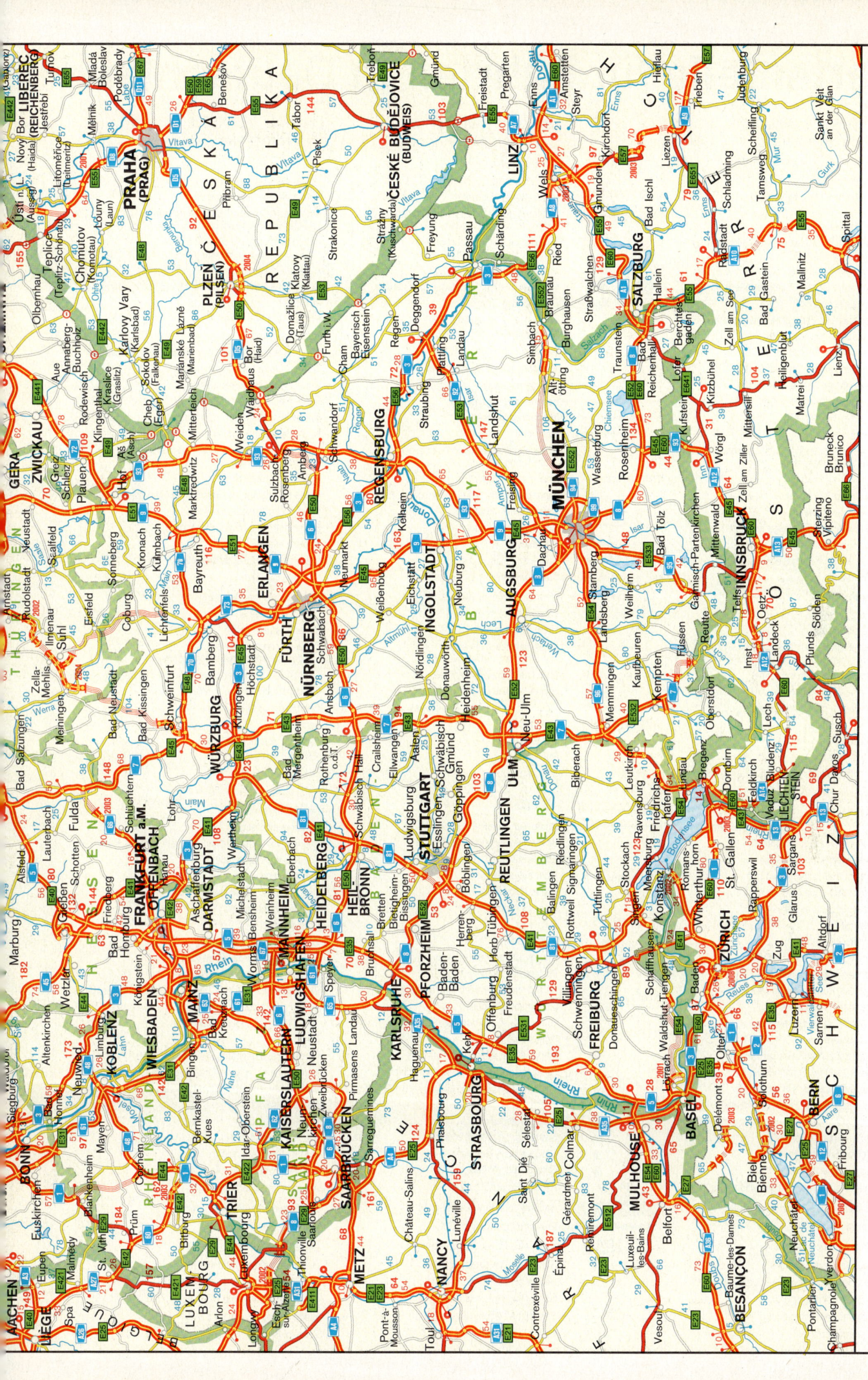

Kartenteile für Fahrten in Deutschland

| Legende 1:400.000 1cm=4km | Legend 1:400,000 1cm=4km | Légende 1:400.000 1cm=4km |

Verkehrsnetz / Means of communication / Voies de communication

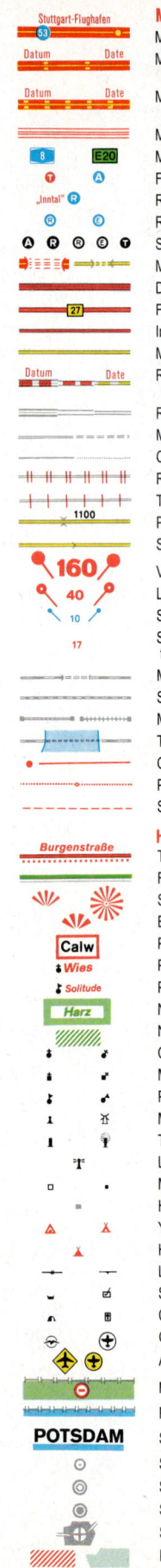

Autobahn mit Anschlussstellen	Motorway with junctions	Autoroute avec points de jonction
Autobahn in Bau mit baldiger Verkehrsübergabe	Motorway under construction with early expected completion date	Autoroute en construction avec date de la prochaine mise en service
Autobahn in Bau mit voraussichtlichem Fertigstellungsdatum	Motorway under construction with expected completion date	Autoroute en construction avec date prévue de mise en service
Autobahn in Planung	Motorway under projection	Autoroute en projet
Autobahnnummer · Europastraßennummer	Motorway number · European road number	Numéro d'autoroute · Numéro de route européenne
Tankstelle · Autohof	Filling-station · Truckstop	Poste d'essence · Relais routier
Rasthaus mit Übernachtungsmöglichkeit	Road-side restaurant and hotel	Hôtel
Raststätte · Kleinraststätte	Road-side restaurant · Snackbar	Restaurant · Bar
Anlagen mit Behinderten-WC	Services with WC for disabled	Aires de repos avec WC pour personnes handicapées
Autobahntunnel · Straßentunnel	Motorway tunnel · Road tunnel	Tunnel autoroutier · Tunnel routier
Zweibahnige Straße, vierspurig	Dual carriageway	Route à chaussées séparées
Bundesstraße mit Nummer	Federal road with number	Route nationale avec numéro
Wichtige Hauptstraße	Important main road	Route de communication importante
Hauptstraße	Main road	Route de communication
Straßen in Bau mit voraussichtlichem Fertigstellungsdatum	Roads under construction with expected completion date	Routes en construction avec date prévue de mise en service
Straßen in Planung	Roads under projection	Routes en projet
Nebenstraße · Nebenstraße in Bau	Minor road · Minor road under construction	Route secondaire · Route secondaire en construction
Fahrweg · Fußweg	Carriageway · Footpath	Chemin carrossable · Sentier
Straße für Kraftfahrzeuge gesperrt	Road closed to motor traffic	Route interdite aux véhicules à moteur
Straße gegen Gebühr befahrbar	Toll road	Route à péage
Pass mit Höhenangabe in Metern	Pass with height in metres	Col avec cote d'altitude en mètres
Bedeutende Steigung	Steep gradient	Montée importante
Fernkilometer	Very long distance in km	Distance très grande en km
Großkilometer	Long distance in km	Distance grande en km
Kleinkilometer	Short distance in km	Distance courte en km
Kleinkilometer an der Autobahn zwischen den Anschlussstellen	Short distance in km along the motorway between junctions	Distance courte en km sur l'autoroute entre points de jonctions
Fernverkehrsbahn mit Tunnel	Main line railway with tunnel	Chemin de fer: ligne à grand trafic avec tunnel
Sonstige Eisenbahn	Secondary line railway	Chemin de fer: ligne à trafic secondaire
Bergbahn · Seilschwebebahn	Mountain railway · Aerial cableway	Chemin de fer de montagne · Téléphérique
Eisenbahnfähre	Train ferry	Ferry-boat
Autofähre	Car ferry	Bac pour automobiles
Personenfähre	Passenger ferry	Bac pour piétons
Schifffahrtslinie	Shipping route	Ligne de navigation

Touristische Hinweise / Hints for tourists / Renseignements touristiques

Touristenstraße	Tourist route	Route touristique
Landschaftlich besonders schöne Strecke	Route with beautiful scenery	Parcours pittoresque
Schöner Ausblick · Rundblick	Scenic view · Panoramic view	Point de vue remarquable · Vue panoramique
Besonders schöne Aussicht	Excellent view	Point de vue magnifique
Ort mit historischem Stadtbild	Picturesque town	Ville pittoresque
Besonders sehenswertes Objekt	Place of particular interest	Curiosité très intéressante
Beachtenswertes Objekt	Place of interest	Curiosité remarquable
Naturpark	Nature park	Parc naturel
Naturschutzgebiet	Nature reserve	Zone protégée
Kirche, Kapelle · Kirchenruine	Church, chapel · Church ruin	Église, chapelle · Église en ruines
Kloster · Klosterruine	Monastery · Monastery ruin	Monastère · Monastère en ruines
Schloss, Burg · Schloss-, Burgruine	Palace, castle · Palace ruin, castle ruin	Château, château fort · Château ou château fort en ruines
Denkmal · Windmühle	Monument · Windmill	Monument · Moulin à vent
Turm · Funk-, Fernsehturm	Tower · Radio or TV tower	Tour · Tour radio, tour de télévision
Leuchtturm	Lighthouse	Phare
Marktplatz, Areal · Großes Bauwerk	Market place, area · Large building	Place · Grand bâtiment
Hotel, Gasthof, Forsthaus, Gehöft	Hotel, inn, forester's house, farmstead	Hôtel, auberge, maison forestière, ferme
Jugendherberge · Campingplatz	Youth hostel · Camping site	Auberge de jeunesse · Terrain de camping
Campingplatz für Ferienaufenthalte	Holiday camp	Camp de séjour
Schleuse · Wasserfall	Lock · Waterfall	Écluse · Cascade
Schwimmbad · Golfplatz	Swimming pool · Golf course	Piscine · Terrain de golf
Höhle · Soldatenfriedhof	Cave · Military cemetery	Grotte · Cimetière militaire
Segelfluggelände · Flugplatz	Gliding field · Airfield	Terrain de vol à voile · Aérodrome
Verkehrsflughafen · Regionalflughafen	Airport · Regional airport	Aéroport · Aéroport régional
Staatsgrenze · Grenzkontrollstelle	National boundary · Check-point	Frontière d'État · Point de contrôle
Landesgrenze	Provincial boundary	Limite de Land
Sitz der Landesregierung	Seat of the Provincial Government	Siège du gouvernement de Land
Sitz der Kreisverwaltung	Seat of the Kreis Administration	Siège de l'administration de Kreis
Sitz des Regierungspräsidiums	Seat of the District Administration	Siège de l'administration de district
Sitz der Landesregierung	Seat of the Provincial Government	Siège du gouvernement de Land
Sitz der Bundesregierung	Seat of the National Government	Siège du gouvernement d'État
Sperrgebiet · Wald	Prohibited area · Forest	Zone interdite · Forêt

Legende 1:100.000 — 1 cm = 1 km / Legend 1:100,000 / Légende 1:100.000

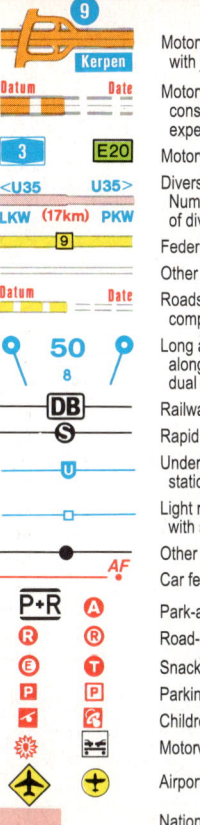

Autobahn oder autobahnähnliche kreuzungsfreie Straße mit Anschlussstelle	Motorway or dual carriageway with junction	Autoroute ou route à chaussées séparées avec point de jonction
Autobahn oder autobahnähnliche kreuzungsfreie Straße in Bau und in Planung mit voraussichtlichem Fertigstellungsdatum	Motorway or dual carriageway under construction and under projection with expected completion date	Autoroute ou route à chaussées séparées en construction et en projet avec date prévue de mise en service
Autobahnnummer · Europastraßennummer	Motorway number · European road number	Numéro d'autoroute · Numéro de route européenne
Bedarfsumleitung für Autobahnabschnitt: Nummer, Richtung und Länge der Umleitung	Diversion for motorway section: Number, direction and length of diversion	Déviation pour un tronçon d'autoroute: Numéro, direction et longueur de la déviation
Bundesstraße mit Nummer	Federal road with number	Route nationale avec numéro
Sonstige Straße	Other road	Autre route
Straßen in Bau mit voraussichtlichem Fertigstellungsdatum	Roads under construction with expected completion date	Routes en construction avec date prévue de mise en service
Groß- und Kleinkilometer an Autobahnen oder autobahnähnlichen kreuzungsfreien Straßen	Long and short distance in km along the motorways and dual carriageways	Distance grande et courte en km sur autoroutes ou sur routes à chaussées séparées
Eisenbahn mit Bahnhof	Railway with station	Chemin de fer avec gare
S-Bahn mit Bahnhof	Rapid transit railway with station	Métro-express avec station
U-Bahn oder Stadtbahn mit Bahnhof, der mit "U" beschildert ist	Underground or light railway with station (signposted with "U")	Métro souterrain ou non avec station (signalée par un "U")
Stadtbahn oder Straßenbahn (in Auswahl) mit Haltestelle	Light railway or selected tram with stop	Métro léger ou Tram (sélection) avec arrêt
Sonstige Bahn	Other rail system	Autre voie ferrée
Autofähre	Car ferry	Bac pour automobiles
Park+Ride-Platz · Autohof	Park-and-ride · Truckstop	Park-and-ride · Relais routier
Rasthaus mit Übernachtung · Raststätte	Road-side restaurant and hotel · Road-side restaurant	Hôtel · Restaurant
Kleinraststätte · Tankstelle	Snackbar · Filling-station	Bar · Poste d'essence
Parkplatz mit WC · Parkplatz ohne WC	Parking place with WC · Parking place without WC	Parking avec WC · Parking sans WC
Kinderspielplatz · Babywickelraum	Children's playground · Baby changing facilities	Terrain de jeux pour enfants · Pièce équipée pour changer les bébés
Autobahnpolizei · Autozug-Terminal	Motorway police · Car-loading terminal	Police d'autoroute · Gare auto-train
Verkehrsflughafen · Regionalflughafen	Airport · Regional airport	Aéroport · Aéroport régional
Staatsgrenze · Landesgrenze	National boundary · Provincial boundary	Frontière d'État · Limite de Land

Legende 1:11.000 – 1:20.000 / Legend 1:11,000 – 1:20,000 / Légende 1:11.000 – 1:20.000

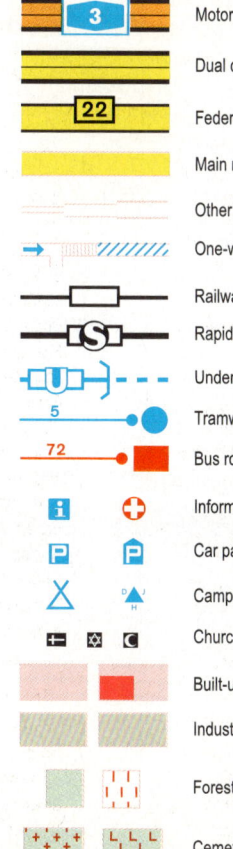

Autobahn	Motorway	Autoroute
Straße mit getrennten Fahrbahnen	Dual carriageway	Route à chaussées séparées
Bundesstraße	Federal road	Route nationale
Hauptstraße	Main road	Route principale
Sonstige Straßen	Other roads	Autres routes
Einbahnstraße - Treppe - Fußgängerzone	One-way street - Steps - Pedestrian Zone	Voie à sens unique - Escalier - Zone piétonne
Eisenbahn mit Bahnhof	Railway with station	Chemin de fer avec gare
S-Bahn mit Bahnhof	Rapid transit with station	Train de banlieue rapide avec gare
U-Bahn mit Station	Underground with station	Métro avec station
Straßenbahnlinie mit Endhaltestelle	Tramway with terminus	Ligne de tram avec terminus
Omnibuslinie mit Endhaltestelle	Bus route with terminus	Ligne d'autobus avec terminus
Information - Krankenhaus	Information - Hospital	Information - Hôpital
Parkplatz - Parkhaus	Car park - Car park indoor	Parking - Bâtiment parking
Campingplatz - Jugendherberge	Camping site - Youth hostel	Terrain de camping - Auberge de jeunesse
Kirche - Synagoge - Moschee	Church - Synagogue - Mosque	Église - Synagogue - Mosquée
Bebauung mit bemerkenswertem Gebäude	Built-up area with remarkable building	Zone bâtie avec bâtiment remarquable
Industriegebiet	Industrial area	Zone industrielle
Wald, Park - Weinberg	Forest, park - Vineyard	Bois, parc - Prairie, jardin - Vignoble
Friedhof - Jüdischer Friedhof	Cemetery - Jewish cemetery	Cimetière - Cimetière juif

1:400.000 · 1cm = 4km

1:400.000 · 1cm = 4km

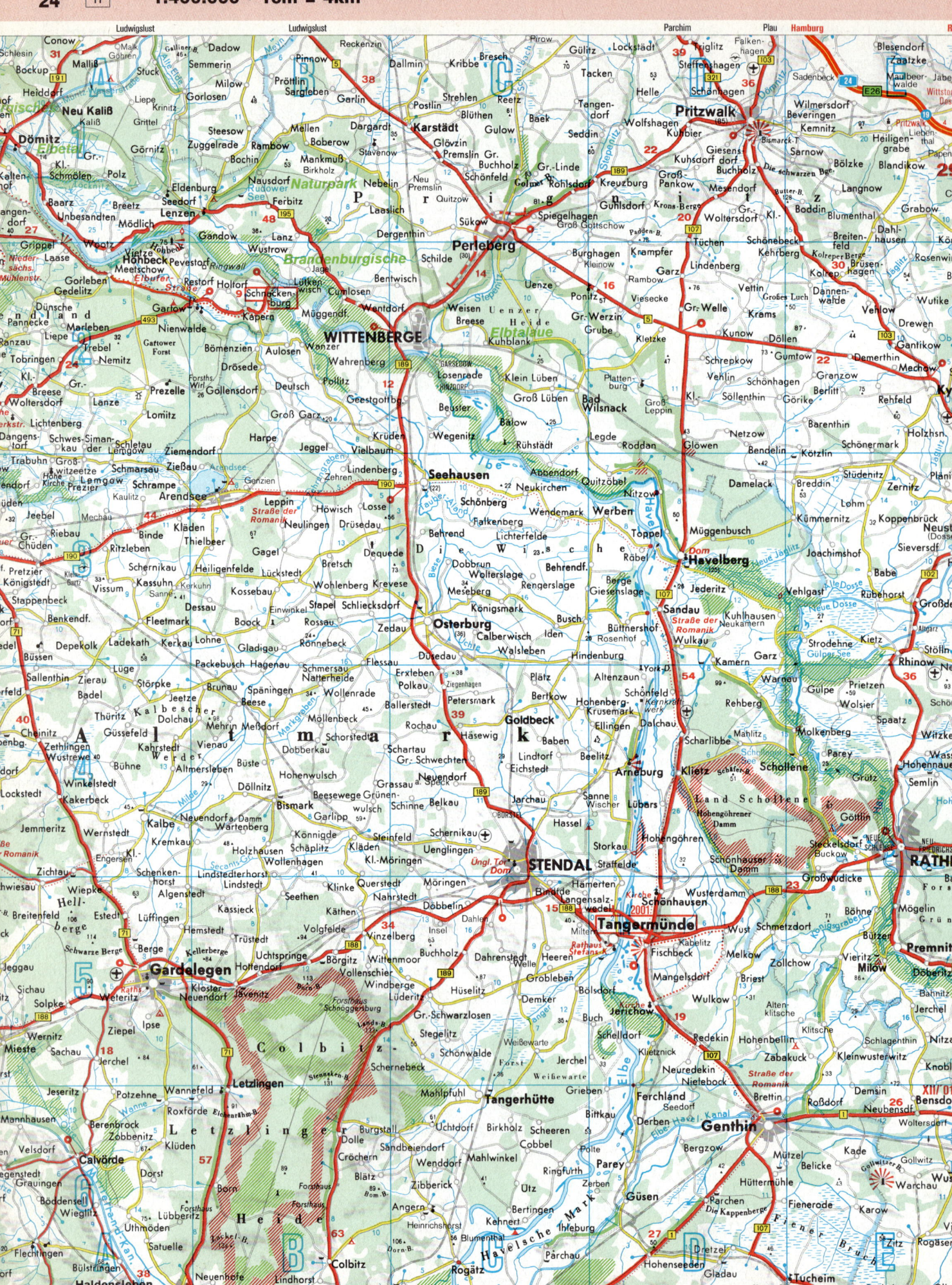

1:400.000 · 1cm = 4km

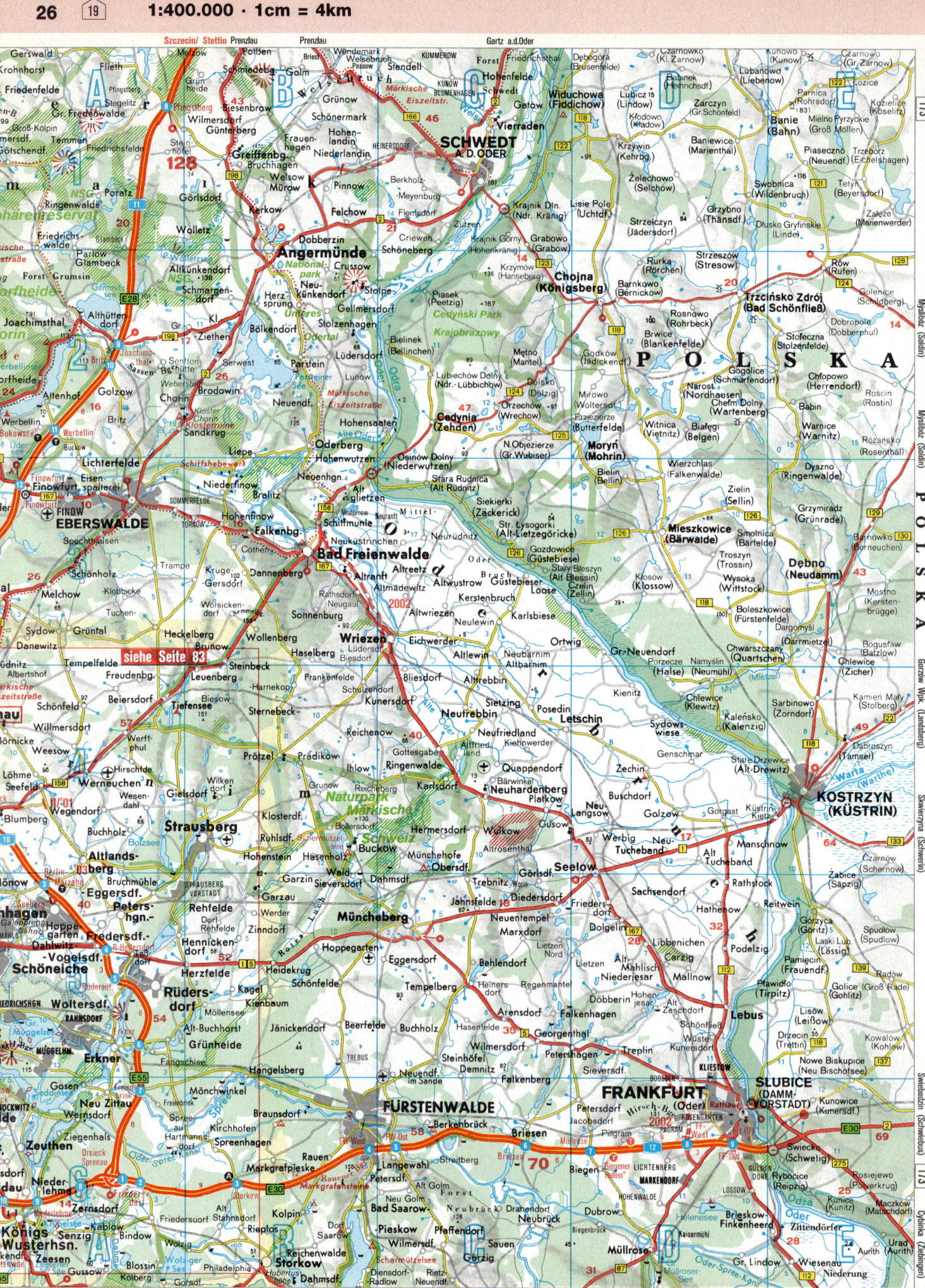

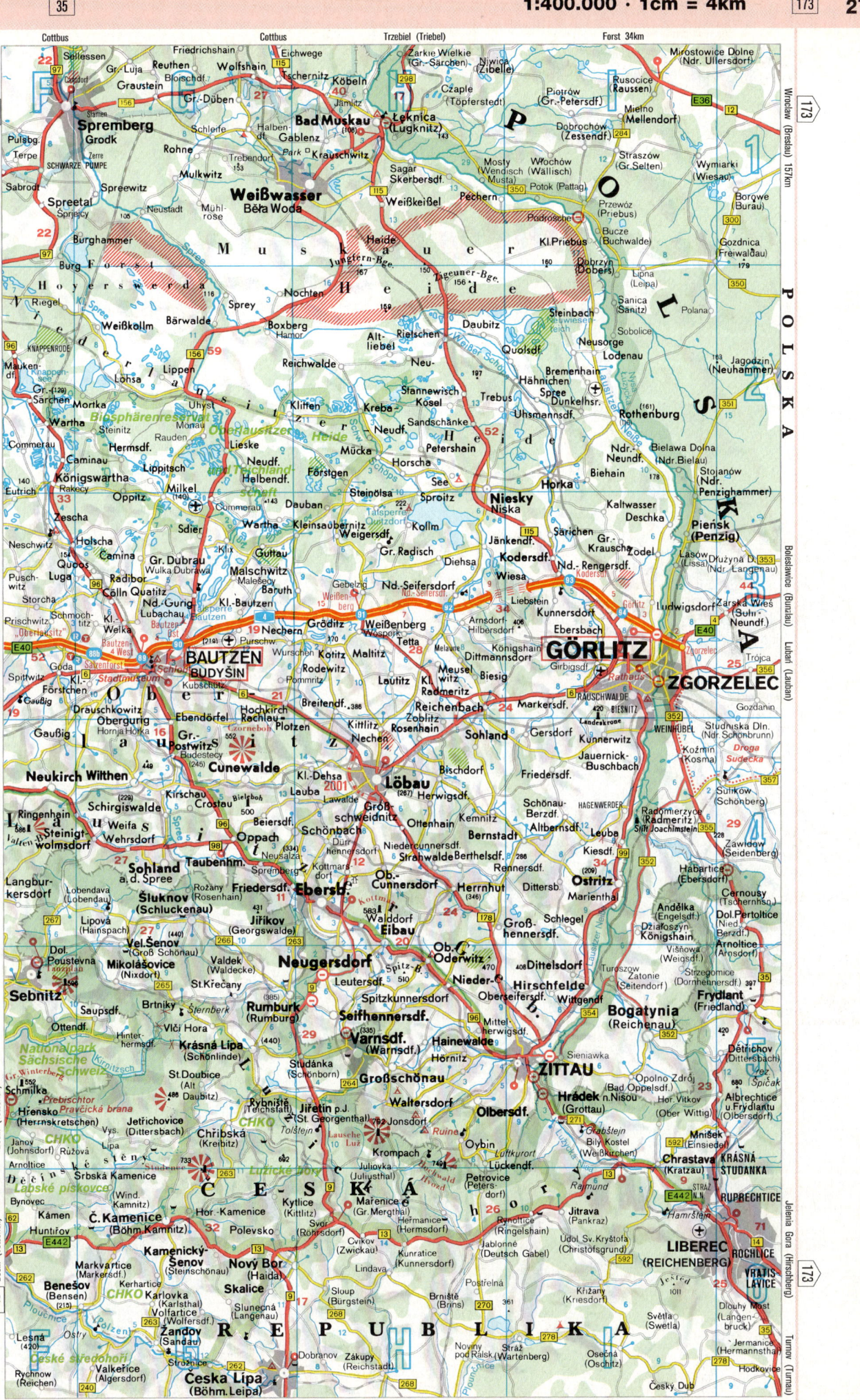

1:400.000 · 1cm = 4km

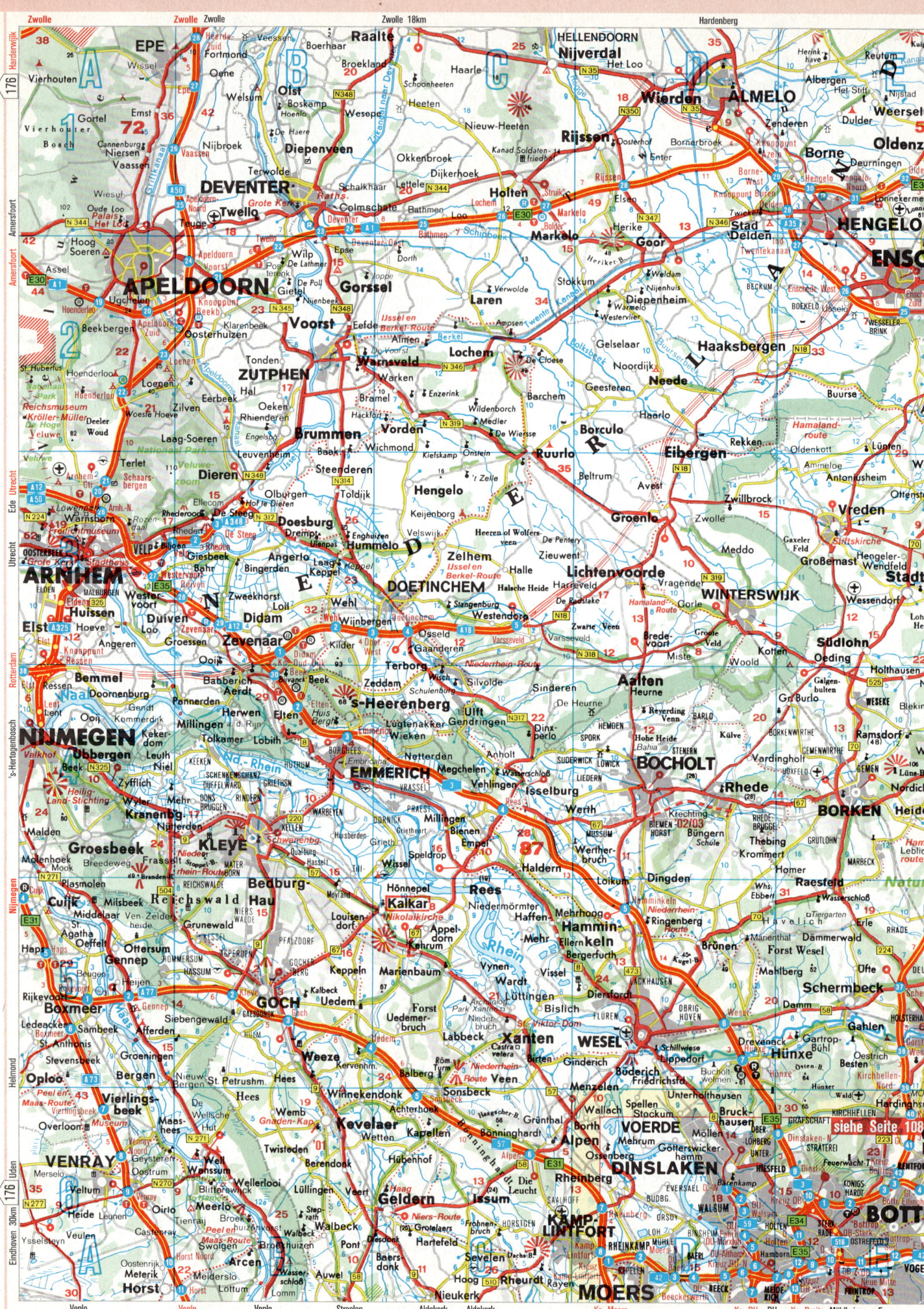

1:400.000 · 1cm = 4km

1:400.000 · 1cm = 4km

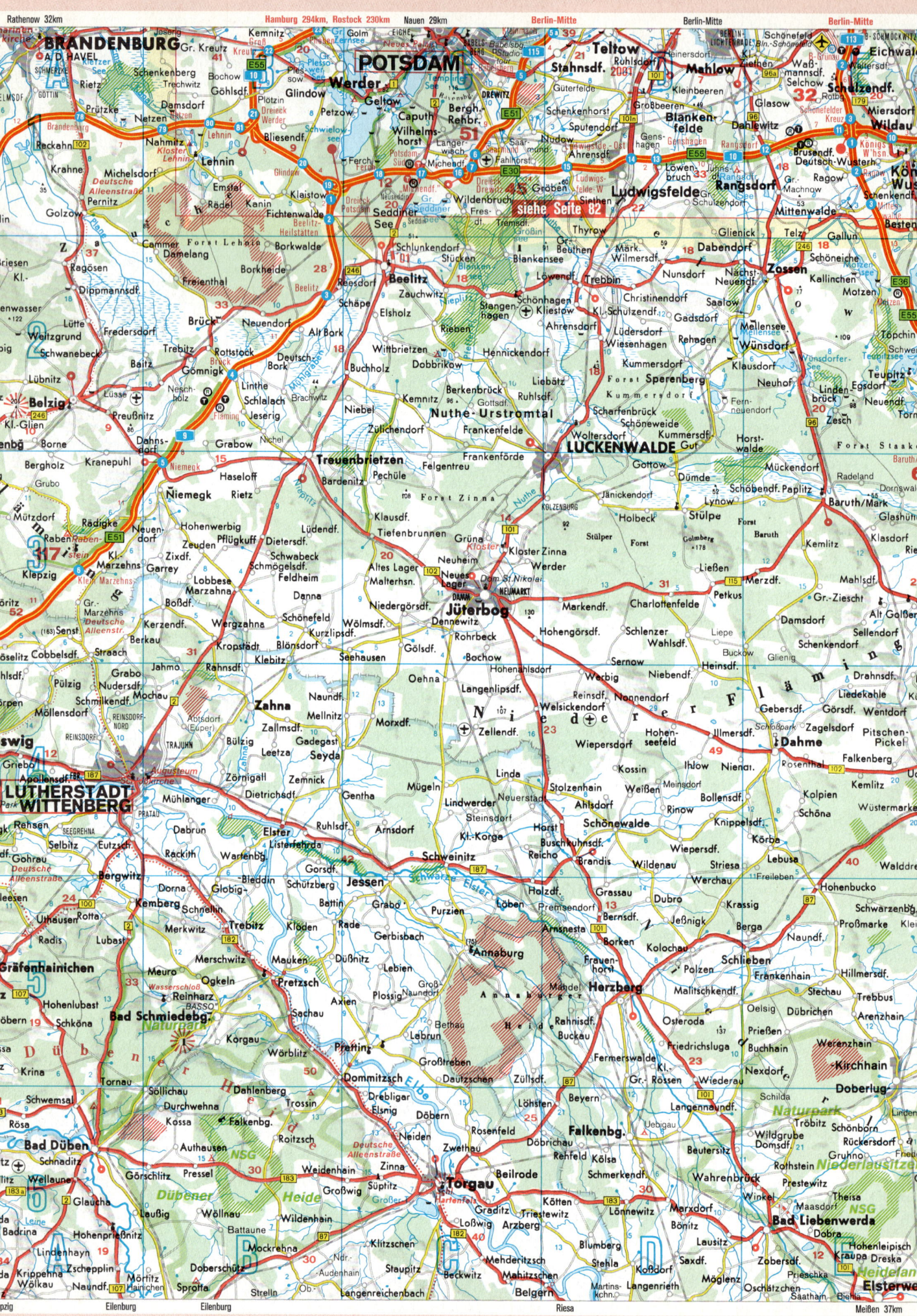

1:400.000 · 1cm = 4km

1:400.000 · 1cm = 4km

1:400.000 · 1cm = 4km

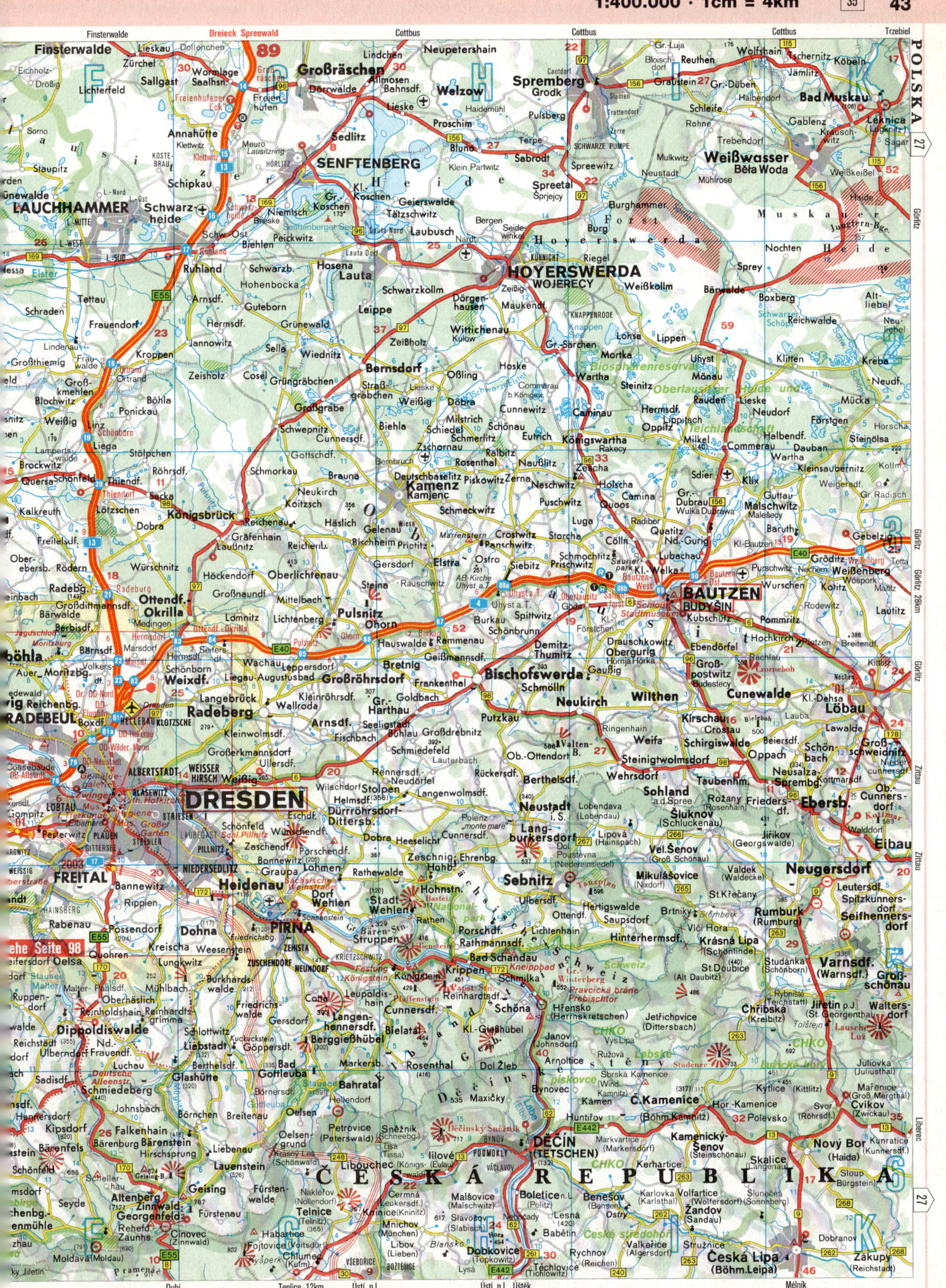

48 40 1:400.000 · 1cm = 4km

1:400.000 · 1cm = 4km

Autobahngebühren bzw. Straßenbenutzungsgebühren für Schnellverkehrsstraßen werden für alle Fahrzeuge in Frankreich, Österreich, der Schweiz und in Tschechien verlangt.

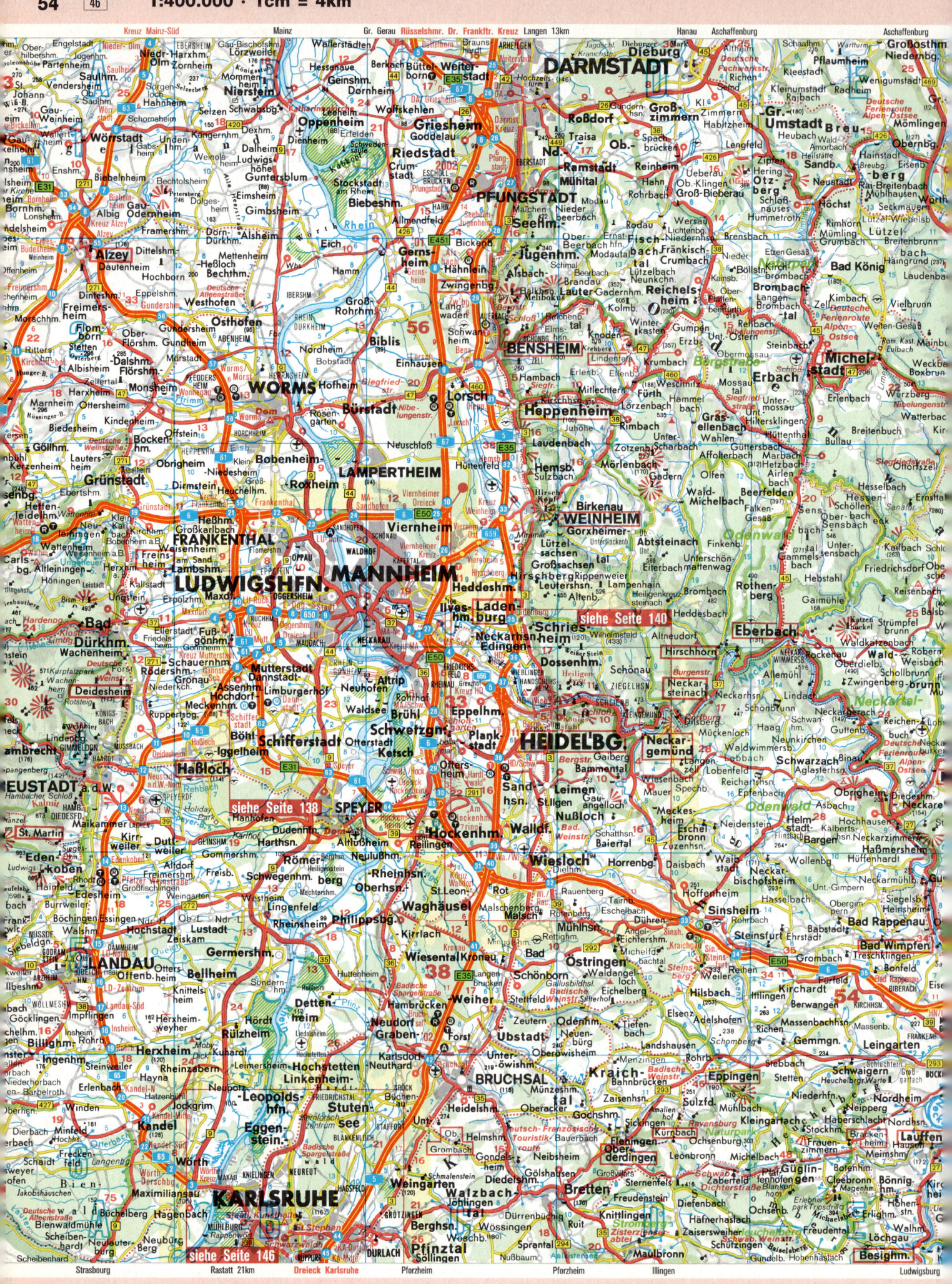

1:400.000 · 1cm = 4km

1:400.000 · 1cm = 4km

Autobahngebühren bzw. Straßenbenutzungsgebühren für Schnellverkehrsstraßen werden für alle Fahrzeuge in Frankreich, Österreich, der Schweiz und in Tschechien verlangt.

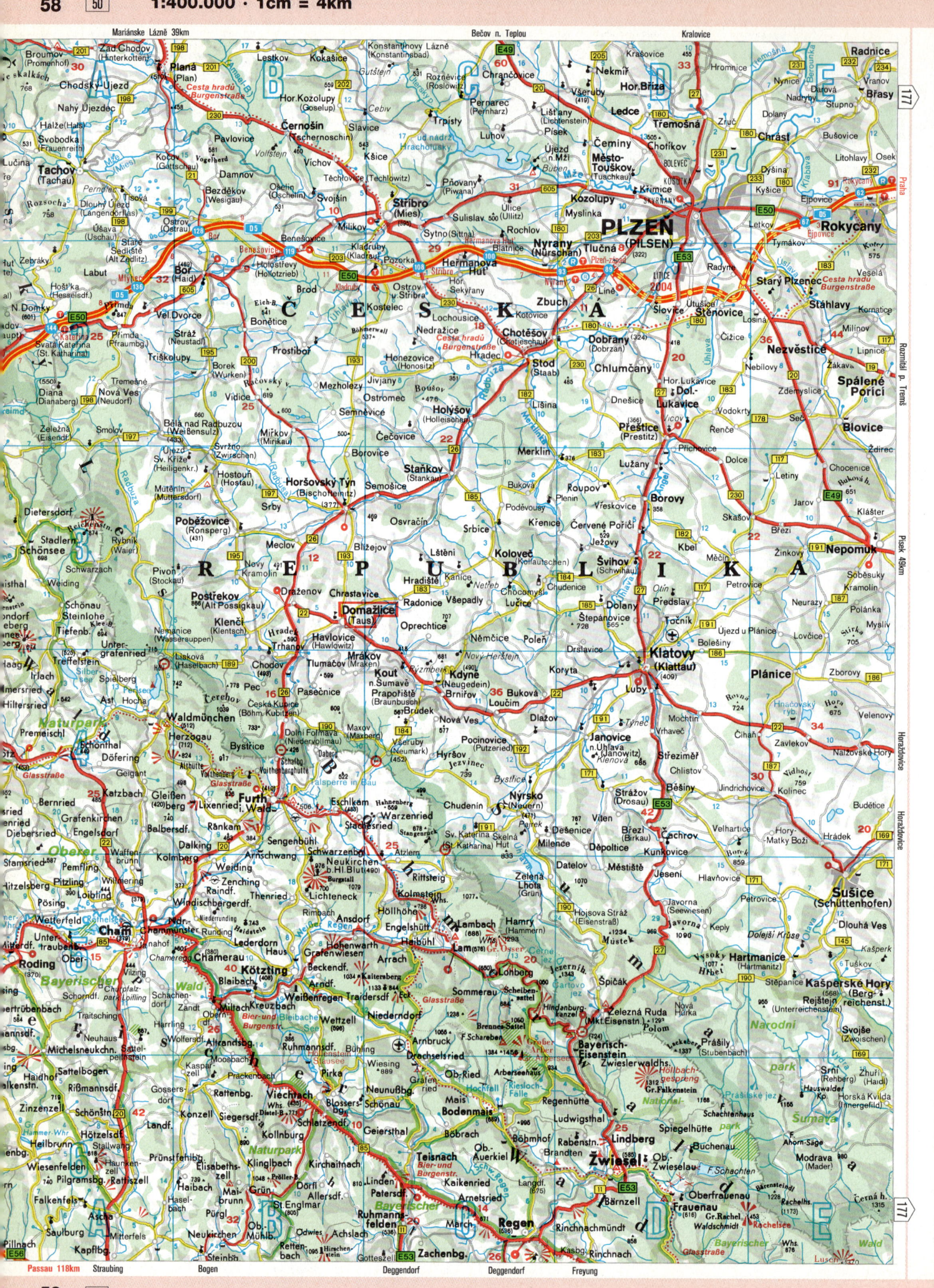

1:400.000 · 1cm = 4km

1:400.000 · 1cm = 4km

1:400.000 · 1cm = 4km

1:400.000 · 1cm = 4km

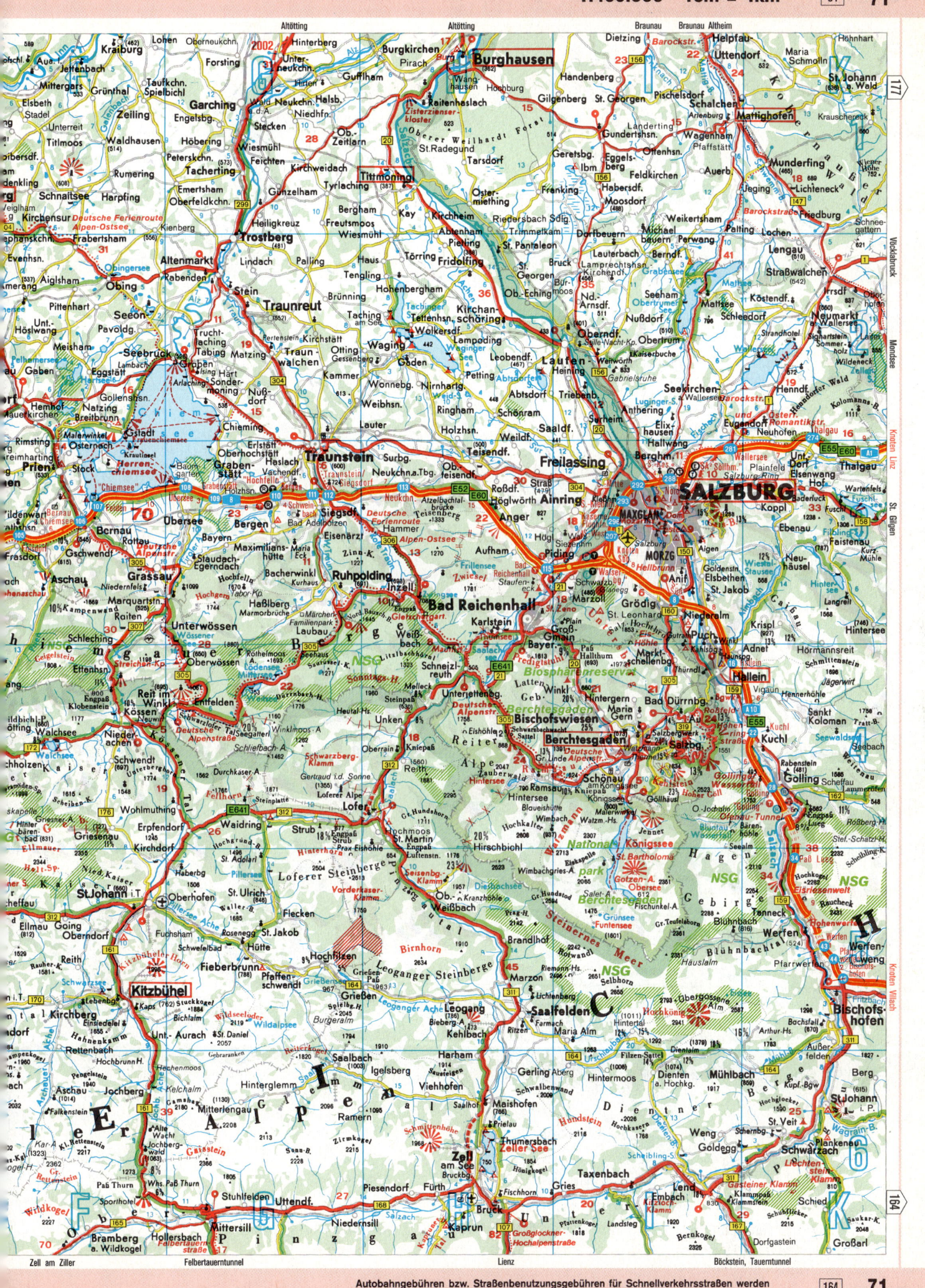

1:100.000 · 1 cm = 1 km

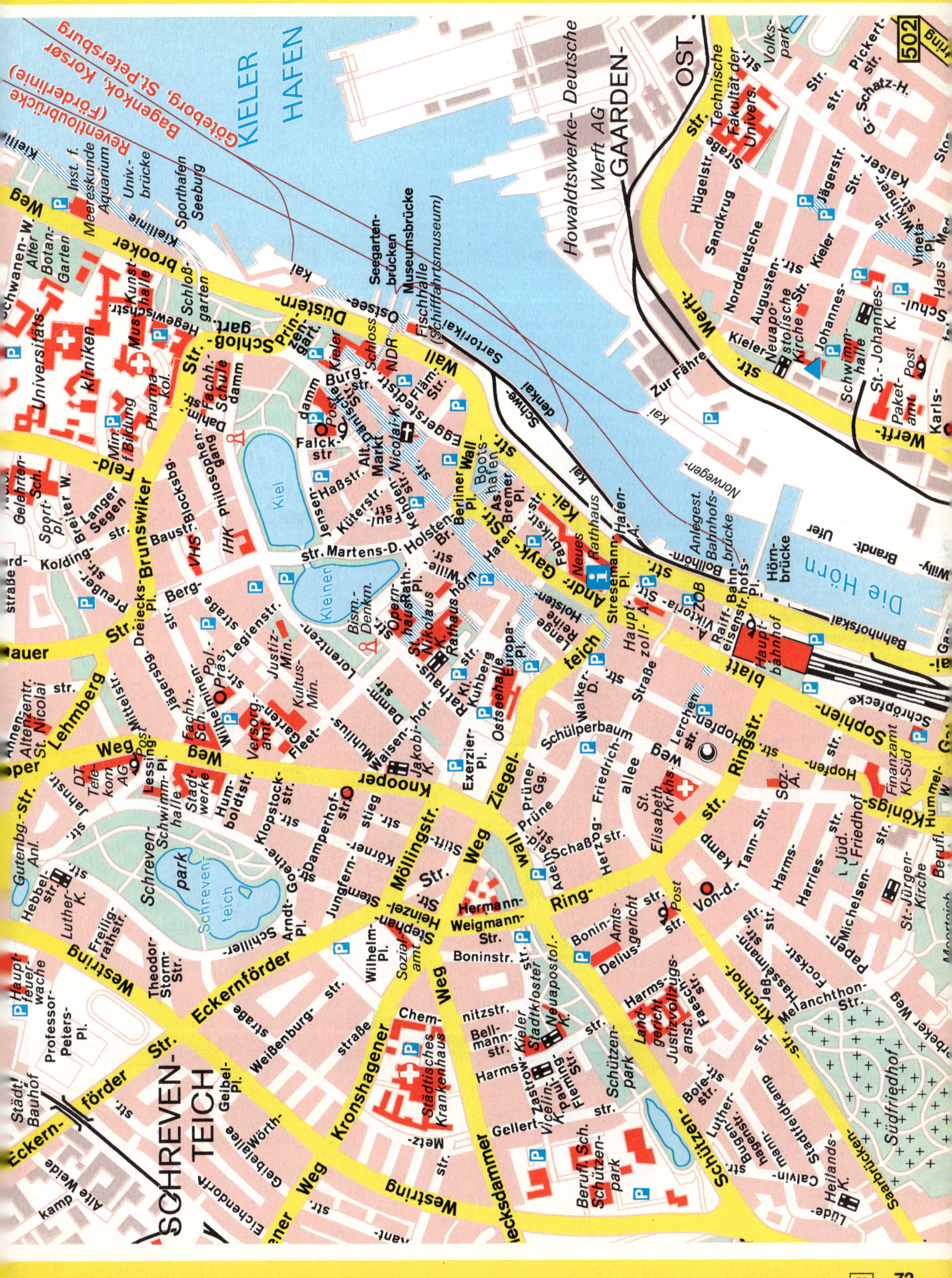

1:100.000 · 1 cm = 1 km

1:100.000 · 1cm = 1 km

Hamburg

1:100.000 · 1cm = 1km

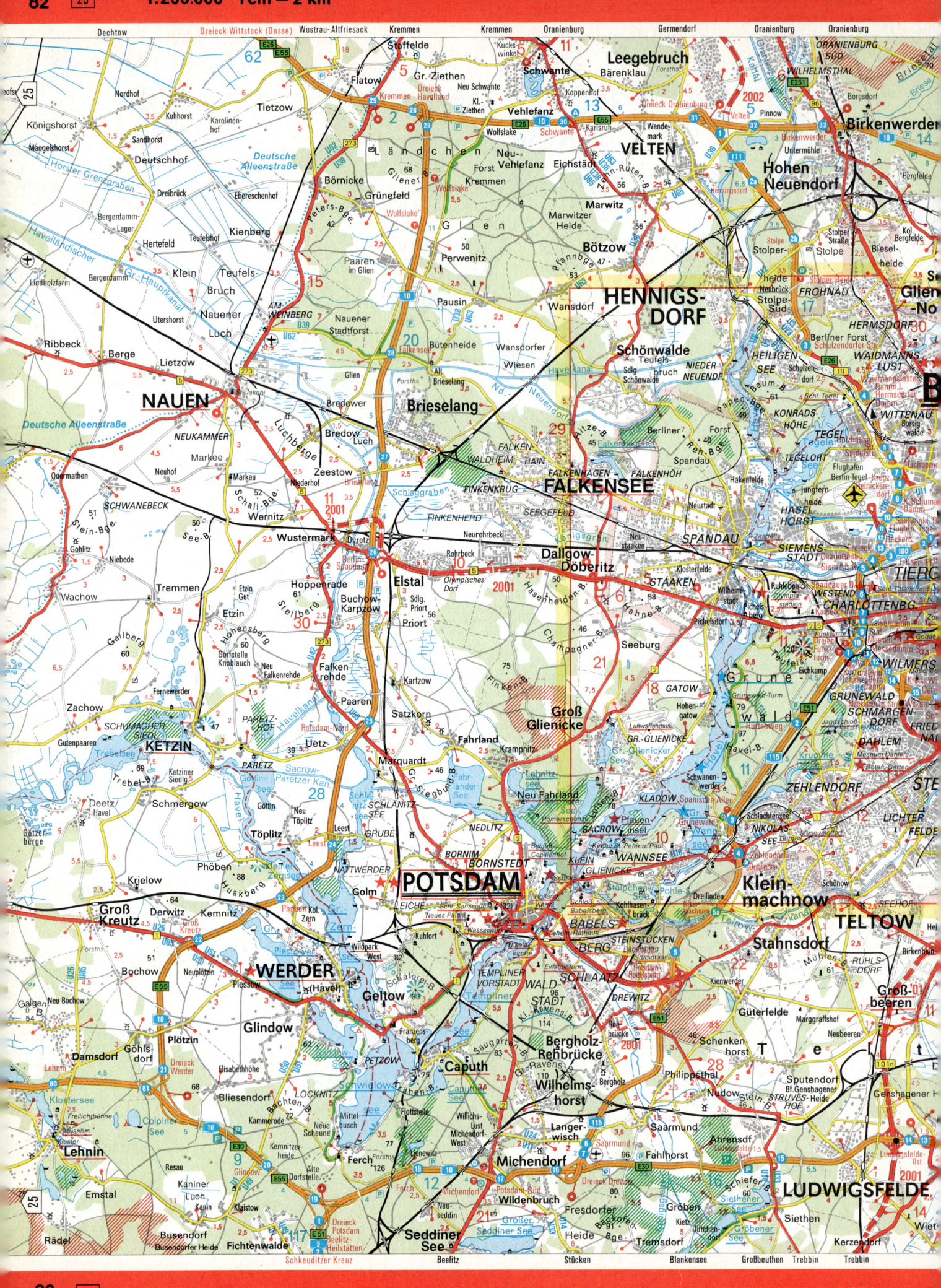

1:200.000 · 1 cm = 2 km

Berlin

1 : 15.000 · 1 cm = 150 m   Hannover   89

1:100.000 · 1cm = 1 km

1 : 12.000 · 1 cm = 120 m   Braunschweig

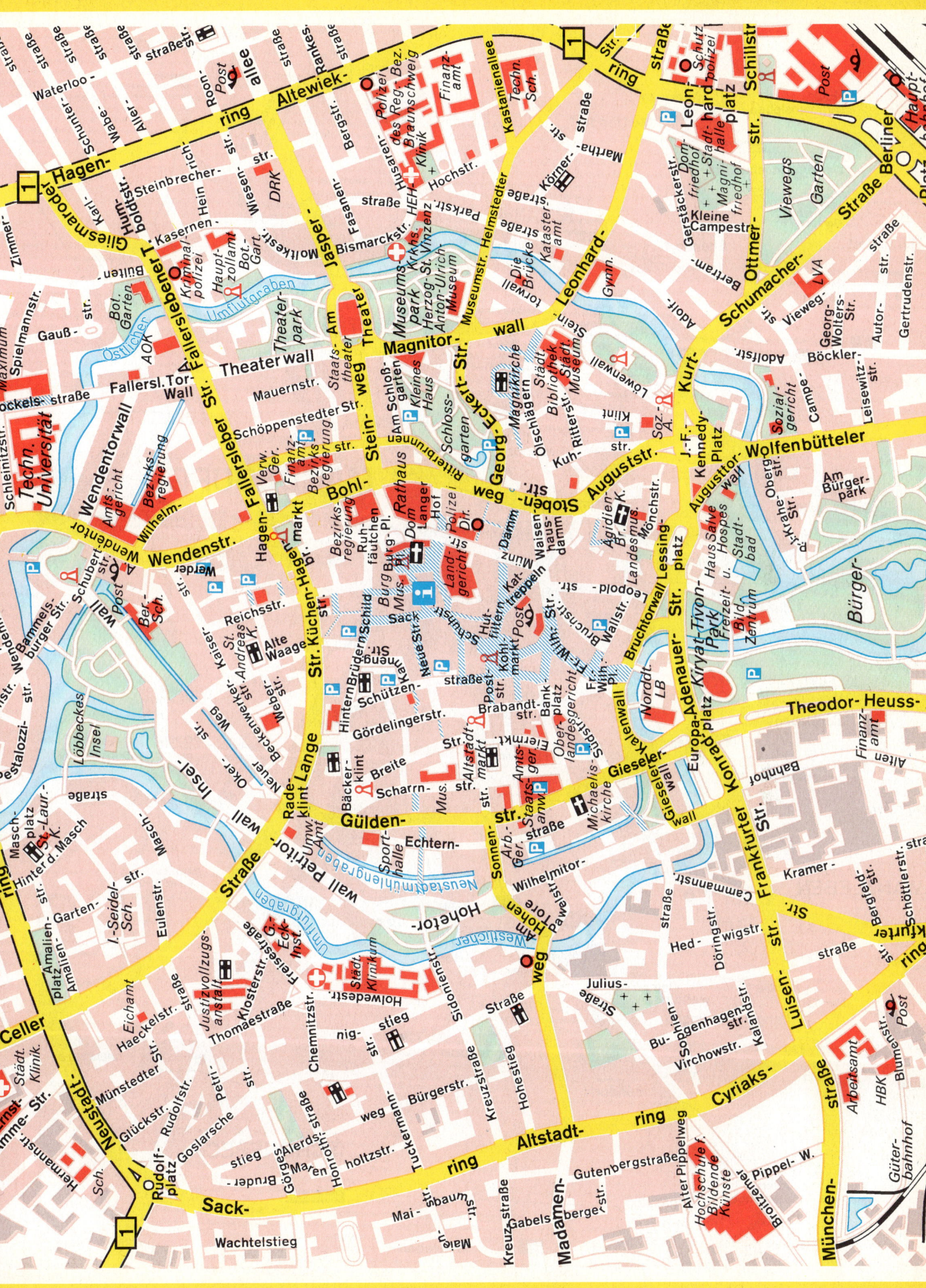

1:100.000 · 1cm = 1 km

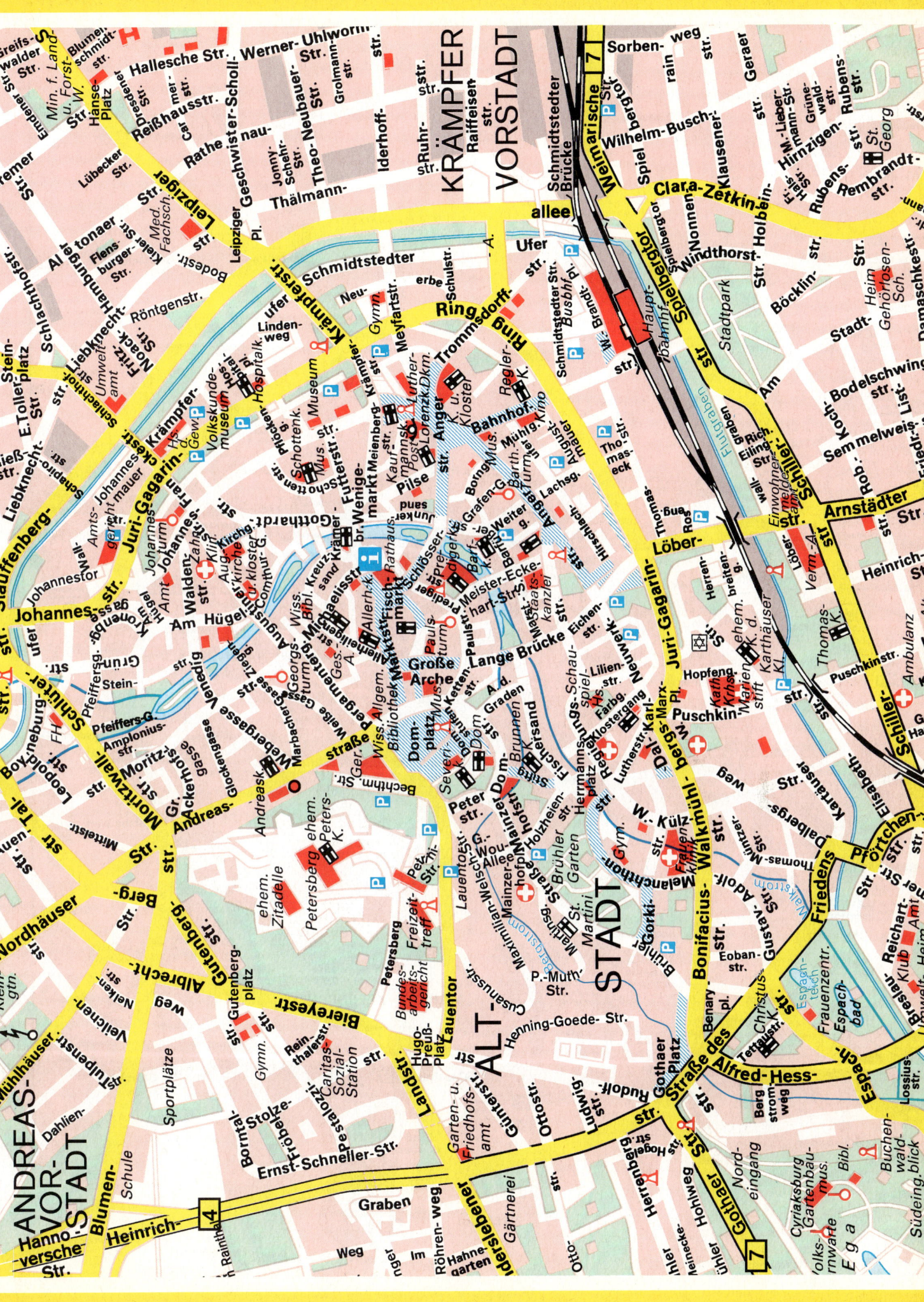

1:120.000 · 1cm = 1200m

1 : 15.000 · 1 cm = 150 m   Dresden 99

1:100.000 · 1cm = 1 km

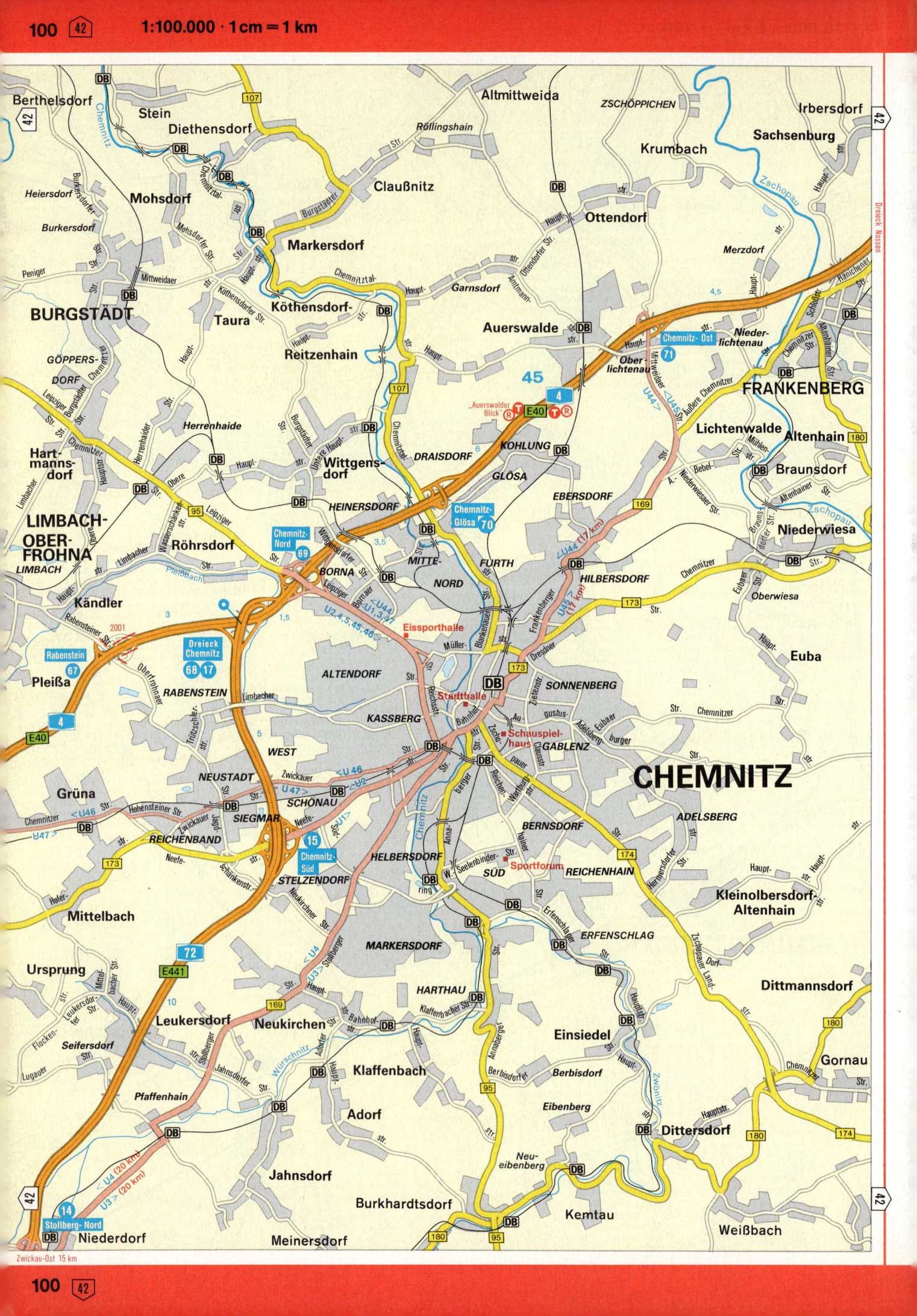

1:100.000 · 1cm = 1km

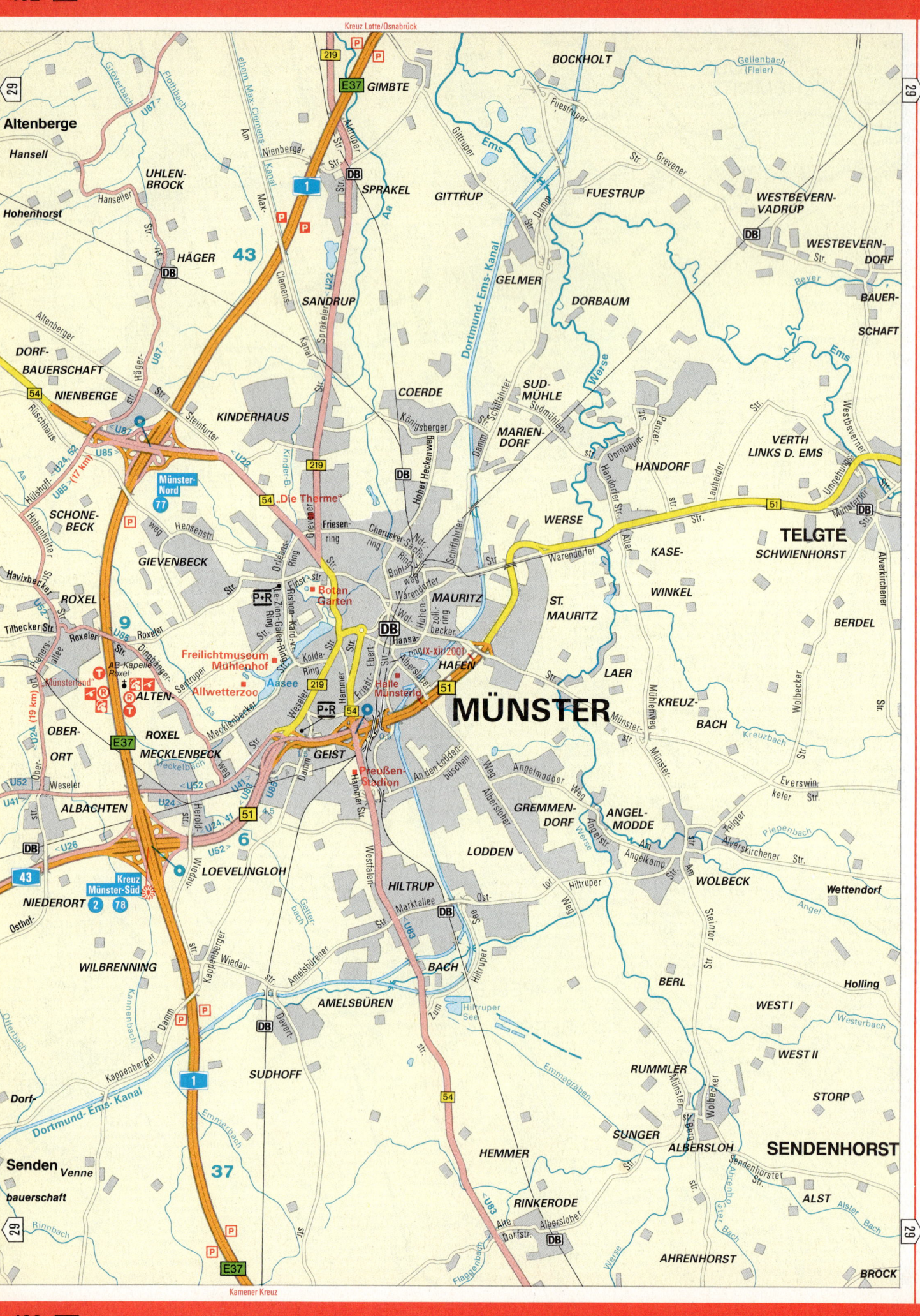

1 : 12.000 · 1 cm = 120 m   Münster

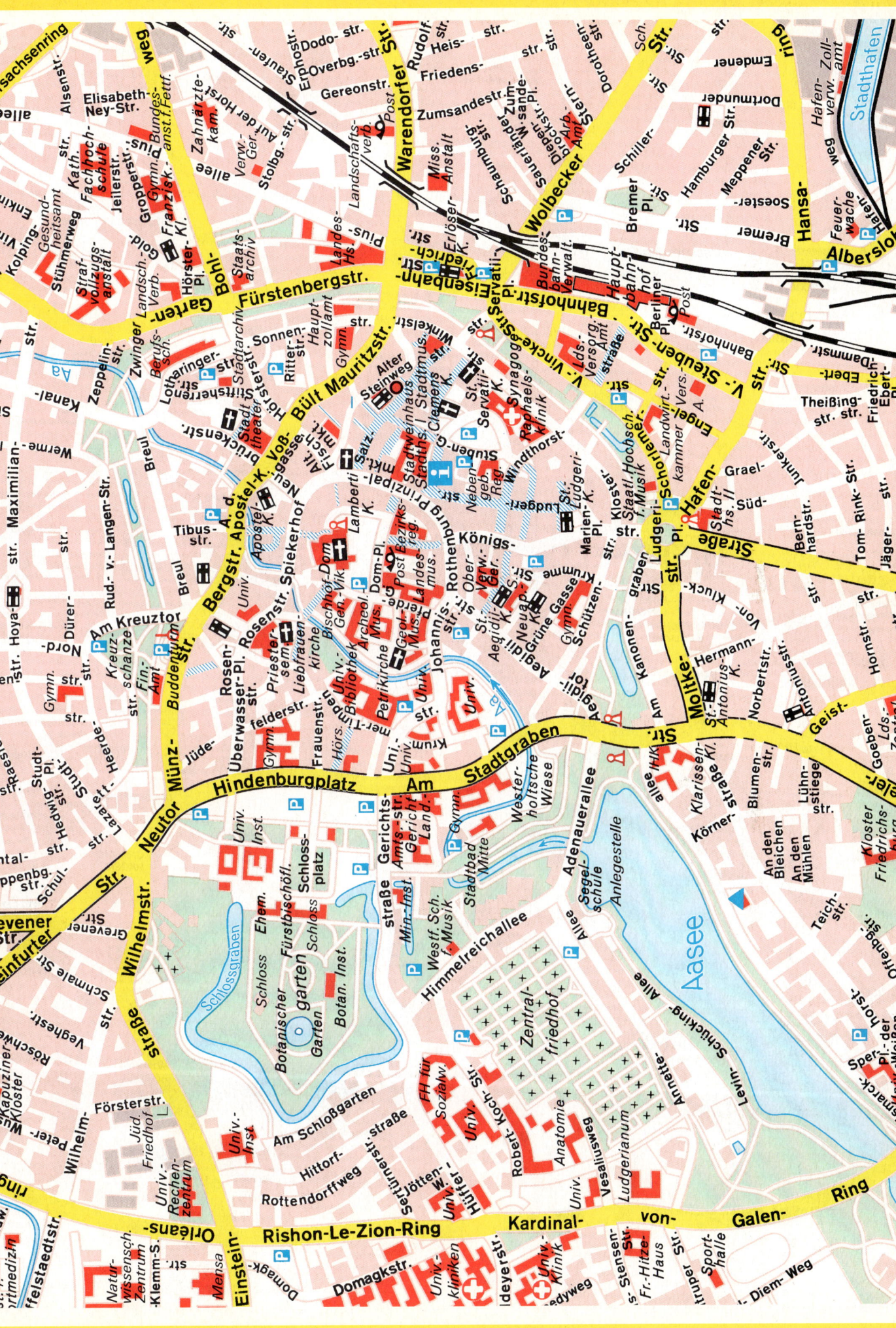

1:100.000 · 1 cm = 1 km

1 : 20.000 · 1 cm = 200 m

Bielefeld

1:100.000 · 1cm = 1km

1 : 12.000 · 1 cm = 120 m   Kassel

1:100.000 · 1cm = 1 km

Duisburg

1 : 15.000 · 1 cm = 150 m

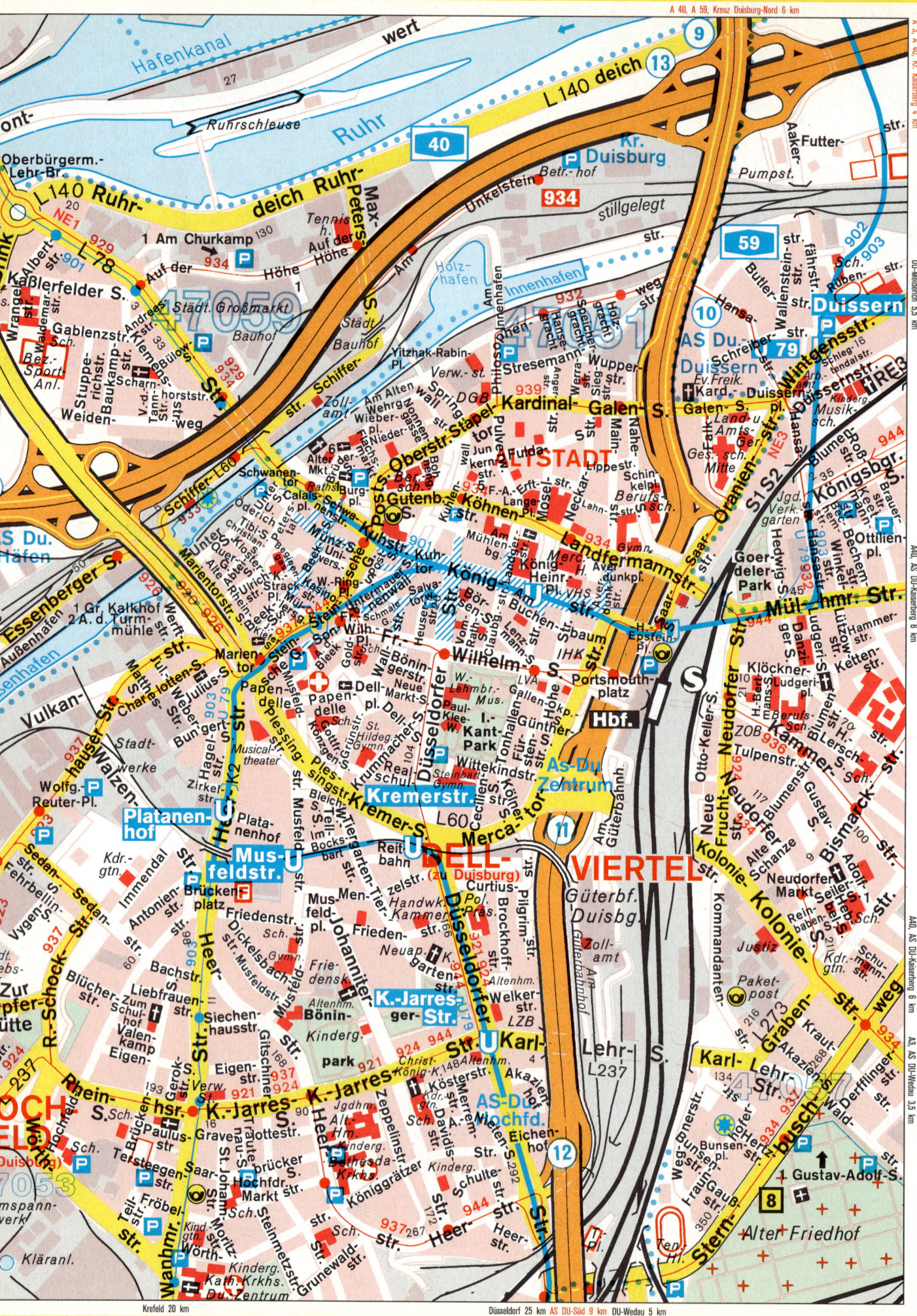

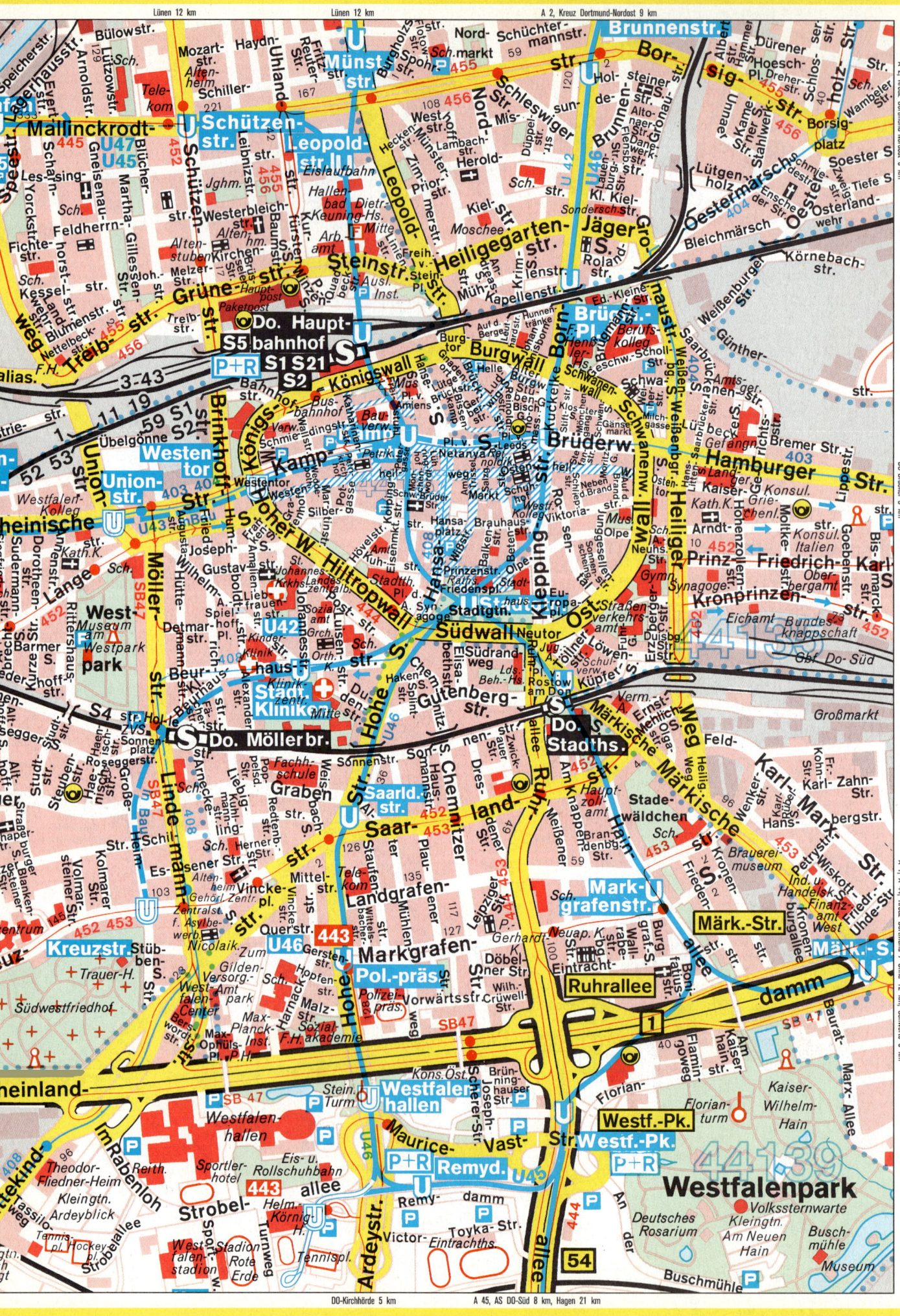

1 : 15.000 · 1 cm = 150 m

Düsseldorf

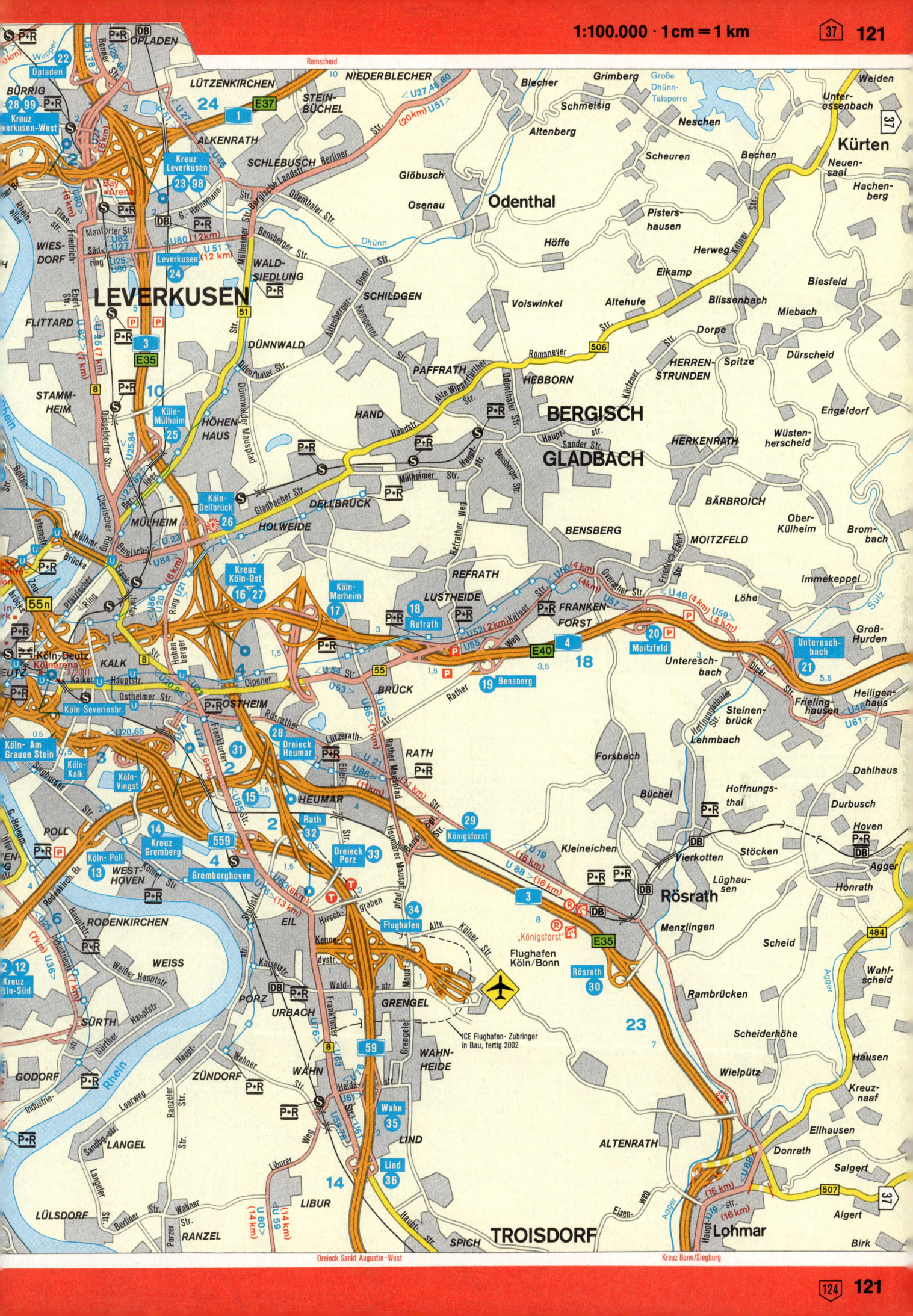

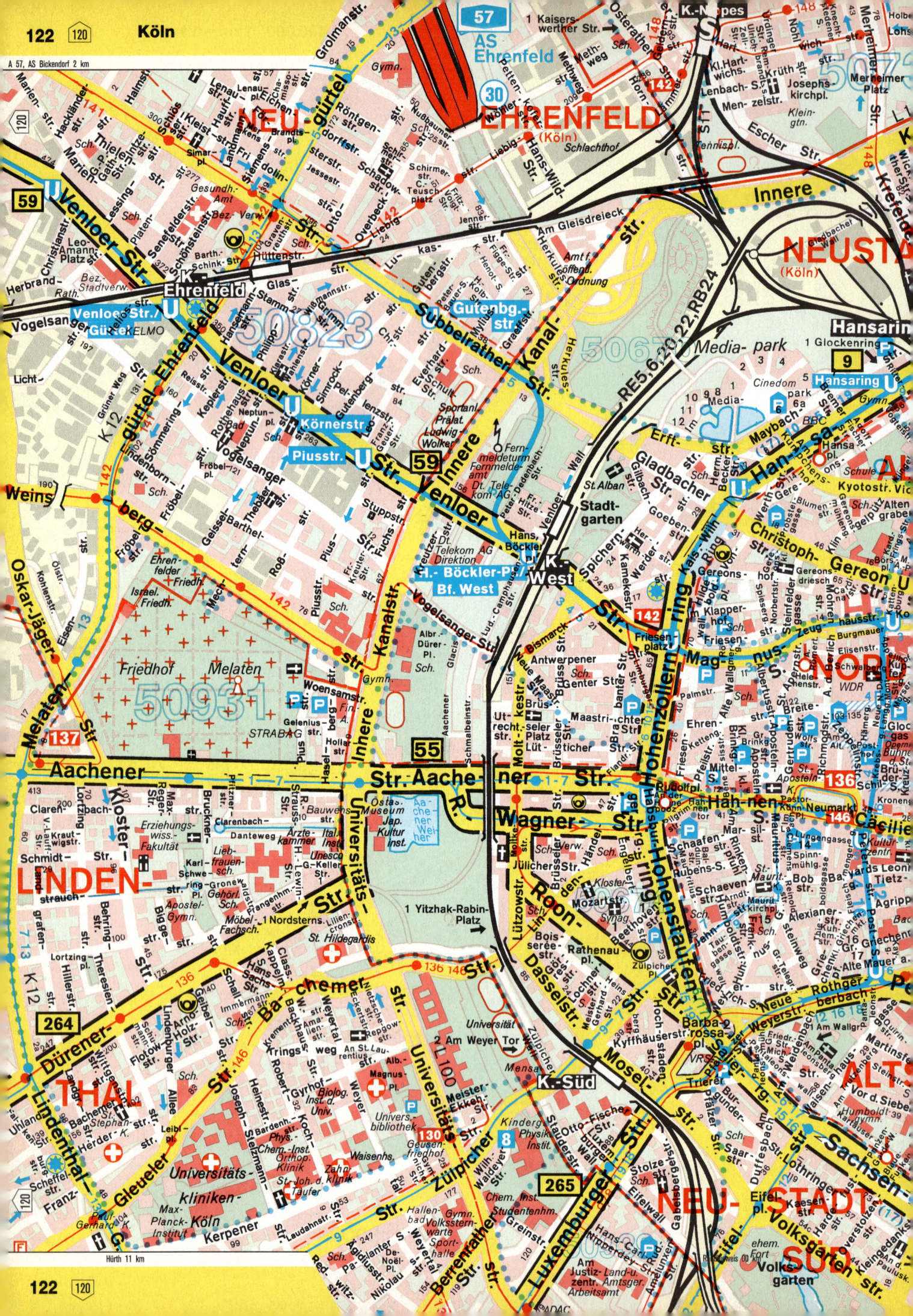

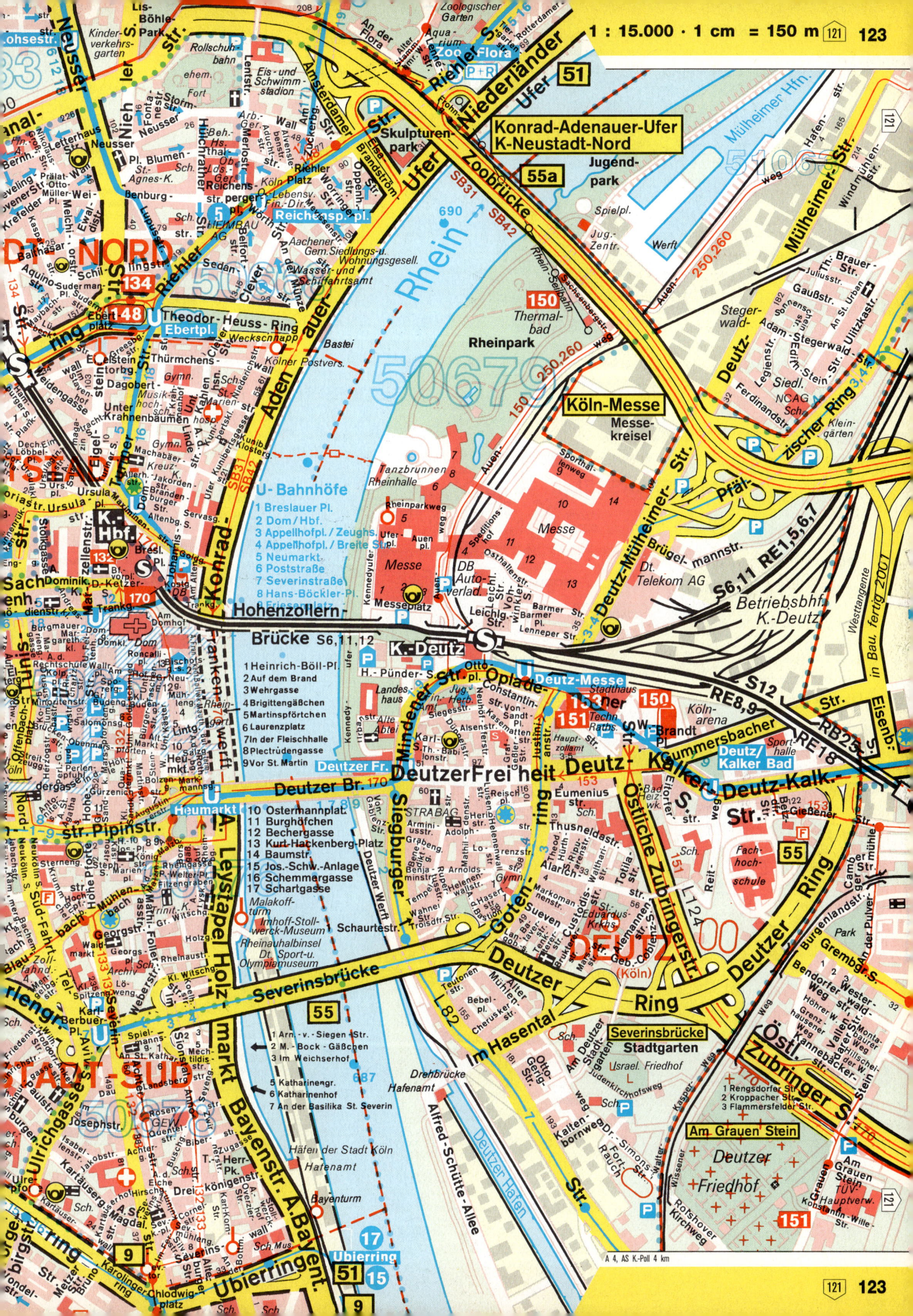

1:100.000 · 1 cm = 1 km

1 : 20.000 · 1 cm = 200 m   Aachen   127

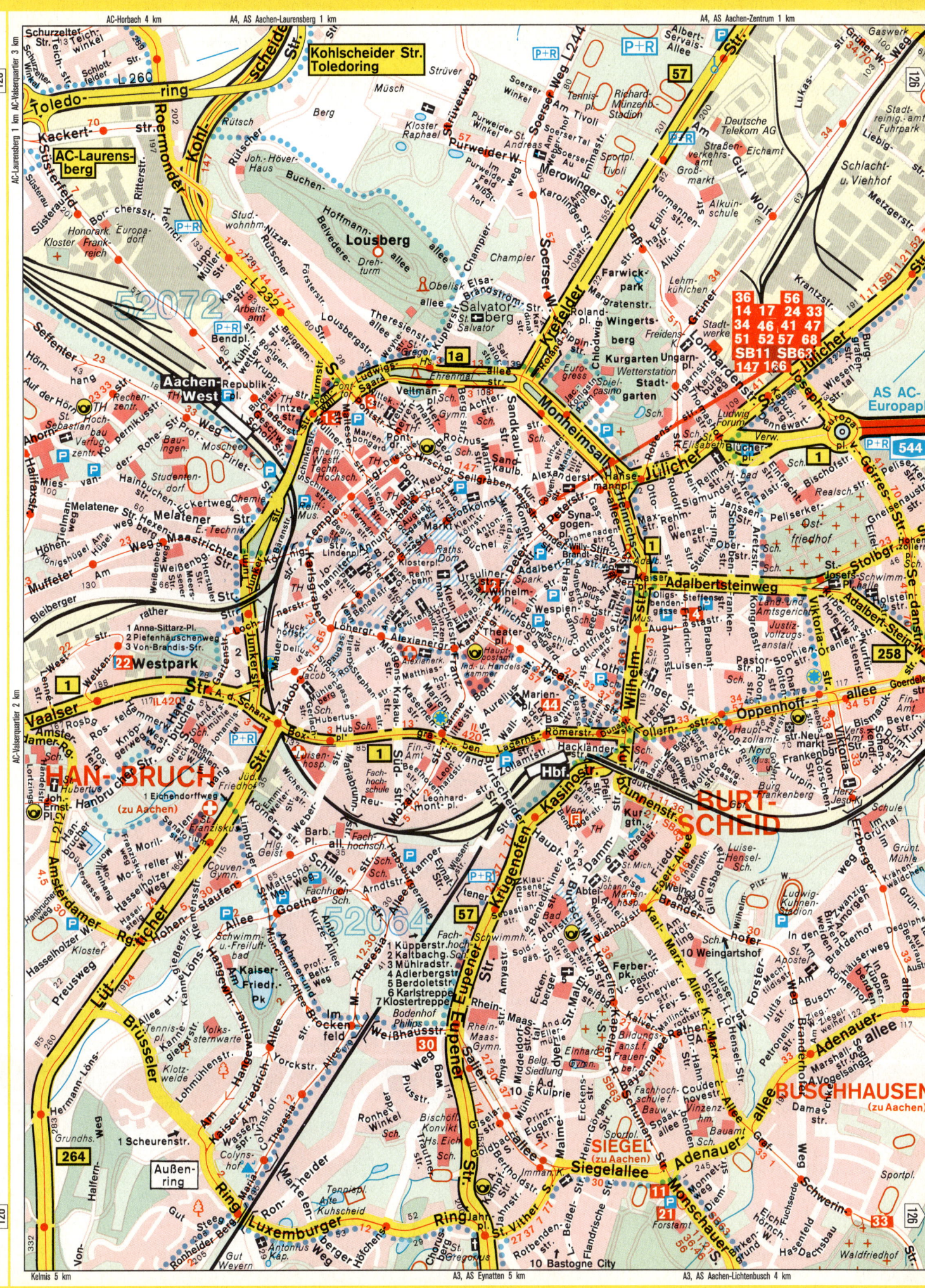

1:100.000 · 1cm = 1 km

Wiesbaden

1 : 15.000 · 1 cm = 150 m

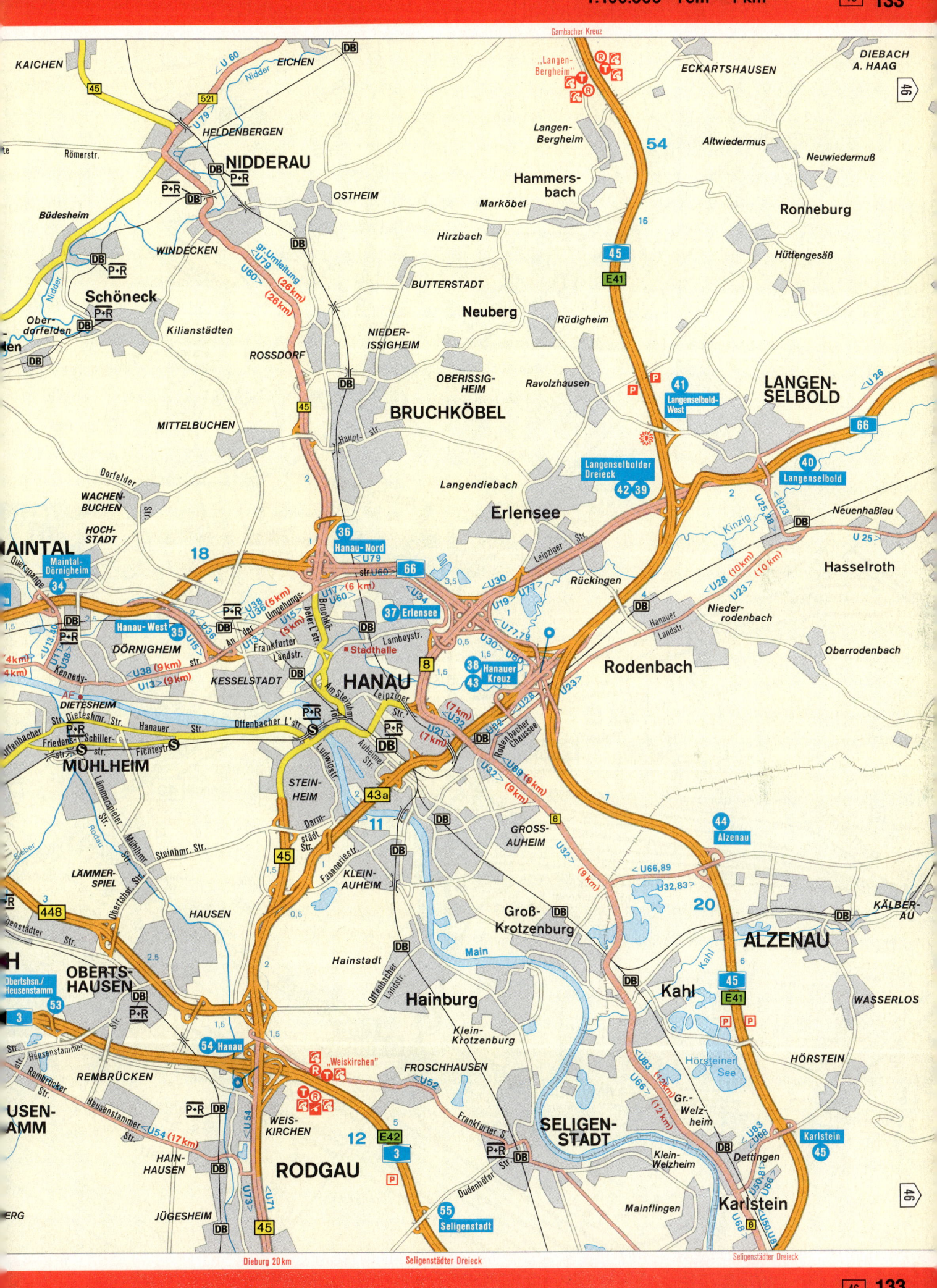

Frankfurt a. M.

136 | 52 | 1:100.000 · 1cm = 1km

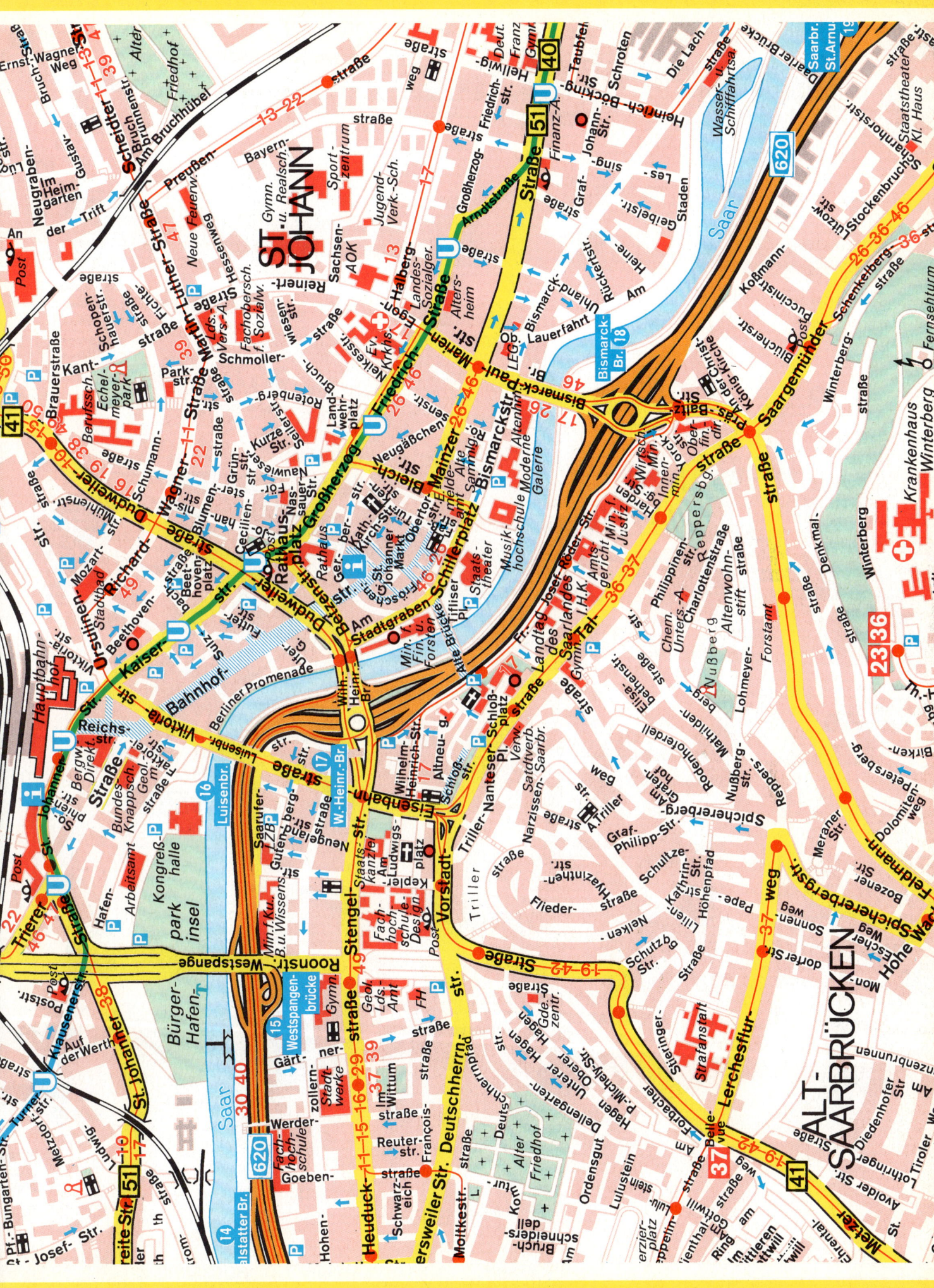

1:100.000 · 1cm = 1 km

1 : 15.000 · 1 cm = 150 m   Heidelberg   141

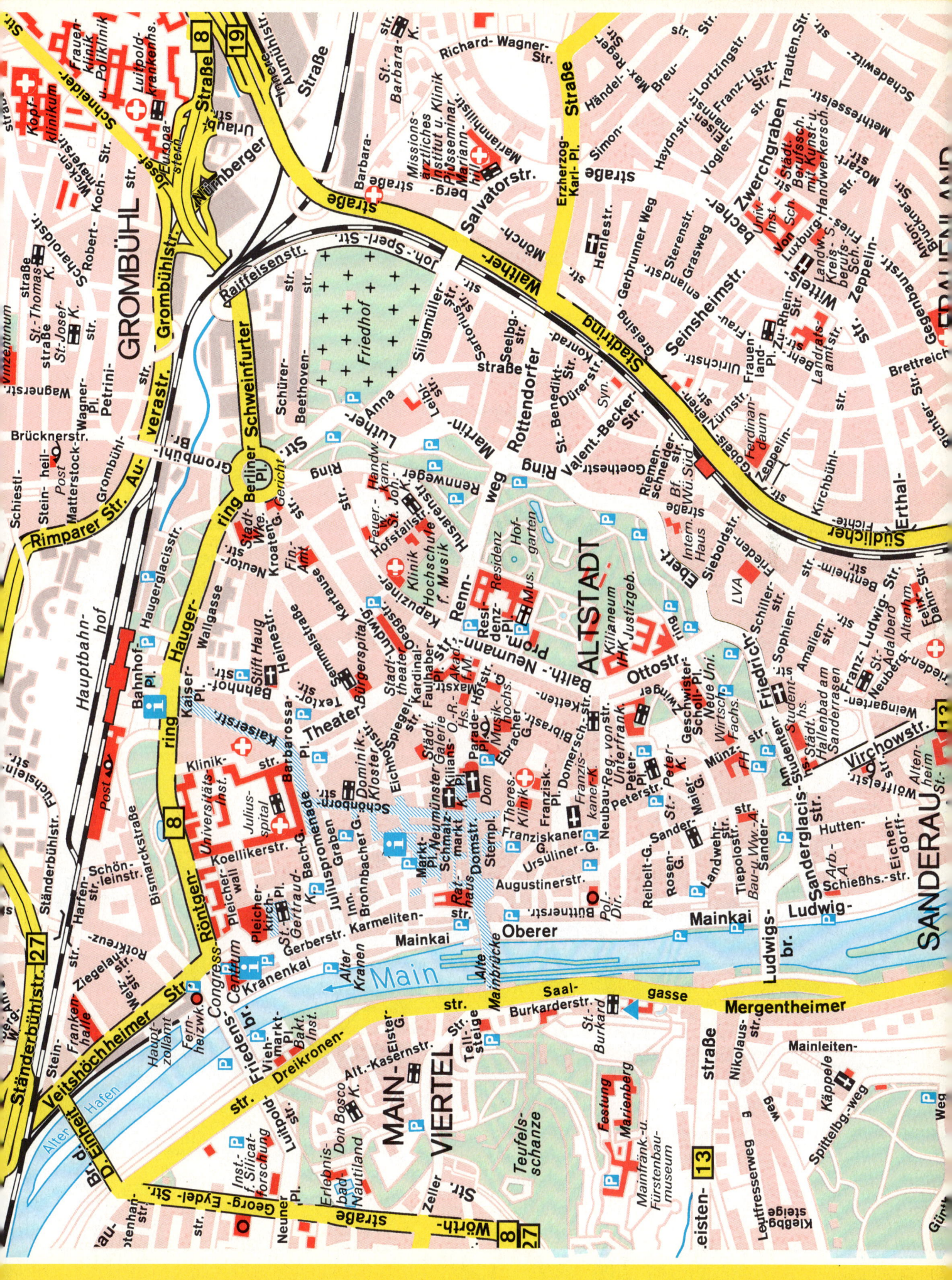

1 : 15.000 · 1 cm = 150 m   Karlsruhe 147

1 : 12.000 · 1 cm = 120 m　　　　　　　　　　　　Freiburg

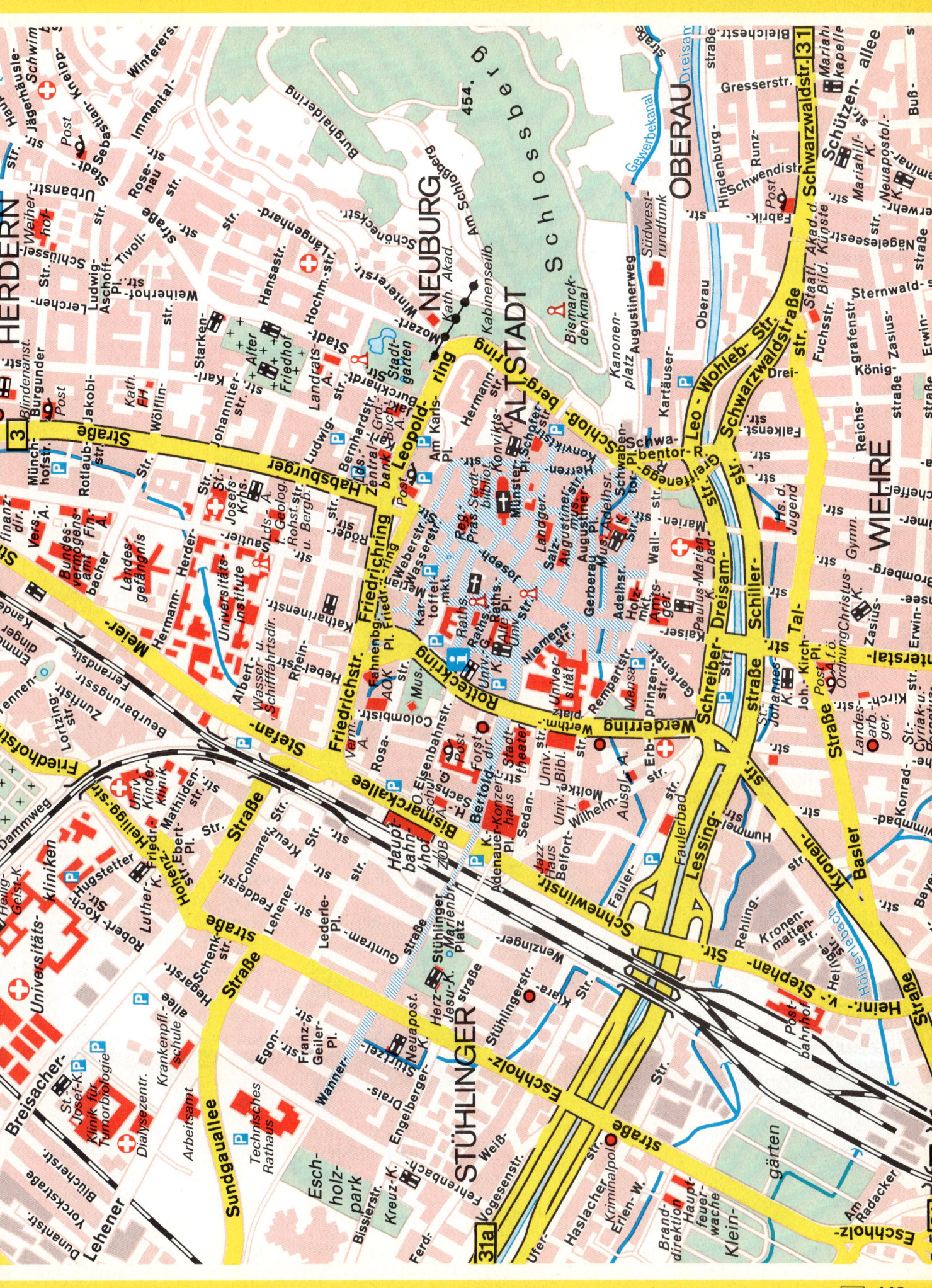

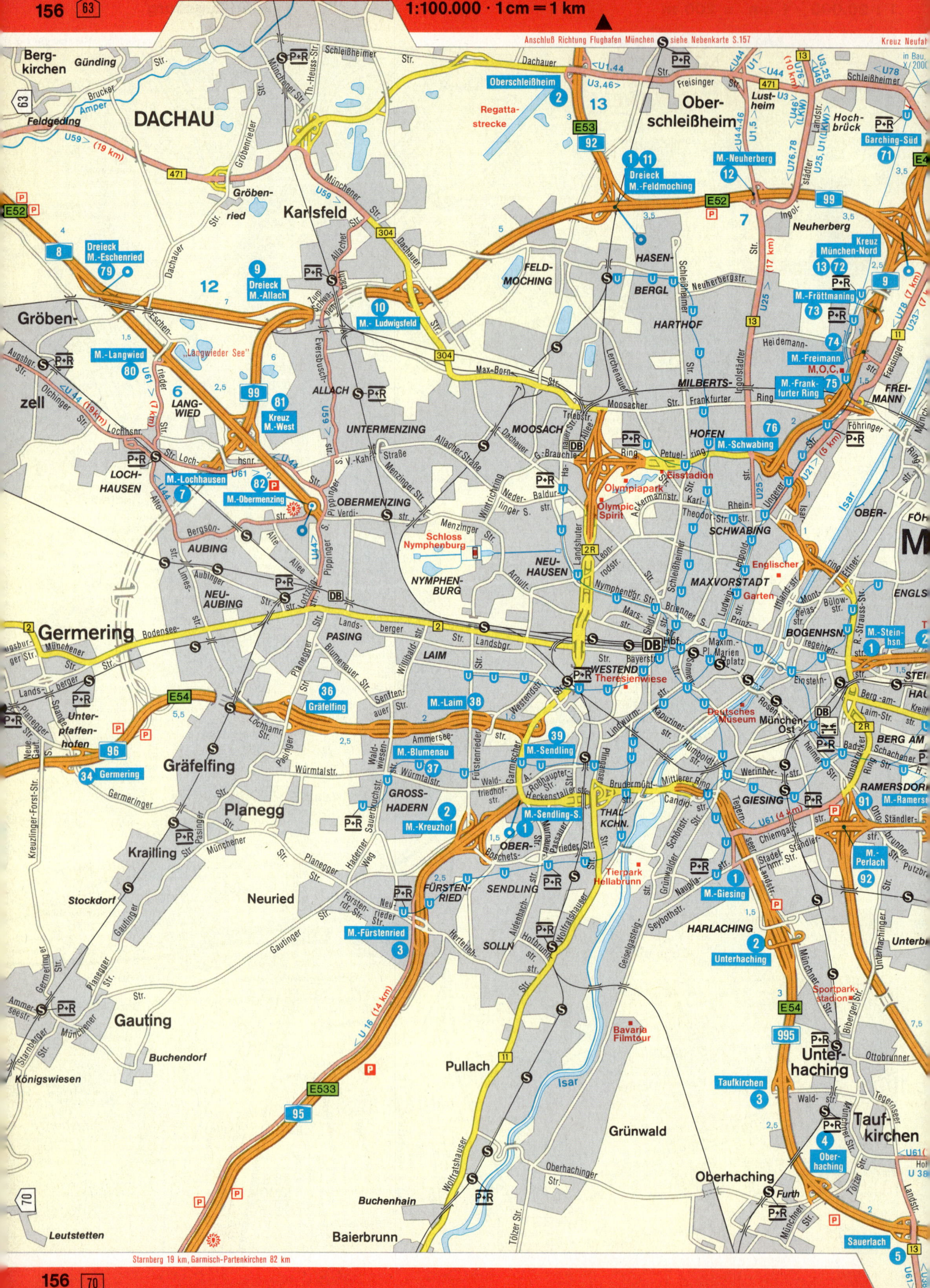

München

1:750.000 · 1 cm = 7,5 km

Kartenteil für Fahrten in den Alpen

Legende 1:750.000 1cm=7,5km		Legend 1:750,000 1cm=7.5km	Légende 1:750.000 1cm=7,5km
Verkehrsnetz		**Means of communication**	**Voies de communication**
Autobahn mit Anschlussstellen		Motorway with junctions	Autoroute avec points de jonction
Autobahn in Bau · Autobahn in Planung		Motorway under construction · Motorway under projection	Autoroute en construction · Autoroute en projet
Autobahnnummer		Motorway number	Numéro d'autoroute
Raststätte mit Übernachtungsmöglichkeit · Raststätte ohne Übernachtungsmöglichkeit		Road-side restaurant and hotel · Road-side restaurant	Hôtel · Restaurant
Erfrischungsstelle, Kiosk · Tankstelle		Snackbar, kiosk · Filling-station	Bar, kiosque · Poste d'essence
Autobahnähnliche Schnellstraße mit Anschlussstellen		Dual carriageway with motorway characteristics with junction	Double chaussée de type autoroutier avec point de jonction
Autobahnähnliche Schnellstraße in Bau		Dual carriageway with motorway characteristics under construction	Double chaussée de type autoroutier en construction
Straße mit zwei getrennten Fahrbahnen		Dual carriageway	Route à chaussées séparées
Straße mit zwei getrennten Fahrbahnen in Bau		Dual carriageway under construction	Route à chaussées séparées en construction
Durchgangsstraße		Thoroughfare	Route principale
Wichtige Hauptstraße		Important main road	Route de communication importante
Hauptstraße		Main road	Route de communication
Sonstige Straße		Other road	Autre route
Straßen in Bau		Roads under construction	Routes en construction
Straßentunnel		Road tunnel	Tunnel routier
Europastraßennummer · Straßennummer		European road number · Road number	Numéro de route européenne · Numéro de route
Fernkilometer		Very long distance in km	Distance très grande en km
Großkilometer		Long distance in km	Distance grande en km
Kleinkilometer		Short distance in km	Distance courte en km
Kleinkilometer zwischen den Anschlußstellen der Autobahnen und der autobahnähnlichen Schnellstraßen		Short distance in km between junctions along the motorway and dual carriageway with motorway characteristics	Distance courte en km entre points de jonction sur l'autoroute et sur la double chaussée de type autoroutier
Fernverkehrsbahn		Main line railway	Chemin de fer: ligne à grand trafic
Sonstige Eisenbahn		Secondary line railway	Chemin de fer: ligne à trafic secondaire
Bergbahn		Arial cableway	Chemin de fer de montagne, téléphérique
Sessellift (Auswahl)		Chair-lift (selection)	Télésiège (sélection)
Autotransport per Bahn		Transport of cars by railway	Transport des automobiles par chemin de fer
Autofähre		Car ferry	Bac pour automobiles
Touristische Hinweise		**Hints for tourists**	**Renseignements touristiques**
Kultur		Culture	Culture
Eine Reise wert		Worth a journey	Vaut le voyage
Lohnt einen Umweg		Worth a detour	Mérite un détour
Landschaft		Landscape	Paysage
Eine Reise wert		Worth a journey	Vaut le voyage
Lohnt einen Umweg		Worth a detour	Mérite un détour
Landschaftlich besonders schöne Strecke		Route with beautiful scenery	Parcours pittoresque
Touristenstraße		Tourist route	Route touristique
Straßen gegen Gebühr befahrbar		Toll road	Route à péage
Straße für Kraftfahrzeuge gesperrt		Road closed to motor traffic	Route interdite aux véhicules à moteur
Zeitlich geregelter Verkehr		Temporal regulated traffic	Circulation réglementée
Pass mit Höhen- und Steigungsangabe · Wintersperre		Pass with height and gradient · Closure in winter	Col avec cote d'altitude et montée · Fermeture en hiver
Bedeutende Steigungen		Steep gradients	Montées importantes
Bergspitze mit Höhenangabe in Metern		Mountain top with height in metres	Pic avec cote d'altitude en mètres
Ortshöhe		Height of settlement	Altitude de la localité
Besonders schöner Ausblick		Important panoramic view	Point de vue remarquable
Nationalpark, Naturpark, Naturschutzgebiet		National park, Nature park, Nature reserve	Parc national, Parc naturel, Zone protégée
Sperrgebiet		Prohibited area	Zone interdite
Staatsgrenze · Grenzkontrollstelle		National boundary · Check-point	Frontière d'État · Point de contrôle
Signaturen		**Conventional signs**	**Signes conventionnels**
Kirche · Kirchenruine		Church · Church ruin	Église · Église en ruines
Kloster · Klosterruine		Monastery · Monastery ruin	Monastère · Monastère en ruines
Schloss, Burg · Schloss-, Burgruine		Palace, castle · Palace ruin, castle ruin	Château, château fort · Château ou château fort en ruines
Denkmal · Ruinenstätte		Monument · Ruins	Monument · Ruines
Wasserfall · Höhle		Waterfall · Cave	Cascade · Grotte
Sonstiges Objekt		Other object	Autre objet
Campingplatz · Jugendherberge		Camp site · Youth hostel	Terrain de camping · Auberge de jeunesse
Verkehrsflughafen · Regionalflughafen · Flugplatz		Airport · Regional airport · Airfield	Aéroport · Aéroport régional · Aérodrome

In Deutschland ist die Benutzung der Autobahnen nur für LKW über 12 t zulässigem Gesamtgewicht gebührenpflichtig.

In Germany only lorries over 12 t of gross weight are subject to road pricing on motorways.

En Allemagne les autoroutes ne sont pas payantes que pour les poids-lourds d'un poids total maximal autorisé supérieur à 12 t.

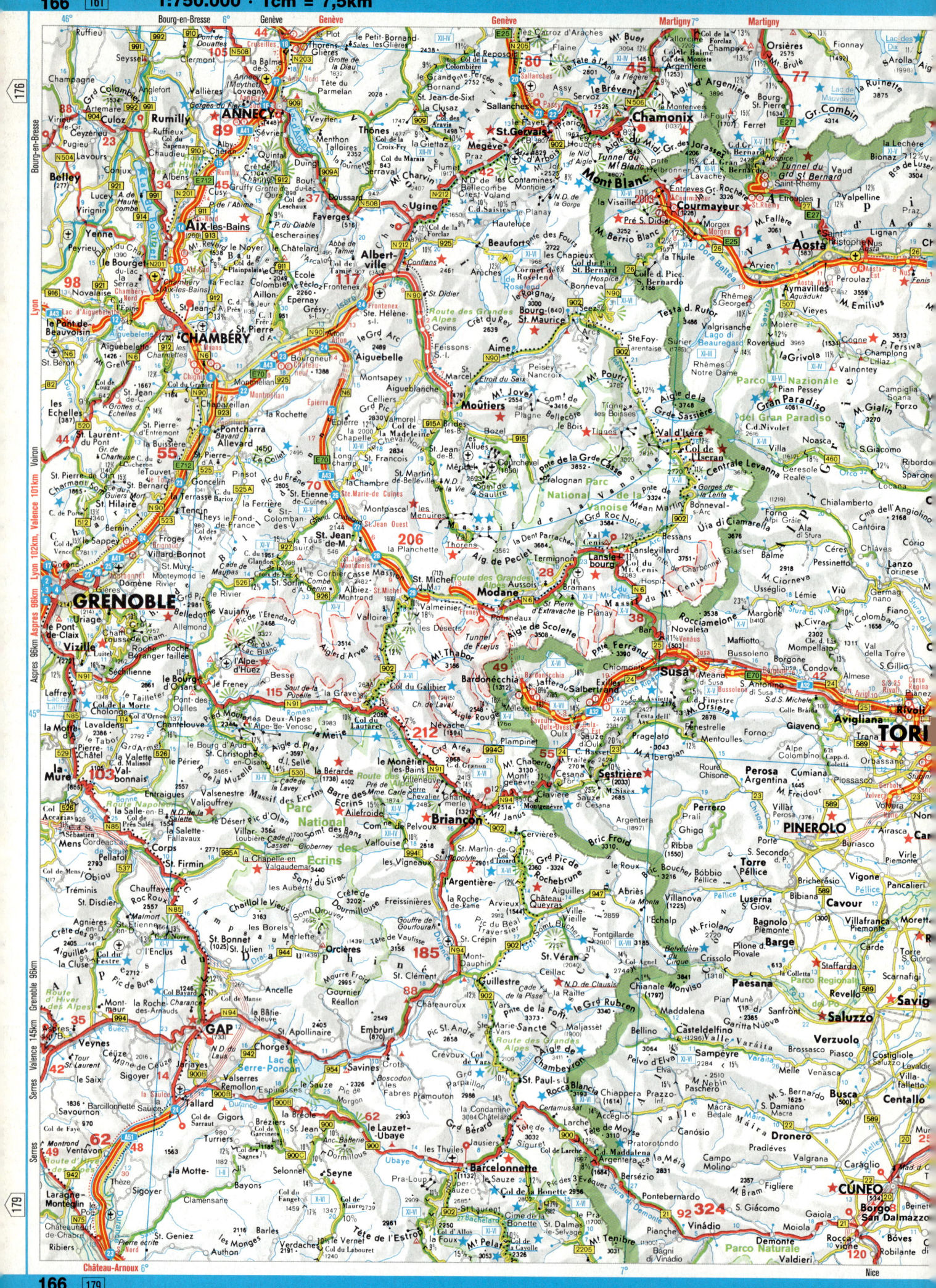

Europa
Karteteil für die Planung

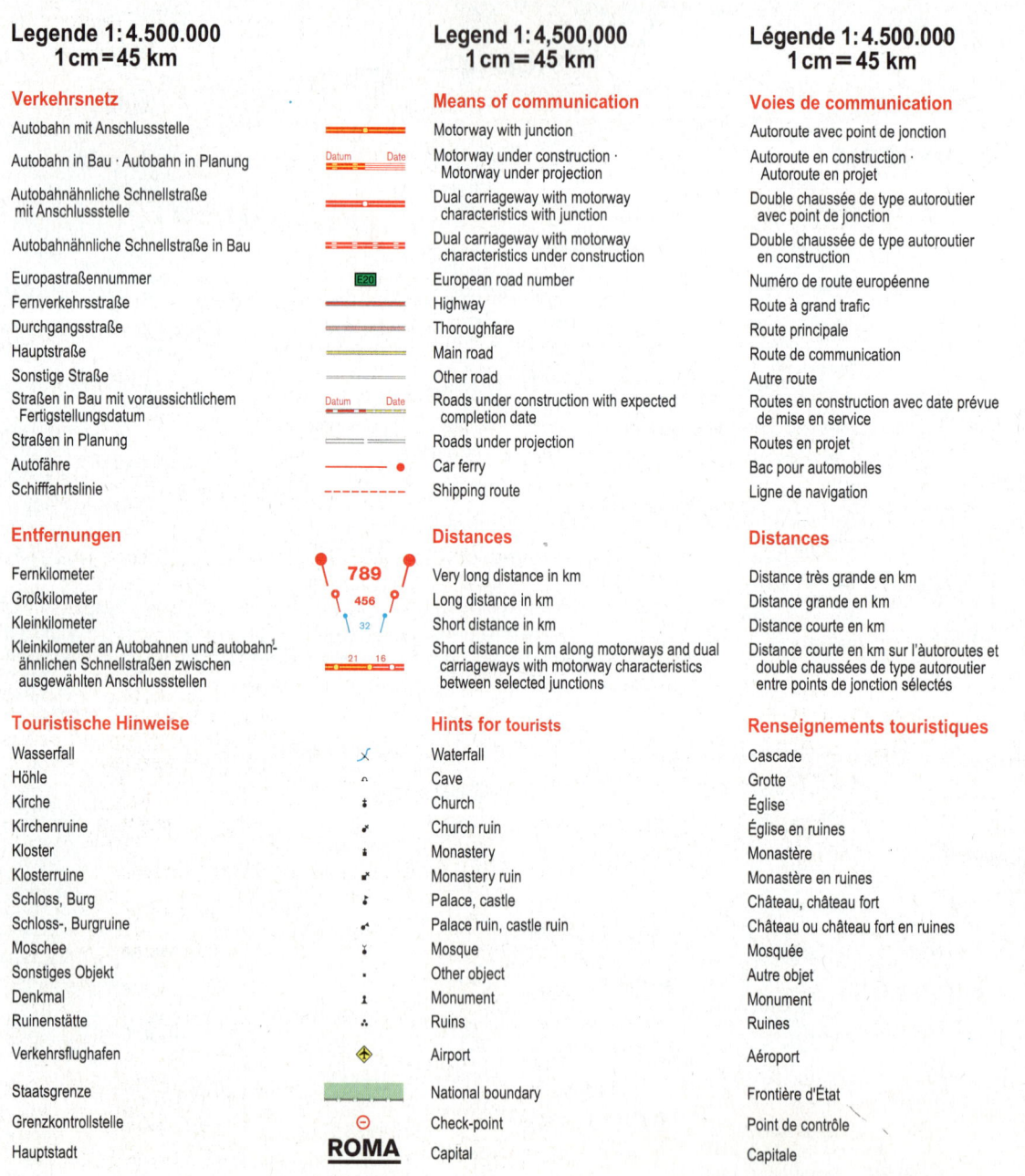

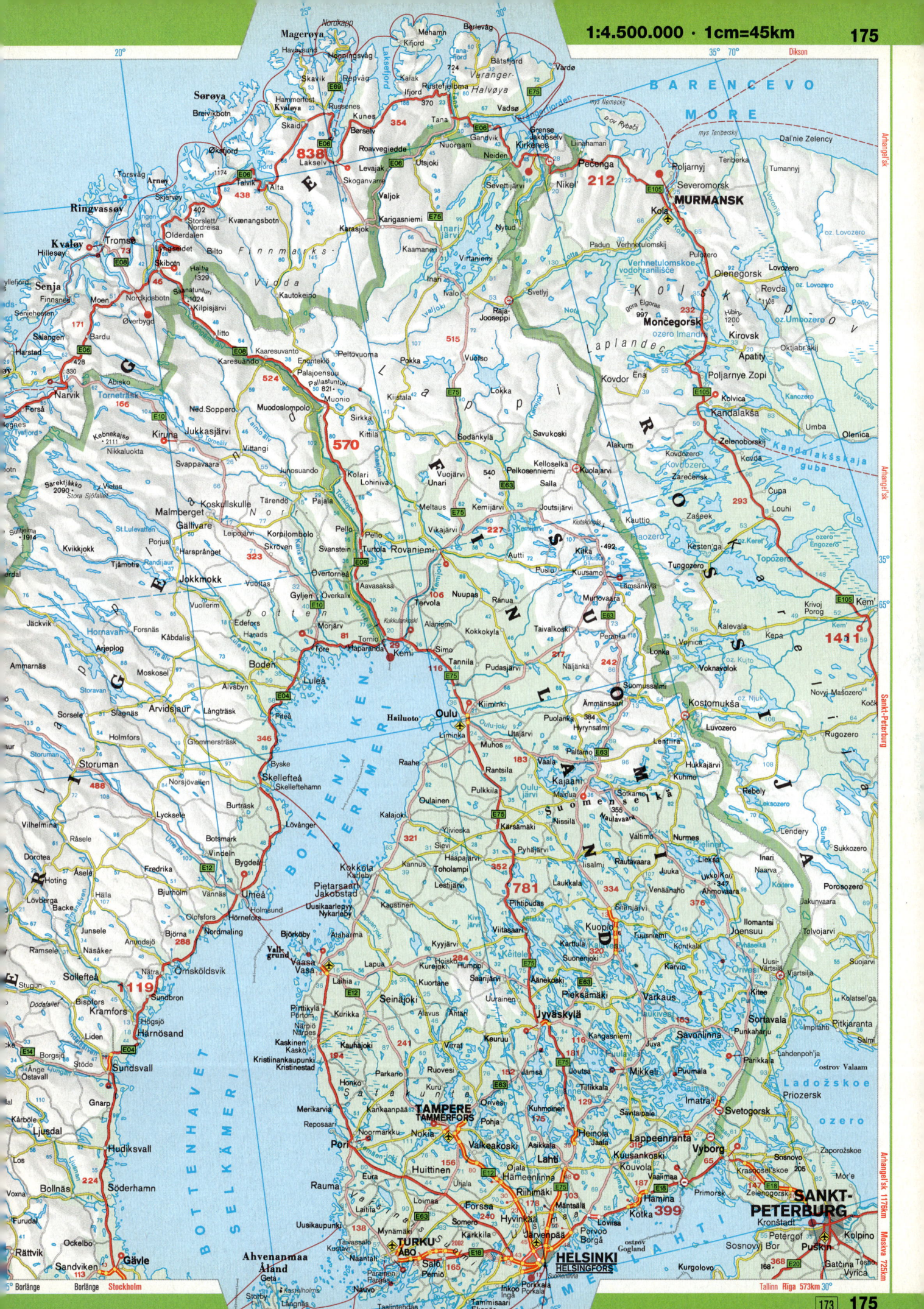

In Great Britain distances in miles
GREAT BRITAIN
NORTH SEA
NORD SEE
IRISH SEA
DUBLIN
BAILE ATHA CLIATH
LIVERPOOL
MANCHESTER
LEEDS
SHEFFIELD
YORK
NOTTINGHAM
BIRMINGHAM
COVENTRY
LEICESTER
NORTHAMPTON
NORWICH
IPSWICH
OXFORD
LUTON
LONDON
BRISTOL
CARDIFF
SWANSEA
SOUTHAMPTON
BRIGHTON
BOURNEMOUTH
PORTSMOUTH
PLYMOUTH
Bristol Channel
English Channel
La Manche
Channel Islands
NEDERLAND
AMSTERDAM
DEN HAAG
ROTTERDAM
UTRECHT
ANTWERPEN
BRUSSEL
BRUXELLES
LIEGE
GENT
DUISBG.
DÜSSELDORF
AACHEN
BONN
LILLE
AMIENS
ROUEN
LE HAVRE
CAEN
BREST
RENNES
NANTES
ANGERS
LE MANS
TOURS
VERSAILLES
PARIS
REIMS
METZ
NANCY
DIJON
BESANÇON
MULHOUSE
LYON
GENÈVE
LAUSANNE
GRENOBLE
ST.ETIENNE
CLERMONT-FERRAND
LIMOGES
BORDEAUX
TOULOUSE
NÎMES
OCÉAN ATLANTIQUE
Golfe de Gascogne
Golfo de Vizcaya
DONOSTIA SAN SEBASTIAN
BILBAO
FRANCE

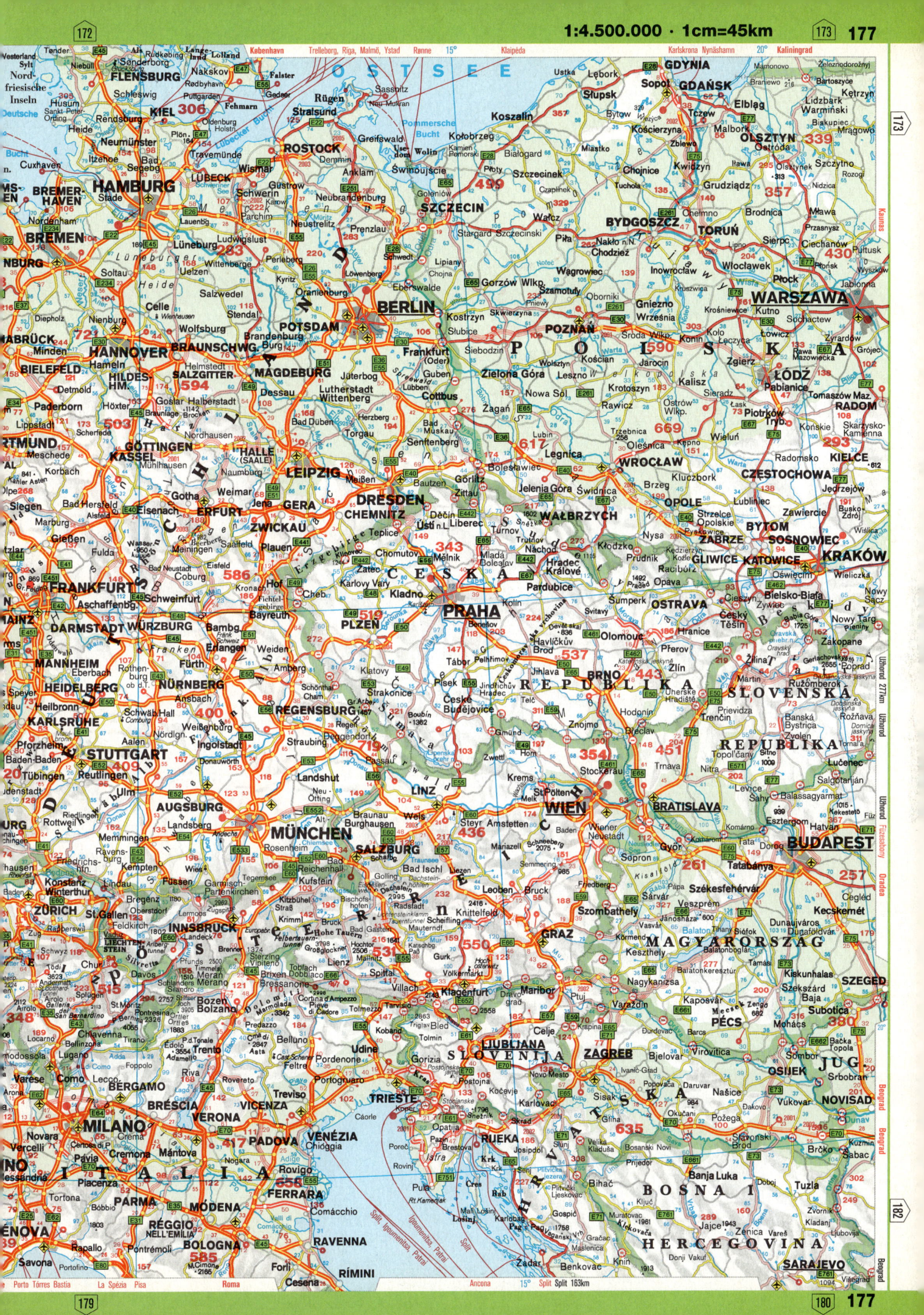

1:4.500.000 · 1cm=45km

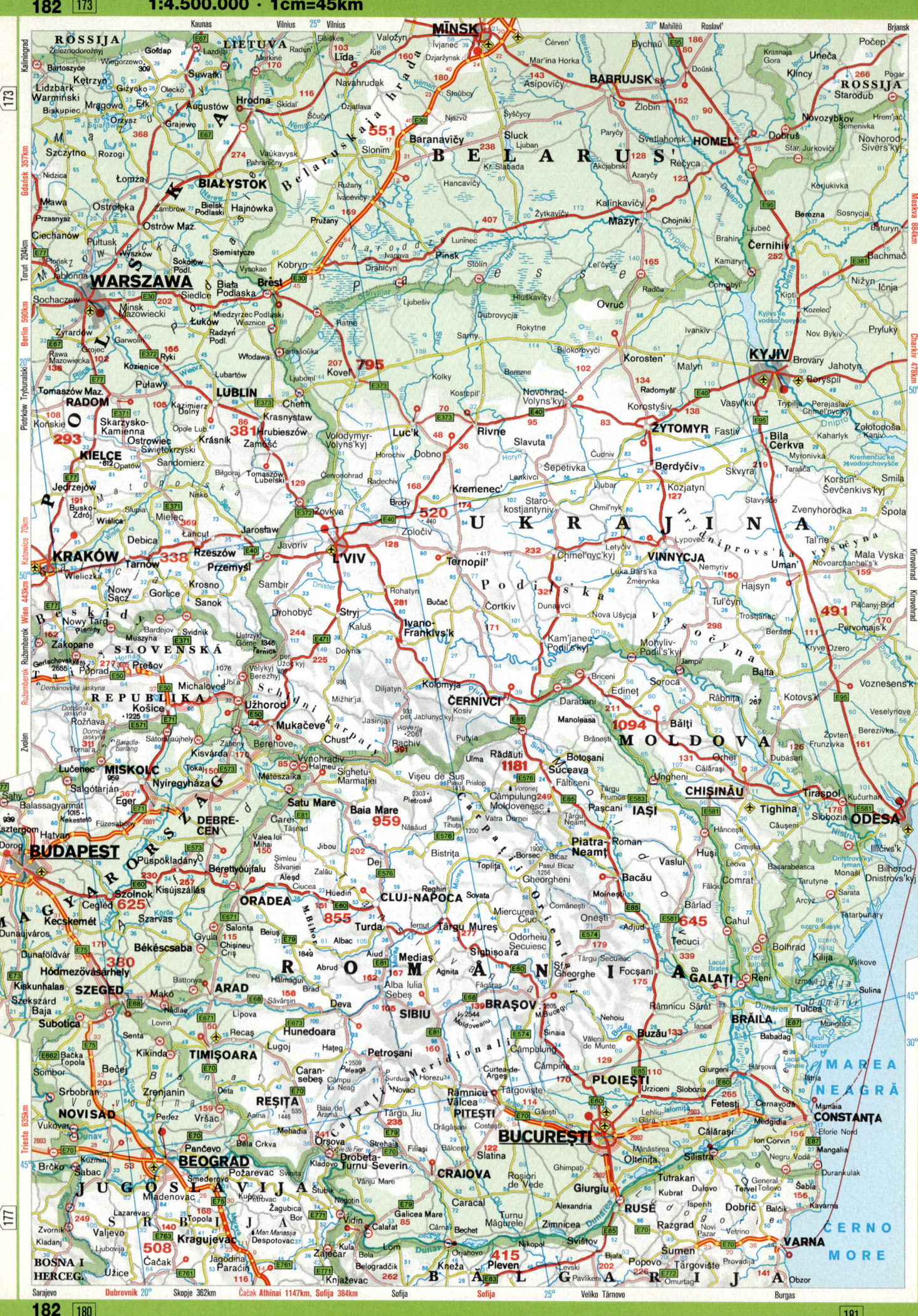

Ortsregister Deutschland

Allgemeine Erläuterungen:
Dieses Ortsregister enthält eine Auswahl von Orten in Deutschland. Neben der jeweiligen Seiten- und Lageangabe ist auch die Postleitzahl eines Ortes angegeben; bei Orten ohne eigene Postanstalt erfolgt ein Hinweis auf den zuständigen Postort.
Bei Orten mit mehreren Postleitzahlen ist zur Orientierung jeweils die niedrigste Postleitzahl angegeben und zusätzlich mit einem Stern markiert; die weiteren Postleitzahlen dieser Orte sind dem aktuellen Postleitzahlenverzeichnis zu entnehmen.

Hinweise zum Suchsystem:
Die Seitenzahl und die genaue Lageangabe eines Ortes werden nach dem Ortsnamen angegeben. Die Lageangabe setzt sich aus einem Buchstaben und einer Zahl zusammen; das jeweilige Suchfeld kann so genau bezeichnet werden. Im Kartenteil 1 : 400.000 findet man auf jeder Doppelseite die Buchstaben am oberen und unteren sowie die Zahlen am linken und rechten Kartenrand.

A

Aach 52 C1, ⊠ 54298
Aachen 36 A6, ⊠ *52062
Aalen 61 K2, ⊠ *73430
Aarbergen 45 K4, ⊠ 65326
Abbenrode 32 B4, ⊠ 38871
Abenberg 56 D5, ⊠ 91183
Abensberg 63 G2, ⊠ 93326
Abtsgmünd 61 I2, ⊠ 73453
Abtshagen 12 A5, ⊠ 18510
Abtsteinach 54 D3, ⊠ 69518
Achern 59 K3, ⊠ 77855
Achim 21 K2, ⊠ 28832
Adelebsen 31 H6, ⊠ 37139
Adelmannsfelden 61 I1, ⊠ 73486
Adelsdorf 56 C2, ⊠ 91325
Adelsheim 55 G4, ⊠ 74740
Adenau 44 E3, ⊠ 53518
Adorf 42 C6, ⊠ 09221
Adorf 49 I3, ⊠ 08626
Aerzen 31 F3, ⊠ 31855
Affalter 50 B1, ⊠ 08294
Ahaus 29 F3, ⊠ 48683
Ahlbeck 19 G1, ⊠ 17419
Ahlbeck 19 G3, ⊠ 17375
Ahlen 29 I5, ⊠ *59227
Ahlerstedt 15 G5, ⊠ 21702
Ahnatal 39 G3, ⊠ 34292
Ahorn 48 C4, ⊠ 96482
Ahorn 55 G3, ⊠ 74744
Ahorntal 57 F1, ⊠ 95491
Ahrbergen 31 H2, ⊠ 31180 Giesen
Ahrensbök 16 C1, ⊠ 23623
Ahrensburg 16 A3, ⊠ 22926
Ahrenshoop 11 H4, ⊠ 18347
Ahrweiler, Bad Neuenahr- 44 E2, ⊠ 53474
Aicha 64 E3, ⊠ 94529
Aichach 62 E5, ⊠ 86551
Aichhalden 60 B6, ⊠ 78733
Aichstetten 68 D3, ⊠ 88317
Aichtal 61 F3, ⊠ 72631
Aichwald 61 G3, ⊠ 73773
Aidenbach 64 D4, ⊠ 94501
Aidlingen 60 D3, ⊠ 71134
Aigenstadl 65 F2, ⊠ 94078 Freyung
Ailingen 68 B4, ⊠ 88048 Friedrichshafen
Ainring 71 I3, ⊠ 83404
Aising 70 E3, ⊠ 83026 Rosenheim
Aken 33 H4, ⊠ 06385
Albbruck 66 E4, ⊠ 79774
Albersdorf 9 F5, ⊠ 25767
Albershausen 61 G3, ⊠ 73095
Albersloh 29 I4, ⊠ 48324 Sendenhorst
Albersweiler 53 I5, ⊠ 76857
Albstadt 60 E6, ⊠ *72458
Aldenhoven 36 B5, ⊠ 52457
Aldersbach 64 D3, ⊠ 94501
Aldingen 67 H1, ⊠ 78554
Alexisbad 32 D6, ⊠ 06493 Harzgerode
Alf 44 E5, ⊠ 56859
Alfdorf 61 H2, ⊠ 73553
Alfeld 31 H3, ⊠ 31061
Alfter 36 E6, ⊠ 53347
Algermissen 31 I2, ⊠ 31191
Alheim 39 H5, ⊠ 36211
Alkofen 64 D3, ⊠ 94474 Vilshofen
Allagen 38 B2, ⊠ 59581 Warstein
Allendorf 38 C5, ⊠ 35108
Allendorf, Bad Sooden- 39 I3, ⊠ 37242
Allersberg 56 E5, ⊠ 90584
Alling 69 K1, ⊠ 82239
Allmendingen 61 H5, ⊠ 89604
Allmosen 35 H6, ⊠ 01983
Allstedt 40 E2, ⊠ 06542
Alpen 28 D6, ⊠ 46519
Alpirsbach 60 B6, ⊠ 72275
Alsbach, Scheibe- 48 D2, ⊠ 98749
Alsbach-Hähnlein 54 C2, ⊠ 64665
Alsdorf 36 B5, ⊠ 52477
Alsenborn, Enkenbach- 53 I3, ⊠ 67677
Alsenz 53 H2, ⊠ 67821
Alsfeld 47 F1, ⊠ 36304
Alsheim 54 B1, ⊠ 67577
Alsleben 33 F5, ⊠ 06425
Alstätte 28 E2, ⊠ 48683 Ahaus
Alsweiler 52 E3, ⊠ 66646 Marpingen
Altastenberg 38 C4, ⊠ 59955 Winterberg
Altbach 61 F3, ⊠ 73776
Altdöbern 35 G5, ⊠ 03229
Altdorf 56 E4, ⊠ 90518
Altdorf 63 I4, ⊠ 84032
Alt Duvenstedt 9 G4, ⊠ 24791
Altena 37 H3, ⊠ 58762
Altenahr 44 E2, ⊠ 53505
Altenau 32 A5, ⊠ 38707
Altenbeken 30 E5, ⊠ 33184
Altenberg 37 F4, ⊠ 51519 Odenthal
Altenberg 43 F6, ⊠ 01773
Altenberge 29 G3, ⊠ 48341
Altenbrak 32 C5, ⊠ 38889
Altenburg 41 K5, ⊠ 04600
Altenerding 63 H6, ⊠ 85435 Erding
Altenglan 53 G3, ⊠ 66885
Altengottern 40 B4, ⊠ 99991
Altenheim 59 I4, ⊠ 77743 Neuried
Altenholz 9 I4, ⊠ 24161
Altenkirchen 45 H1, ⊠ 57610
Altenkunstadt 48 E5, ⊠ 96264
Altenmarkt 64 D3, ⊠ 94486 Osterhofen
Altenmarkt an der Alz 71 G2, ⊠ 83352
Altenroda 41 F3, ⊠ 06642
Altenschwand 66 E4, ⊠ 79736 Rickenbach
Altenstadt 46 E4, ⊠ 63674
Altenstadt 68 D1, ⊠ 89281
Altenstadt an der Waldnaab 57 I2, ⊠ 92665
Altensteig 60 C4, ⊠ 72213
Altentreptow 18 D2, ⊠ 17087
Altenwalde 14 D2, ⊠ 27478 Cuxhaven
Altenweddingen 33 F3, ⊠ 39171
Altglobsow 18 C6, ⊠ 16775 Zernikow
Althengstett 60 D3, ⊠ 75382
Althütte 61 G2, ⊠ 71566
Altlandsberg 26 A4, ⊠ 15345
Altlußheim 54 B4, ⊠ 68804
Altmannstein 63 G2, ⊠ 93336
Altmittweida 42 C5, ⊠ 09648
Altötting 64 B6, ⊠ 84503
Altomünster 62 E5, ⊠ 85250
Altrandsberg 58 B5, ⊠ 93468 Miltach
Altrip 54 C4, ⊠ 67122
Alt Ruppin 25 G2, ⊠ 16827
Altshausen 68 B2, ⊠ 88361
Altusried 68 E3, ⊠ 87452
Alzenau 46 E5, ⊠ 63755
Alzey 54 A2, ⊠ 55232
Amberg 57 G4, ⊠ 92224
Amelinghausen 23 F1, ⊠ 21385
Amendingen 68 E2, ⊠ 87700 Memmingen
Ammerbuch 60 D4, ⊠ 72119
Ammersbek 16 A3, ⊠ 22949
Amöneburg 38 E6, ⊠ 35287
Amorbach 55 F2, ⊠ 63916
Ampfing 64 A6, ⊠ 84539
Amtzell 68 C4, ⊠ 88279
Andernach 45 G3, ⊠ 56626
Angelbachtal 54 D5, ⊠ 74918
Angelburg 38 C6, ⊠ 35719
Anger 71 H3, ⊠ 83454
Angermünde 26 B1, ⊠ 16278
Anklam 18 E1, ⊠ 17389
Ankum 20 E5, ⊠ 49577
Annaberg-Buchholz 50 C2, ⊠ 09456
Annaburg 34 C5, ⊠ 06925
Annahütte 35 G6, ⊠ 01994
Annweiler 53 I5, ⊠ 76855
Anröchte 38 B1, ⊠ 59609
Ansbach 56 B5, ⊠ 91522
Antrifttal 39 F6, ⊠ 36326
Apen 13 K6, ⊠ 26689
Apolda 41 F5, ⊠ 99510
Appen 15 I3, ⊠ 25482
Appenweier 59 K4, ⊠ 77767
Arendsee 24 B3, ⊠ 39619
Arensdorf 26 C5, ⊠ 15518
Argenbühl 68 D4, ⊠ 88260
Arneburg 24 D4, ⊠ 39596
Arnis 9 H2, ⊠ 24399
Arnsberg 38 A2, ⊠ *59755
Arnsdorf 43 G4, ⊠ 01477
Arnstadt 40 D6, ⊠ 99310
Arnstein 47 I6, ⊠ 97450
Arnstorf 64 C4, ⊠ 94424
Artern 40 E3, ⊠ 06556
Arzberg 49 I5, ⊠ 95659
Asbach 45 G1, ⊠ 55758
Asbach 48 B1, ⊠ 98574
Asbach-Bäumenheim 62 C3, ⊠ 86663
Ascha 64 B1, ⊠ 94347
Aschaffenburg 46 E6, ⊠ *63739
Aschau im Chiemgau 71 F3, ⊠ 83229
Aschbach 52 D3, ⊠ 66822 Lebach
Ascheberg 9 K5, ⊠ 24326
Ascheberg 29 H5, ⊠ 59387
Aschendorf 20 C2, ⊠ 26871
Aschersleben 33 F5, ⊠ 06449
Aspach 61 F1, ⊠ 71546
Asperg 60 E2, ⊠ 71679
Assenheim 46 D4, ⊠ 61194 Niddatal
Assenheim, Hochdorf- 54 B4, ⊠ 67126
Aßlar 46 B2, ⊠ 35614
Assmannshausen 45 H6, ⊠ 65385 Rüdesheim
Astfeld 32 A4, ⊠ 38685 Langelsheim
Athensleben 33 F4, ⊠ 39446 Löderburg
Athenstedt 32 C4, ⊠ 38822
Attel 70 E2, ⊠ 83512 Wasserburg
Attendorn 37 I4, ⊠ 57439
Atzendorf 33 F4, ⊠ 39443
Aub 55 I3, ⊠ 97239
Audorf, Schacht- 9 G4, ⊠ 24790
Aue 50 B2, ⊠ 08280
Auenheim 59 I3, ⊠ 77694 Kehl
Auenwald 61 G1, ⊠ 71549
Auerbach 49 K2, ⊠ 08209
Auerbach 50 C1, ⊠ 09392
Auerbach 57 G2, ⊠ 91275
Auersmacher 52 E5, ⊠ 66271 Kleinblittersdorf
Auetal 31 F2, ⊠ 31749
Auggen 66 C3, ⊠ 79424
Augsburg 62 D5, ⊠ *86150
Augustdorf 30 D4, ⊠ 32832
Augustusburg 42 C6, ⊠ 09573
Au in der Hallertau 63 G4, ⊠ 84072
Aukrug 9 G6, ⊠ 24613
Aulendorf 68 B2, ⊠ 88326
Auma 49 H1, ⊠ 07955
Aumühle 16 A4, ⊠ 21521
Aurachtal 56 C3, ⊠ 91086
Aurich 13 I4, ⊠ *26603
Aystetten 62 C5, ⊠ 86482

B

Baabe 12 D4, ⊠ 18586
Baal 36 B4, ⊠ 41836 Hückelhoven
Baar 62 D4, ⊠ 86674
Baarz 23 K1, ⊠ 19309
Babekuhl 24 B2, ⊠ 19309 Lanz
Babenhausen 46 D6, ⊠ 64832
Babenhausen 68 E1, ⊠ 87727
Bacharach 45 H5, ⊠ 55422
Backleben 40 E4, ⊠ 99625
Backnang 61 F1, ⊠ 71522
Bad Abbach 63 H1, ⊠ 93077
Bad Aibling 70 E3, ⊠ 83043
Bad Alexandersbad 49 H6, ⊠ 95680
Bad Antogast 60 A4, ⊠ 77728 Oppenau
Bad Arolsen 38 E2, ⊠ 34454
Bad Bayersoien 69 H4, ⊠ 82435
Bad Bellingen 66 C3, ⊠ 79415
Bad Bentheim 29 F1, ⊠ 48455
Bad Bergzabern 53 I6, ⊠ 76887
Bad Berka 40 E6, ⊠ 99438
Bad Berleburg 38 B5, ⊠ 57319
Bad Berneck 49 G5, ⊠ 95460
Bad Bevensen 23 G1, ⊠ 29549
Bad Bibra 41 F4, ⊠ 06647
Bad Blankenburg 48 E1, ⊠ 07422
Bad Bocklet 47 K4, ⊠ 97708
Bad Brambach 49 I4, ⊠ 08648
Bad Bramstedt 15 I1, ⊠ 24576
Bad Breisig 45 F2, ⊠ 53498
Bad Brückenau 47 H4, ⊠ 97769
Bad Buchau 68 B1, ⊠ 88422
Bad Camberg 46 B4, ⊠ 65520
Bad Colberg 48 C4, ⊠ 98663
Bad Ditzenbach 61 H4, ⊠ 73342
Bad Doberan 11 F6, ⊠ 18209
Bad Driburg 30 E5, ⊠ 33014
Bad Düben 33 K6, ⊠ 04849
Bad Dürkheim 54 A3, ⊠ 67098
Bad Dürrenberg 41 H3, ⊠ 06231
Bad Dürrheim 67 G2, ⊠ 78073
Bad Eilsen 30 E2, ⊠ 31707
Badeleben 32 D2, ⊠ 39393 Völpke
Bad Elster 49 I4, ⊠ 08645
Bad Ems 45 H3, ⊠ 56130
Bad Emstal 39 F3, ⊠ 34308
Baden-Baden 60 B3, ⊠ *76530
Bad Endbach 46 C1, ⊠ 35080
Bad Endorf 71 F2, ⊠ 06333
Badenweiler 66 C3, ⊠ 79410
Badersleben 32 C3, ⊠ 38836
Bad Essen 30 B1, ⊠ 49152
Bad Feilnbach 70 D3, ⊠ 83075
Bad Frankenhausen 40 D3, ⊠ 06567
Bad Freienwalde 26 B3, ⊠ 16259
Bad Friedrichshall 55 F5, ⊠ 74177
Bad Füssing 64 E5, ⊠ 94072
Bad Gandersheim 31 I4, ⊠ 37581
Bad Gottleuba 43 G6, ⊠ 01816
Bad Grönenbach 68 E3, ⊠ 87730
Bad Grund 31 K5, ⊠ 37539
Bad Harzburg 32 B4, ⊠ 38667
Bad Heilbrunn 69 K3, ⊠ 83670
Bad Herrenalb 60 B2, ⊠ 76332
Bad Hersfeld 39 H6, ⊠ 36251
Bad Hönningen 45 G2, ⊠ 53557
Bad Homburg 46 C4, ⊠ *61348
Bad Honnef 45 F1, ⊠ 53604
Bad Iburg 30 A2, ⊠ 49186
Bad Karlshafen 31 G6, ⊠ 34385
Bad Kissingen 47 K4, ⊠ 97688
Bad Kleinen 17 F2, ⊠ 23996
Bad Klosterlausnitz 41 G6, ⊠ 07639
Bad König 54 E2, ⊠ 64732
Bad Königshofen 48 B4, ⊠ 97631
Bad Kösen 41 G4, ⊠ 06628
Bad Köstritz 41 H5, ⊠ 07586
Bad Kohlgrub 69 I4, ⊠ 82433
Bad Kreuznach 53 I1, ⊠ *55543
Bad Krozingen 66 C2, ⊠ 79189
Bad Laasphe 38 B5, ⊠ 57334
Bad Laer 30 A3, ⊠ 49196
Bad Langensalza 40 B4, ⊠ 99947
Bad Lauchstädt 41 G2, ⊠ 06246
Bad Lausick 42 B4, ⊠ 04651
Bad Lauterberg 32 B6, ⊠ 37431
Bad Liebenstein 40 A6, ⊠ 36448
Bad Liebenwerda 34 E6, ⊠ 04924
Bad Liebenzell 60 C3, ⊠ 75378
Bad Lippspringe 30 D5, ⊠ 33175
Bad Marienberg 45 I1, ⊠ 56470
Bad Meinberg, Horn- 30 E4, ⊠ 32805
Bad Mergentheim 55 H3, ⊠ 97980
Bad Münder 31 G2, ⊠ 31848
Bad Münster-Ebernburg 53 I1, ⊠ 55583
Bad Münstereifel 44 D2, ⊠ 53902
Bad Muskau 35 K6, ⊠ 02953
Bad Nauheim 46 D3, ⊠ 61231
Bad Nenndorf 31 F1, ⊠ 31542
Bad Neuenahr-Ahrweiler 44 E2, ⊠ 53474
Bad Neustadt 47 K4, ⊠ 97616
Bad Niedernau 60 D5, ⊠ 72108 Rottenburg
Bad Oberdorf 69 F5, ⊠ 87541 Hindelang
Bad Oberstaufen 68 D5, ⊠ 87534
Bad Oeynhausen 30 D2, ⊠ *32545
Bad Oldesloe 16 A2, ⊠ 23843
Bad Orb 47 F4, ⊠ 63619
Bad Peterstal-Griesbach 60 A5, ⊠ 77740
Bad Pyrmont 31 F3, ⊠ 31812
Bad Rappenau 54 E5, ⊠ 74906
Bad Rehburg 22 A6, ⊠ 31547 Rehburg-Loccum
Bad Reichenhall 71 H3, ⊠ 83435
Bad Rippoldsau-Schapbach 60 B5, ⊠ 77776
Bad Rothenfelde 30 B3, ⊠ 49214
Bad Saarow-Pieskow 35 G1, ⊠ 15526
Bad Sachsa 32 B6, ⊠ 37441
Bad Säckingen 66 D5, ⊠ 79713
Bad Salzdetfurth 31 I3, ⊠ 31162
Bad Salzig 45 H4, ⊠ 56154 Boppard
Bad Salzschlirf 47 G2, ⊠ 36364
Bad Salzuflen 30 D3, ⊠ *32105
Bad Salzungen 39 K6, ⊠ 36433
Bad Sassendorf 30 A6, ⊠ 59505
Bad Schandau 43 H5, ⊠ 01814
Bad Schmiedeberg 34 B5, ⊠ 06905
Bad Schönborn 54 C5, ⊠ 76669
Bad Schussenried 68 C2, ⊠ 88427
Bad Schwalbach 46 A5, ⊠ 65307
Bad Schwartau 16 C1, ⊠ 23611
Bad Sebastiansweiler 60 E5, ⊠ 72116 Mössingen
Bad Segeberg 16 B1, ⊠ 23795
Bad Soden am Taunus 46 C5, ⊠ 65812
Bad Soden-Salmünster 47 F4, ⊠ 63628
Bad Sooden-Allendorf 39 I3, ⊠ 37242
Bad Steben 49 F3, ⊠ 95138
Bad Suderode 32 D5, ⊠ 06507
Bad Sülze 11 I6, ⊠ 18334
Bad Sulza 41 F4, ⊠ 99518
Bad Teinach-Zavelstein 60 C3, ⊠ 75385
Bad Tennstedt 40 C4, ⊠ 99955
Bad Tölz 70 B3, ⊠ 83646
Bad Tönisstein 45 G3, ⊠ 56626 Andernach
Bad Überkingen 61 H4, ⊠ 73337
Bad Urach 61 F4, ⊠ 72574
Bad Vilbel 46 D4, ⊠ 61118
Bad Waldsee 68 C2, ⊠ 88339
Bad Wiessee 70 C4, ⊠ 83707
Bad Wildbad 60 C3, ⊠ 75323
Bad Wildungen 39 F4, ⊠ 34537
Bad Wilsnack 24 D2, ⊠ 19336
Bad Wimpfen 54 E5, ⊠ 74206
Bad Windsheim 56 A3, ⊠ 91438
Bad Wörishofen 69 G2, ⊠ 86825
Bad Wurzach 68 D3, ⊠ 88410
Bad Zwischenahn 14 B6, ⊠ 26160
Bärenfels 43 F6, ⊠ 01776
Bärenklau 35 I3, ⊠ 03172
Bärenstein 43 F6, ⊠ 07349 Schmiedebach
Bärenstein 50 C2, ⊠ 09471
Bärnau 57 K1, ⊠ 95671
Baesweiler 36 B5, ⊠ 52499
Bäumenheim, Asbach- 62 C3, ⊠ 86663
Bahlingen 66 C1, ⊠ 79353
Baienfurt 68 C3, ⊠ 88255
Baiersbronn 60 B4, ⊠ 72270
Baiersdorf 56 D2, ⊠ 91083
Balderschwang 68 D5, ⊠ 87538
Balge 22 A4, ⊠ 31609
Balgstädt 41 G4, ⊠ 06632
Balingen 60 D6, ⊠ 72336
Ballenberg 55 G4, ⊠ 74747 Ravenstein
Ballenstedt 32 E5, ⊠ 06493
Ballhausen 40 C4, ⊠ 99955
Balow 17 G5, ⊠ 19300
Baltmannsweiler 61 G3, ⊠ 73666
Baltrum 13 H2, ⊠ 26579
Balve 37 I3, ⊠ 58802
Bamberg 56 D1, ⊠ *96047
Bammental 54 D4, ⊠ 69245
Bann 53 G4, ⊠ 66851
Bannemin 12 E6, ⊠ 17449 Mölschow
Bansin 19 G1, ⊠ 17429
Barbis 40 A1, ⊠ 37431 Bad Lauterberg
Barby 33 G4, ⊠ 39249
Barchfeld 40 A6, ⊠ 36456
Bardowick 16 B5, ⊠ 21357
Bargen, Helmstadt- 54 E4, ⊠ 74921
Bargteheide 16 A3, ⊠ 22941
Barleben 33 F2, ⊠ 39179
Barmstedt 15 I2, ⊠ 25355
Barneberg 32 D3, ⊠ 39393
Barnstorf 21 H4, ⊠ 49406
Barntrup 30 E3, ⊠ 32683
Barsbüttel 15 K3, ⊠ 22885
Barsinghausen 31 G1, ⊠ 30890
Barßel 13 K6, ⊠ 26676
Bartenstein 55 H4, ⊠ 74575 Schrozberg
Barth 11 K4, ⊠ 18356
Bartow 18 D2, ⊠ 17089
Baruth 34 E3, ⊠ 02627
Basdorf 25 K4, ⊠ 16352
Bassenheim 45 G3, ⊠ 56220
Bassum 21 I3, ⊠ 27211
Battenberg 38 C5, ⊠ 35088
Bauerbach 48 A2, ⊠ 98617
Baumbach, Ransbach- 45 H3, ⊠ 56235
Baumholder 53 F2, ⊠ 55774
Baunatal 39 G3, ⊠ 34225
Bautzen 27 G3, ⊠ 02625
Bayerisch Eisenstein 58 D5, ⊠ 94252
Bayerisch Gmain 71 H4, ⊠ 83457
Bayreuth 49 G6, ⊠ *95444
Bayrischzell 70 D4, ⊠ 83735
Bebra 39 H5, ⊠ 36179
Bechhofen 56 B5, ⊠ 91572
Bechtheim 54 B2, ⊠ 67595
Beckingen 52 D4, ⊠ 66701
Beckum 30 A5, ⊠ 59269
Bedburdyck 36 D4, ⊠ 41363 Jüchen
Bedburg 36 D5, ⊠ 50181
Bedburg-Hau 28 B5, ⊠ 47551
Bederkesa 14 E3, ⊠ 27624
Beelen 30 A4, ⊠ 48361
Beelitz 34 C2, ⊠ 14547
Beerfelden 54 E3, ⊠ 64743
Beesenlaublingen 33 G5, ⊠ 06425
Beeskow 35 H2, ⊠ 15848
Beetzendorf 23 I4, ⊠ 38489
Behringen 40 B5, ⊠ 99947
Beierfeld 50 C2, ⊠ 08340
Beilngries 57 F6, ⊠ 92339
Beilrode 34 C6, ⊠ 04886
Beilstein 45 F5, ⊠ 56814
Beilstein 61 F1, ⊠ 71717
Belgern 42 D2, ⊠ 04874
Bellenberg 61 I6, ⊠ 89287
Bellheim 54 B5, ⊠ 76756
Belm 30 B1, ⊠ 49191
Belzig 33 K2, ⊠ 14806
Bendorf 45 H3, ⊠ 56170
Benediktbeuern 69 K4, ⊠ 83671
Benneckenstein 32 B6, ⊠ 38877
Benningen 61 F1, ⊠ 71726
Benshausen 48 B2, ⊠ 98554
Bensheim 54 C2, ⊠ 64625
Beratzhausen 57 G6, ⊠ 93176
Berau 67 F4, ⊠ 79777 Ühlingen-Birkendorf
Berching 57 F6, ⊠ 92334
Berchtesgaden 71 I4, ⊠ 83471
Berenbostel 22 C6, ⊠ 30827 Garbsen
Berga 49 I1, ⊠ 07980
Berg bei Starnberg 69 K2, ⊠ 82335
Berge 20 E4, ⊠ 49626
Berge 25 G4, ⊠ 14641
Bergen 22 E3, ⊠ 29303
Bergen 49 I3, ⊠ 08626 Eichigt
Bergen 71 G3, ⊠ 83346
Bergen auf Rügen 12 C3, ⊠ 18528
Bergfelde 25 I4, ⊠ 16562
Berggießhübel 43 G5, ⊠ 01819
Berghausen 54 C6, ⊠ 76327 Pfinztal
Bergheim 36 D5, ⊠ *50126
Bergholz-Rehbrücke 25 H6, ⊠ 14558
Bergisch Gladbach 37 F5, ⊠ *51427
Bergkamen 29 H6, ⊠ 59192
Berglen 61 G2, ⊠ 73663
Bergneustadt 37 H5, ⊠ 51702
Bergrade 17 G4, ⊠ 19374
Bergrheinfeld 47 K6, ⊠ 97493
Bergwitz 34 A4, ⊠ 06773
Berkatal 39 I3, ⊠ 37297
Berlin 25 I5, ⊠ *10115
Bernau 25 K4, ⊠ 16321
Bernau am Chiemsee 71 F3, ⊠ 83233
Bernbeuren 69 G4, ⊠ 86975
Bernburg 33 G5, ⊠ 06406
Berne 14 D6, ⊠ 27804
Bernkastel-Kues 44 E6, ⊠ 54470
Bernsbach 50 B2, ⊠ 08315

Bernsdorf 43 H2, ⊠ 02994
Bernstadt 27 H4, ⊠ 02748
Bersenbrück 21 F5, ⊠ 49593
Berthelsdorf 43 H4,
⊠ 01825 Liebstadt
Berus 52 C4, ⊠ 66802 Überherrn
Beselich 46 A3, ⊠ 65614
Besigheim 60 E1, ⊠ 74354
Bessenbach 47 F6, ⊠ 63856
Bestensee 34 E1, ⊠ 15741
Bestwig 38 B3, ⊠ 59909
Bettenhausen 47 K2, ⊠ 98617
Betzdorf 37 I6, ⊠ 57518
Betzenstein 57 F2, ⊠ 91282
Beuren 61 F4, ⊠ 72660
Beuron 67 I1, ⊠ 88631
Bevern 31 G4, ⊠ 37639
Beverungen 31 F6, ⊠ 37688
Bexbach 53 F4, ⊠ 66450
Biberach an der Riß 68 C1, ⊠ 88400
Bibertal 61 K5, ⊠ 89346
Biblis 54 C2, ⊠ 68647
Bieber 47 F5, ⊠ 63599 Biebergemünd
Biebergemünd 47 F4, ⊠ 63599
Biebertal 46 C2, ⊠ 35444
Biebesheim 54 C1, ⊠ 64584
Biedenkopf 38 C5, ⊠ 35216
Bielefeld 30 C3, ⊠ *33602
Bielstein 37 G5, ⊠ 51674 Wiehl
Bienenbüttel 23 G1, ⊠ 29553
Bienenmühle, Rechenberg- 43 F6,
⊠ 09623
Bienitz 41 I3, ⊠ 04430
Biesenthal 25 K3, ⊠ 16359
Biessenhofen 69 G3, ⊠ 87640
Bietigheim 60 A2, ⊠ 76467
Bietigheim-Bissingen 60 E1, ⊠ 74321
Billeben 40 C3, ⊠ 99713
Billerbeck 29 F3, ⊠ 48727
Billigheim-Ingenheim 53 I5, ⊠ 76831
Bilshausen 39 K1, ⊠ 37434
Bindlach 49 F6, ⊠ 95463
Bingen 45 I6, ⊠ 55411
Binz 12 D3, ⊠ 18609
Birgland 57 F3, ⊠ 92262
Birkenau 54 D3, ⊠ 69488
Birkendorf, Ühlingen- 67 F3, ⊠ 79777
Birkenfeld 53 F2, ⊠ 55765
Birkenfeld 60 C2, ⊠ 75217
Birkenwerder 25 I4, ⊠ 16547
Birstein 47 F3, ⊠ 63633
Bischberg 48 C6, ⊠ 96120
Bischofsgrün 49 G5, ⊠ 95493
Bischofsheim 46 B6, ⊠ 65474
Bischofsheim an der Rhön 47 I3,
⊠ 97653
Bischofswerda 43 H4, ⊠ 01877
Bischofswiesen 71 H4, ⊠ 83483
Bisingen 60 D6, ⊠ 72406
Bismark 19 H4, ⊠ 17322
Bismark 24 B4, ⊠ 39629
Bissendorf 29 K2, ⊠ 49143
Bissingen, Bietigheim- 60 E1,
⊠ 74321
Bitburg 44 C6, ⊠ 54634
Bitterfeld 33 K6, ⊠ 06749
Blaichach 68 E5, ⊠ 87544
Blankenburg 32 C5, ⊠ 38889
Blankenfelde 25 I6, ⊠ 15827
Blankenhain 40 E6, ⊠ 99444
Blankenheim 44 D3, ⊠ 53945
Blankenloch 54 B6,
⊠ 76297 Stutensee
Blaubeuren 61 H5, ⊠ 89143
Blaufelden 55 I5, ⊠ 74572
Blaustein 61 I5, ⊠ 89134
Bleckede 16 C5, ⊠ 21354
Bleicherode 40 B2, ⊠ 99752
Blieskastel 53 F5, ⊠ 66440
Bliesransbach 52 E5,
⊠ 66271 Kleinblittersdorf
Blomberg 30 E4, ⊠ 32825
Blumberg 19 G5, ⊠ 16306
Blumberg 67 G3, ⊠ 78176
Bobbau 33 I5, ⊠ 06766
Bobenheim-Roxheim 54 B3, ⊠ 67240
Bobingen 62 C6, ⊠ 86399
Bocholt 28 D4, ⊠ *46395
Bochum 37 F2, ⊠ *44787
Bockau 50 B2, ⊠ 08324
Bockenem 31 I3, ⊠ 31167
Bockenheim 54 A2, ⊠ 67278
Bockhorn 14 B5, ⊠ 26345
Bodelshausen 60 D5, ⊠ 72411
Bodenfelde 31 G6, ⊠ 37194
Bodenheim 46 B6, ⊠ 55294
Bodenmais 58 C6, ⊠ 94249
Bodenteich 23 G3, ⊠ 29389
Bodenwerder 31 G4, ⊠ 37619
Bodenwöhr 57 K5, ⊠ 92439
Bodman-Ludwigshafen 67 I3,
⊠ 78351
Bodnegg 68 B4, ⊠ 88285
Böbingen 61 I2, ⊠ 73560
Böblingen 60 E3, ⊠ *71032
Böhlen 41 K3, ⊠ 04564
Böhl-Iggelheim 54 B4, ⊠ 67459
Böhlitz-Ehrenberg 41 I2, ⊠ 04430
Bönen 37 I1, ⊠ 59199
Bönnigheim 60 E1, ⊠ 74357
Börnicke 25 G4, ⊠ 14641
Börßum 32 B3, ⊠ 38312
Bötzingen 66 C1, ⊠ 79268
Bötzow 25 H4, ⊠ 16727
Boffzen 31 G5, ⊠ 37691
Bogen 64 B1, ⊠ 94327
Bohmte 30 B1, ⊠ 49163
Boitzenburg 18 E5, ⊠ 17268
Bokel 14 E5, ⊠ 27616
Boll 61 G3, ⊠ 73087
Boltenhagen 16 E1, ⊠ 23946
Bomlitz 22 C3, ⊠ 29699
Bondorf 60 D4, ⊠ 71149
Bonn 36 E6, ⊠ *53111
Bonndorf 67 F3, ⊠ 79848
Boostedt 9 I6, ⊠ 24598
Bopfingen 62 A2, ⊠ 73441
Boppard 45 G4, ⊠ 56154
Borchen 30 D6, ⊠ 33178
Bordelum 8 D2, ⊠ 25852
Bordesholm 9 I5, ⊠ 24582
Borgentreich 39 F1, ⊠ 34434
Borgholzhausen 30 B3, ⊠ 33829
Borghorst 29 G2, ⊠ 48565 Steinfurt
Bork 29 G5, ⊠ 59379 Selm
Borken 28 E4, ⊠ 46325
Borken 34 D5, ⊠ 17309 Marienthal
Borken 39 F5, ⊠ 34582
Borkum 13 F3, ⊠ 26757
Borna 41 K4, ⊠ 04552
Bornheim 36 E6, ⊠ 53332
Bornhöved 9 I6, ⊠ 24619
Borsdorf 42 A3, ⊠ 04451
Bosau 9 K6, ⊠ 23715
Bottrop 36 E1, ⊠ *46236
Bous 52 D4, ⊠ 66359
Bovenden 31 I6, ⊠ 37120
Boxberg 43 K2, ⊠ 02943
Boxberg 44 D4, ⊠ 54552
Brachbach 37 I6, ⊠ 57555
Brachttal 47 F4, ⊠ 63636
Brackenheim 54 E6, ⊠ 74336
Bräunlingen 67 F2, ⊠ 78199
Brake 14 D5, ⊠ 26919
Brakel 31 F5, ⊠ 33034
Bramsche 21 F6, ⊠ 49565
Brandenburg 25 F6, ⊠ *14770
Brand-Erbisdorf 42 E6, ⊠ 09618
Brandis 34 D4, ⊠ 04916
Brandis 42 B3, ⊠ 04821
Brandshagen 12 B5, ⊠ 18519
Braubach 45 H4, ⊠ 56338
Braunfels 46 B2, ⊠ 35619
Braunlage 32 B5, ⊠ 38700
Braunsbedra 41 G3, ⊠ 06242
Braunschweig 32 A2, ⊠ *38100
Brauweiler 36 D5, ⊠ 50259 Pulheim
Brechen 45 K3, ⊠ 65611
Breckerfeld 37 G3, ⊠ 58339
Bredow 25 G4, ⊠ 14641
Bredstedt 8 D2, ⊠ 25821
Breesen 17 I1, ⊠ 18299 Lage
Brehna 33 I6, ⊠ 06796
Breidenbach 38 C6, ⊠ 35236
Breidenstein 38 C5,
⊠ 35216 Biedenkopf
Breisach 66 C2, ⊠ 79206
Breitenbach 48 C2, ⊠ 98553
Breitenberg 65 G3, ⊠ 94139
Breitenbrunn 50 B2, ⊠ 08359
Breitenstein 32 D6, ⊠ 06547
Breitenworbis 40 A2, ⊠ 37339
Breitingen, Regis- 41 K4, ⊠ 04565
Breitnau 66 E2, ⊠ 79874
Breitscheid 45 K1, ⊠ 35767
Breitungen 40 A6, ⊠ 98597
Breklum 8 D2, ⊠ 25821
Bremen 21 K1, ⊠ *28195
Bremerhaven 14 E4, ⊠ *27568
Bremervörde 15 F4, ⊠ 27432
Bremthal 46 B5, ⊠ 65817 Eppstein
Brenz 17 G5, ⊠ 19306
Bretten 54 D6, ⊠ 75015
Breuberg 54 D1, ⊠ 64747
Breuna 39 F2, ⊠ 34479
Brieselang 25 H4, ⊠ 14656
Briesen 25 F4, ⊠ 14662 Friesack
Briesen 26 C6, ⊠ 15518
Brieske 43 G1, ⊠ 01968
Brieskow-Finkenheerd 35 I1, ⊠ 15295
Briesnig 35 I4, ⊠ 03149
Brigachtal 67 G2, ⊠ 78086
Brilon 38 C2, ⊠ 59929
Britz 26 A2, ⊠ 16230
Brodowin 26 B2, ⊠ 16230
Brohl-Lützing 45 G2, ⊠ 56656
Brombach 66 C4, ⊠ 79541 Lörrach
Brombachtal 54 E2, ⊠ 64753
Brome 23 H5, ⊠ 38465
Brotdorf 52 D3, ⊠ 66663 Merzig
Brotterode 40 A6, ⊠ 98599
Bruchhausen-Vilsen 21 K3, ⊠ 27305
Bruchköbel 46 E5, ⊠ 63486
Bruchmühlbach-Miesau 53 G4,
⊠ 66892
Bruchsal 54 C6, ⊠ 76646
Bruckhausen 28 D6, ⊠ 47166 Hünxe
Bruck in der Oberpfalz 57 I5, ⊠ 92436
Bruckmühl 70 D3, ⊠ 83052
Brück 34 B2, ⊠ 14822
Brücken 52 E2, ⊠ 55767
Brüel 17 G2, ⊠ 19412
Brüggen 36 B3, ⊠ 41379
Brühl 36 E6, ⊠ 50321
Brühl 54 C4, ⊠ 68782
Brünen 28 D5, ⊠ 46499 Hamminkeln
Brünn 48 C3, ⊠ 98673
Brüssow 19 G4, ⊠ 17326
Brunnthal 70 C2, ⊠ 85649
Brunsbüttel 15 F1, ⊠ 25541
Bubach-Calmesweiler 52 E3,
⊠ 66571 Eppelborn
Bubenreuth 56 D2, ⊠ 91088
Buch 61 K6, ⊠ 89290
Buchen 55 F3, ⊠ 74722
Buchenbach 66 E2, ⊠ 79256
Buchenberg 68 E4, ⊠ 87474
Buchholz 24 C5, ⊠ 39579
Buchholz 24 D1, ⊠ 16928
Buchholz 34 C2, ⊠ 14547
Buchholz, Annaberg- 50 C2, ⊠ 09456
Buchholz in der Nordheide 15 I5,
⊠ 21244
Buchloe 69 G2, ⊠ 86807
Buckow 26 C4, ⊠ 15377
Buckow 34 D3, ⊠ 14913
Buckow 35 G2, ⊠ 15848
Budenheim 45 K5, ⊠ 55257
Bücheloh 48 D1, ⊠ 98693
Büchen 16 B4, ⊠ 21514
Büchenbach 56 D5, ⊠ 91186
Büchlberg 65 F3, ⊠ 94124
Bückeburg 30 E2, ⊠ 31675
Bückwitz 25 F3, ⊠ 16845
Büddenstedt 32 D2, ⊠ 38372
Büdelsdorf 9 G4, ⊠ 24782
Büdingen 46 E4, ⊠ 63654
Bühl 60 A3, ⊠ 77815
Bühlertal 60 A3, ⊠ 77830
Bühlertann 61 I1, ⊠ 74424
Bünde 30 C2, ⊠ 32257
Büren 38 C1, ⊠ 33142
Bürgel 41 G5, ⊠ 07616
Bürstadt 54 B2, ⊠ 68642
Büsingen 67 H4, ⊠ 78266
Büsum 8 D6, ⊠ 25761
Büttelborn 46 C6, ⊠ 64572
Bützow 17 H2, ⊠ 18246
Buldern 29 G4, ⊠ 48249 Dülmen
Bunde 13 H6, ⊠ 26831
Burbach 45 K1, ⊠ 57299
Burg 10 D4, ⊠ 23769
Burg 15 G1, ⊠ 25712
Burg 33 G2, ⊠ 39288
Burg 35 H4, ⊠ 03096
Burg 46 B1, ⊠ 35745 Herborn
Burgalben, Waldfischbach- 53 H5,
⊠ 67714
Burgau 62 A5, ⊠ 89331
Burgbernheim 55 K4, ⊠ 91593
Burgbrohl 45 F3, ⊠ 56659
Burgdorf 22 E6, ⊠ 31303
Burgdorf bei Salzgitter 31 K2,
⊠ 38272
Burgebrach 56 C1, ⊠ 96138
Burghaun 47 H1, ⊠ 36151
Burghausen 64 C6, ⊠ 84489
Burgheim 62 D3, ⊠ 86666
Burgkirchen 64 C6, ⊠ 84508
Burgkunstadt 48 E5, ⊠ 96224
Burglengenfeld 57 H5, ⊠ 93133
Burgsinn 47 G5, ⊠ 97775
Burgstädt 42 B5, ⊠ 09217
Burg Stargard 18 D4, ⊠ 17094
Burgsteinfurt 29 G2,
⊠ 48565 Steinfurt
Burgstetten 61 F2, ⊠ 71576
Burgthann 56 E4, ⊠ 90559
Burgwald 38 D5, ⊠ 35099
Burgwedel 22 D5, ⊠ 30938
Burkhardtsdorf 50 C1, ⊠ 09235
Burladingen 60 E6, ⊠ 72393
Burlafingen 61 I5, ⊠ 89233 Neu-Ulm
Burscheid 37 F4, ⊠ 51399
Busdorf 9 G3, ⊠ 24866
Buseck 46 D2, ⊠ 35418
Butjadingen 14 C4, ⊠ 26969
Buttelstedt 40 E4, ⊠ 99439
Buttlar 47 I1, ⊠ 36419
Buttstädt 40 E4, ⊠ 99628
Butzbach 46 C3, ⊠ 35510
Buxtehude 15 H4, ⊠ 21614

C

Cadenberge 15 F2, ⊠ 21781
Cadolzburg 56 C3, ⊠ 90556
Cämmerswalde 50 E1, ⊠ 09544
Cainsdorf 50 A1, ⊠ 08124
Calau 35 G5, ⊠ 03205
Calbe 33 G4, ⊠ 39240
Calbitz 42 C3, ⊠ 04758
Calden 39 G2, ⊠ 34379
Calmesweiler, Bubach- 52 E4,
⊠ 66571 Eppelborn
Calvörde 24 A6, ⊠ 39359
Calw 60 D3, ⊠ 75365
Cambs 17 F3, ⊠ 19067
Camburg 41 G5, ⊠ 07774
Caminau 43 I2,
⊠ 02699 Königswartha
Cappeln 21 F3, ⊠ 49692
Carlsberg 53 I3, ⊠ 67316
Carlsfeld 50 B3, ⊠ 08325
Carpin 18 D5, ⊠ 17237
Castrop-Rauxel 37 G1, ⊠ *44575
Celle 22 E4, ⊠ *29221
Cham 58 A5, ⊠ 93413
Chamerau 58 B5, ⊠ 93466
Charlottenthal 17 I3, ⊠ 18292
Cheinitz 23 K4, ⊠ 39624 Zethlingen
Chemnitz 42 C6, ⊠ *09111
Chorin 26 A2, ⊠ 16230
Clarholz, Herzebrock- 30 B4, ⊠ 33442
Claußnitz 42 C5, ⊠ 09236
Clausthal-Zellerfeld 32 A5, ⊠ 38678
Cleebronn 54 E6, ⊠ 74389
Clenze 23 H2, ⊠ 29459
Clingen 40 C3, ⊠ 99718
Cloppenburg 21 F3, ⊠ 49661
Coburg 48 C4, ⊠ 96450
Cochem 45 F5, ⊠ 56812
Cochstedt 32 E4, ⊠ 06449
Cölln 43 I3, ⊠ 02627 Kleinwelka
Coesfeld 29 F3, ⊠ 48653
Colbitz 33 F1, ⊠ 39326
Colditz 42 B4, ⊠ 04680
Collenberg 55 F1, ⊠ 97903
Commerau bei Königswartha 43 I2,
⊠ 02699 Königswartha
Contwig 53 G5, ⊠ 66497
Coppenbrügge 31 G3, ⊠ 31863
Coswig 33 K4, ⊠ 06869
Coswig 43 F4, ⊠ 01640
Cottbus 35 H4, ⊠ *03042
Crailsheim 55 K6, ⊠ 74564
Crawinkel 40 C6, ⊠ 99330
Creglingen 55 I3, ⊠ 97993
Cremlingen 32 B2, ⊠ 38162
Creußen 57 F1, ⊠ 95473
Creuzburg 39 K5, ⊠ 99831
Crimmitschau 41 K6, ⊠ 08451
Crivitz 17 F3, ⊠ 19089
Crossen 49 K1, ⊠ 08129
Crottendorf 50 C2, ⊠ 09474
Crumstadt 54 C1, ⊠ 64560 Riedstadt
Cumlosen 24 B2, ⊠ 19322
Cunewalde 27 G4, ⊠ 02733
Cunnersdorf 43 H5, ⊠ 01920
Cuxhaven 14 E2, ⊠ *27472

D

Daaden 45 I1, ⊠ 57567
Dabergotz 25 F2, ⊠ 16818
Dabringhausen 37 F4,
⊠ 42929 Wermelskirchen
Dachau 63 F6, ⊠ 85221
Dachelhofen 57 H4,
⊠ 92421 Schwandorf
Dänischenhagen 9 I4, ⊠ 24229
Dagebüll 8 D2, ⊠ 25899
Dahlem 44 C3, ⊠ 53949
Dahlen 24 C5, ⊠ 39579
Dahlen 42 C2, ⊠ 04774
Dahlenburg 16 C6, ⊠ 21368
Dahlewitz 25 K6, ⊠ 15827
Dahlwitz-Hoppegarten 26 A5,
⊠ 15366
Dahme 10 C5, ⊠ 23747
Dahme 34 E4, ⊠ 15936
Dahn 53 H5, ⊠ 66994
Dahrenstedt 24 C5, ⊠ 39579 Dahlen
Dallgow 25 H5, ⊠ 14624
Dalsheim, Flörsheim- 53 K2, ⊠ 67592
Dambeck 17 K5, ⊠ 17209 Bütow
Dambeck 18 B4, ⊠ 17237 Kratzeburg
Dambeck 23 I3, ⊠ 29416
Damgarten, Ribnitz 11 I5, ⊠ 18311
Damme 21 G5, ⊠ 49401
Dammendorf 35 I2, ⊠ 15299
Damp 9 H3, ⊠ 24351
Dannenberg (Elbe) 23 I1, ⊠ 29451
Dannstadt-Schauernheim 54 B4,
⊠ 67125
Danzwiesen 47 I2, ⊠ 36145 Hofbieber
Dardesheim 32 C4, ⊠ 38836
Dargun 18 B1, ⊠ 17159
Darmstadt 46 D6, ⊠ 64283
Dasburg 44 A5, ⊠ 54689
Dasing 62 D5, ⊠ 86453
Dassel 31 H5, ⊠ 37586
Dassow 16 D1, ⊠ 23942
Datteln 29 G5, ⊠ 45711
Daun 44 D4, ⊠ 54550
Dautphetal 38 C6, ⊠ 35232
Dautweiler, Hasborn- 52 E3,
⊠ 66636 Tholey
Dedelow 19 F4, ⊠ 17291
Degerndorf 70 E3,
⊠ 83098 Brannenburg
Deggendorf 64 D2, ⊠ 94469
Deggenhausertal 68 A3, ⊠ 88693
Deggingen 61 H4, ⊠ 73326
Deidesheim 54 A4, ⊠ 67146
Deißlingen 67 G1, ⊠ 78652
Deizisau 61 F3, ⊠ 73779
Delbrück 30 C5, ⊠ 33129
Delitzsch 33 I6, ⊠ 04509
Delligsen 31 H4, ⊠ 31073
Delmenhorst 21 I2, ⊠ *27749
Demerthin 24 E2, ⊠ 16866
Demitz-Thumitz 43 H3, ⊠ 01877
Demmin 18 C1, ⊠ 17109
Denkendorf 61 F3, ⊠ 73770
Denklingen 37 H5, ⊠ 51580 Reichshof
Denzlingen 66 D1, ⊠ 79211
Derenburg 32 C4, ⊠ 38895
Dermbach 47 I1, ⊠ 36466
Dersenow 16 D5, ⊠ 19260
Dessau 33 H4, ⊠ *06842
Detern 13 I6, ⊠ 26847
Detmold 30 E4, ⊠ *32756
Dettelbach 55 K1, ⊠ 97337
Dettenheim 54 B5, ⊠ 76706
Dettingen 68 D1, ⊠ 88451
Dettingen an der Erms 61 F4, ⊠ 72581
Dettingen unter Teck 61 G4, ⊠ 73265
Deutscheinsiedel 50 E1, ⊠ 09548
Deutschneudorf 50 E2, ⊠ 09548
Deutsch Ossig 27 I4, ⊠ 02829
Deutzen 42 A4, ⊠ 04574
Dhaun, Hochstetten- 53 G1, ⊠ 55606
Dhron, Neumagen- 44 D5, ⊠ 54347
Dickschied-Geroldstein 45 I5,
⊠ 65321 Heidenrod
Dieburg 46 D6, ⊠ 64807
Diebzig 33 G4, ⊠ 06369
Diedorf 47 K1, ⊠ 36452
Diedrichshagen 12 C6, ⊠ 18230
Diemelsee 38 D3, ⊠ 34519
Diemelstadt 38 E2, ⊠ 34474
Dienstedt 40 E6,
⊠ 99326 Dienstedt-Hettstedt
Diepholz 21 H5, ⊠ 49356
Dierdorf 45 H2, ⊠ 56269
Dierhagen 11 H4, ⊠ 18347
Diesbar-Seußlitz 42 E3, ⊠ 01612
Dieskau 41 H2, ⊠ 06184
Dießen 69 I2, ⊠ 86911
Dietersdorf 34 B3, ⊠ 14913
Dietfurt 57 F6, ⊠ 92345
Dietharz, Tambach- 40 B6, ⊠ 99897
Dietramszell 70 C3, ⊠ 83623
Dietzenbach 46 D6, ⊠ 63128
Dietzhölztal 38 B6, ⊠ 35716
Diez 45 I3, ⊠ 65582
Differten 52 D5, ⊠ 66787 Wadgassen
Dillenburg 46 B1, ⊠ *35683
Dillingen 52 D4, ⊠ 66763
Dillingen 62 B4, ⊠ 89407
Dingden 28 D4, ⊠ 46499 Hamminkeln
Dingelstädt 40 A3, ⊠ 37351
Dingelstedt 32 D4, ⊠ 38838
Dingharting, Straßlach- 70 B2,
⊠ 82064
Dingolfing 64 B3, ⊠ 84130
Dinkelsbühl 56 A6, ⊠ 91550
Dinkelscherben 62 B5, ⊠ 86424
Dinklage 21 F4, ⊠ 49413
Dinslaken 36 D1, ⊠ *46535
Dippoldiswalde 43 F5, ⊠ 01744
Dirmstein 54 B3, ⊠ 67246
Dissen 30 B3, ⊠ 49201
Ditfurt 32 D4, ⊠ 06484
Dittelbrunn 47 K5, ⊠ 97456
Dittersbach, Dürrrohrsdorf- 43 G4,
⊠ 01833
Dittmannsdorf 50 E1, ⊠ 09629
Ditzingen 60 E2, ⊠ 71254
Doberlug-Kirchhain 34 E5, ⊠ 03253
Dobersdorf 9 I4, ⊠ 24232
Dodendorf 33 F3, ⊠ 39171
Döbeln 42 D4, ⊠ 04720
Döbern 35 K5, ⊠ 03159
Dölzig 41 I2, ⊠ 04430
Dömitz 16 E6, ⊠ 19303
Dörentrup 30 E3, ⊠ 32694
Dörfles-Esbach 48 D4, ⊠ 96487
Dörrenbach 53 I6, ⊠ 76889
Dörverden 22 B3, ⊠ 27313
Döschwitz 41 H4, ⊠ 06712
Dötlingen 21 G2, ⊠ 27801
Dohna 43 G5, ⊠ 01809
Dolgelin 26 D5, ⊠ 15306
Dolle 24 B6, ⊠ 39517
Dollgen 35 G3, ⊠ 15913
Dommitzsch 34 C5, ⊠ 04880
Donaueschingen 67 G2, ⊠ 78166
Donaustauf 57 I6, ⊠ 93093
Donauwörth 62 C3, ⊠ 86609
Donzdorf 61 H3, ⊠ 73072
Dorfen 63 I6, ⊠ 84405
Dorf Wehlen 43 G5,
⊠ 01829 Stadt Wehlen
Dormagen 36 E4, ⊠ *41539
Dornburg 41 F5, ⊠ 07778
Dornburg 45 I2, ⊠ 65599
Dorndorf 39 I6, ⊠ 36460
Dorndorf-Steudnitz 41 G5, ⊠ 07778
Dornhan 60 C5, ⊠ 72175
Dornheim 54 C1,
⊠ 64521 Groß-Gerau
Dornstadt 61 I4, ⊠ 89160
Dornstetten 60 C4, ⊠ 72280
Dorsten 28 E5, ⊠ *46282
Dortmund 37 H1, ⊠ *44135
Dorum 14 D3, ⊠ 27632
Dossenheim 54 D4, ⊠ 69221
Dransfeld 39 H2, ⊠ 37127
Dranske 12 B2, ⊠ 18556
Draschwitz 41 I4, ⊠ 06712
Drebber 21 H4, ⊠ 49457
Drebkau 35 H5, ⊠ 03116
Dreieich 46 C6, ⊠ 63303
Drensteinfurt 29 I4, ⊠ 48317
Dresden 43 G4, ⊠ *01067
Driedorf 46 A1, ⊠ 35759
Drochtersen 15 G3, ⊠ 21706
Drolshagen 37 H5, ⊠ 57489
Droßdorf 41 H5, ⊠ 06712
Droyßig 41 H5, ⊠ 06722
Ducherow 19 F2, ⊠ 17398
Dudenhofen 54 B4, ⊠ 67373
Duderstadt 39 K2, ⊠ 37115
Düdelsheim 46 E4,
⊠ 63654 Büdingen
Dülmen 29 F4, ⊠ 48249
Düppenweiler 52 D4,
⊠ 66701 Beckingen
Düren 36 C6, ⊠ *52349
Dürnbach 70 C3, ⊠ 83703 Gmund
Dürrenebersdorf 41 H6, ⊠ 07548
Dürrn, Ölbronn- 60 D1, ⊠ 75248
Dürrröhrsdorf-Dittersbach 43 G4,
⊠ 01833
Düsseldorf 36 E3, ⊠ *40210
Duingen 31 H3, ⊠ 31089
Duisburg 36 D2, ⊠ *47051
Durach 68 E4, ⊠ 87471
Durbach 59 K4, ⊠ 77770
Durmersheim 60 B1, ⊠ 76448
Dußlingen 60 E5, ⊠ 72144

E

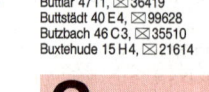

Ebeleben 40 C3, ⊠ 99713
Eberbach 54 E3, ⊠ 69412
Eberhardzell 68 C2, ⊠ 88436
Ebermannstadt 56 E1, ⊠ 91320
Ebern 48 C5, ⊠ 96106
Ebernburg, Bad Münster- 53 I1,
⊠ 55583
Ebersbach 27 H4, ⊠ 02730
Ebersbach 61 G3, ⊠ 73061
Ebersberg 70 D1, ⊠ 85560
Ebersbrunn 49 K1, ⊠ 08144
Ebersburg 47 H3, ⊠ 36157
Ebersdorf 48 D4, ⊠ 96465 Neustadt
Ebersdorf 49 G2, ⊠ 07368
Eberswalde-Finow 26 A3, ⊠ *16225
Ebertshausen 48 B2, ⊠ 98554
Ebingen 60 E6, ⊠ 72458 Albstadt
Ebrach 56 B1, ⊠ 96157
Ebsdorfergrund 46 D1, ⊠ 35085
Ebstorf 23 F2, ⊠ 29574
Eching 63 G6, ⊠ 85386
Echterdingen, Leinfelden- 60 E3,
⊠ 70771
Echternacherbrück 52 C1, ⊠ 54668
Echzell 46 D3, ⊠ 61209
Eckartsberga 41 F4, ⊠ 06648
Eckenhagen 37 H5,
⊠ 51580 Reichshof
Eckental 56 E3, ⊠ 90542
Eckernförde 9 G3, ⊠ 24340
Eckersdorf 49 F6, ⊠ 95488
Ecklingerode 40 A2, ⊠ 37339
Edemissen 23 F6, ⊠ 31234
Edenkoben 53 I5, ⊠ 67480
Edermünde 39 G4, ⊠ 34295
Edersleben 40 E2, ⊠ 06528
Edertal 39 F4, ⊠ 34549
Edewecht 14 B6, ⊠ 26188
Edingen-Neckarhausen 54 C3,
⊠ 68535
Edling 70 E1, ⊠ 83533
Effelder-Rauenstein 48 D3, ⊠ 96528
Effelsberg 44 E2,
⊠ 53902 Bad Münstereifel
Effeltrich 56 D2, ⊠ 91090
Egeln 32 E4, ⊠ 39435
Egelsbach 46 C6, ⊠ 63329
Egern, Rottach- 70 D4, ⊠ 83700
Eggebek 9 F2, ⊠ 24852
Eggenfelden 64 C5, ⊠ 84307
Eggenstein-Leopoldshafen 54 B6,
⊠ 76344
Eggersdorf 26 A5, ⊠ 15345
Eggersdorf, Petershagen- 26 A5,
⊠ 15370
Eggesin 19 G2, ⊠ 17367
Eging 64 D3, ⊠ 94535
Ehingen 61 H6, ⊠ 89584
Ehingen, Mühlhausen- 67 H3,
⊠ 78259
Ehrenberg 41 K5, ⊠ 04603
Ehrenberg 47 I2, ⊠ 36115
Ehrenberg, Böhlitz- 41 I2, ⊠ 04430
Ehrenburg 21 I4, ⊠ 27248
Ehrenfriedersdorf 50 C1, ⊠ 09427
Ehrenkirchen 66 C2, ⊠ 79238
Ehringshausen 46 B2, ⊠ 35630
Eibau 27 H4, ⊠ 02739
Eibenstock 50 B2, ⊠ 08309
Eich 54 B2, ⊠ 67575
Eiche 25 H6, ⊠ *14467 Potsdam
Eichenbarleben 32 E2, ⊠ 39167
Eichenzell 47 H2, ⊠ 36124
Eichhorst 25 K2, ⊠ 16244
Eichstätt 62 E2, ⊠ 85072
Eichstetten 66 C1, ⊠ 79356
Eichwalde 25 K6, ⊠ 15732
Eicklingen 22 E5, ⊠ 29358
Eigeltingen 67 I3, ⊠ 78253
Eigenrieden 40 A4, ⊠ 99976
Eilenburg 42 B2, ⊠ 04838
Einbeck 31 I4, ⊠ 37574
Einhausen 54 C2, ⊠ 64683
Einsiedel 42 C6, ⊠ 09227
Eisenach 39 K5, ⊠ 99817
Eisenbach 67 F2, ⊠ 79871
Eisenberg 41 G5, ⊠ 07607
Eisenberg 53 I3, ⊠ 67304
Eisenhüttenstadt 35 I2, ⊠ 15890
Eisfeld 48 C3, ⊠ 98673
Eisleben, Lutherstadt- 41 F1, ⊠ 06295
Eislingen 61 H3, ⊠ 73054
Eiterfeld 47 H1, ⊠ 36132
Eitorf 37 G6, ⊠ 53783
Elbingerode 32 C5, ⊠ 38875
Elchesheim-Illingen 60 A1, ⊠ 76477
Elchingen 61 I5, ⊠ 89275
Eldagsen 31 H2, ⊠ 31832 Springe
Eldena 17 F6, ⊠ 19294
Elend 32 B5, ⊠ 38875
Elfershausen 47 I5, ⊠ 97725
Elgersburg 48 C1, ⊠ 98716
Ellefeld 49 K2, ⊠ 08236
Ellingen 56 D6, ⊠ 91792
Ellrich 32 B6, ⊠ 99755
Ellwangen 61 K1, ⊠ 73479
Elm 52 D4, ⊠ 66773 Schwalbach
Elmshorn 15 H2, ⊠ *25335
Elmstein 53 I4, ⊠ 67471
Elsdorf 36 D5, ⊠ 50189
Elsenfeld 55 F1, ⊠ 63820
Elsfleth 14 C6, ⊠ 26931
Elsheim, Stadecken- 45 K6, ⊠ 55271
Elster 34 B4, ⊠ 06918
Elsterberg 49 I2, ⊠ 07985
Elsterwerda 42 E2, ⊠ 04910
Elstra 43 H3, ⊠ 01920
Elten 28 B4, ⊠ 46446 Emmerich
Elterlein 50 C2, ⊠ 09481
Eltmann 48 B6, ⊠ 97483
Eltville 45 K5, ⊠ *65343
Eltze 23 F5, ⊠ 31311 Uetze
Elversberg, Spiesen- 52 E4, ⊠ 66583
Elxleben 40 D5, ⊠ 99189
Elz 45 I3, ⊠ 65604
Elzach 59 K6, ⊠ 79215
Elze 31 H3, ⊠ 31008
Elztal 55 F4, ⊠ 74834
Emden 13 H5, ⊠ *26721
Emkendorf 9 H5, ⊠ 24802
Emlichheim 20 A4, ⊠ 49824
Emmelshausen 45 G5, ⊠ 56281
Emmendingen 66 D1, ⊠ 79312
Emmerich 28 C4, ⊠ 46446
Emmering 70 A1, ⊠ 82275
Emmerthal 31 G3, ⊠ 31860
Emmingen-Liptingen 67 H2, ⊠ 78576
Empfingen 60 D5, ⊠ 72186
Emsbüren 20 C6, ⊠ 48488
Emsdetten 29 G2, ⊠ 48282
Emstek 21 G3, ⊠ 49685
Endingen 66 C1, ⊠ 79346
Engelsbach 40 B6, ⊠ 99898
Engelsdorf 41 K2, ⊠ 04439
Engelskirchen 37 G5, ⊠ 51766
Engen 67 H3, ⊠ 78234
Enger 30 C2, ⊠ 32130
Engstingen 61 F5, ⊠ 72829
Eningen unter Achalm 61 F4, ⊠ 72800
Enkenbach-Alsenborn 53 I3, ⊠ 67677
Enkirch 45 F6, ⊠ 56850
Ennepetal 37 G3, ⊠ 58256
Ennigerloh 30 A4, ⊠ 59320
Ensdorf 52 D4, ⊠ 66806
Ense 29 I6, ⊠ 59469
Enzweihingen 60 E2,
⊠ 71665 Vaihingen an der Enz
Epe 29 F2, ⊠ 48599 Gronau
Eppelborn 52 E4, ⊠ 66571
Eppelheim 54 C4, ⊠ 69214
Eppendorf 42 D6, ⊠ 09575
Eppertshausen 46 D6, ⊠ 64859
Eppingen 54 D6, ⊠ 75031
Eppstein 46 B5, ⊠ 65817

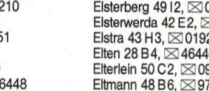

Erbach 45 K5, ⌧65346 Eltville
Erbach 54 E2, ⌧64711
Erbach 61 I5, ⌧89155
Erbendorf 57 H1, ⌧92681
Erbisdorf, Brand- 42 E6, ⌧09618
Erdeborn 41 F2, ⌧06317
Erding 63 H5, ⌧85435
Erdmannsdorf 42 C6, ⌧09573
Erdweg 62 E5, ⌧85253
Erfde 9 F4, ⌧24803
Erftstadt 36 D6, ⌧50374
Erfurt 40 D5, ⌧*99084
Ergenzingen 60 D4, ⌧72108 Rottenburg
Ergolding 63 I4, ⌧84030
Ergoldsbach 63 I3, ⌧84061
Erkelenz 36 C4, ⌧41812
Erkenschwick, Oer- 29 F5, ⌧45739
Erkner 26 A5, ⌧15537
Erkrath 36 E3, ⌧40699
Erla 50 B2, ⌧08340
Erlangen 56 D3, ⌧*91052
Erlau 48 C2, ⌧98553
Erlenbach 53 H6, ⌧76891
Erlenbach am Main 55 F1, ⌧63906
Erlensee 46 E5, ⌧63526
Ermsleben 32 E5, ⌧06463
Erndtebrück 37 K5, ⌧57339
Ernstroda 40 B6, ⌧99894
Ernstthal 48 E3, ⌧98724
Ernstthal, Hohenstein- 42 B6, ⌧09337
Erpel 45 F2, ⌧53579
Erwitte 30 B6, ⌧59597
Erzhausen 46 C6, ⌧64390
Esbach, Dörfles- 48 D4, ⌧96487
Eschach 68 B4, ⌧88214 Ravensburg
Eschborn 46 C5, ⌧65760
Eschede 23 F4, ⌧29348
Eschefeld 42 A5, ⌧04654
Eschelbronn 54 D4, ⌧74927
Eschenbach, Wolframs- 56 C5, ⌧91639
Eschenbach in der Oberpfalz 57 G1, ⌧92676
Eschenburg 38 B6, ⌧35713
Eschershausen 31 H4, ⌧37632
Eschlkam 58 B4, ⌧93458
Eschwege 39 I4, ⌧37269
Eschweiler 36 B6, ⌧52249
Esens 13 I3, ⌧26427
Eslarn 57 K3, ⌧92693
Eslohe 38 A3, ⌧59889
Espelkamp 21 H6, ⌧32339
Espenau 39 G2, ⌧34314
Espenhain 41 K4, ⌧04579
Essen 21 F4, ⌧49632
Essen 37 F2, ⌧*45127
Esslingen 61 F3, ⌧*73728
Estedt 23 K5, ⌧39638
Estenfeld 55 I1, ⌧97230
Esterwegen 20 D2, ⌧26897
Etelsen 22 A2, ⌧27299 Langwedel
Ettal 69 I5, ⌧82488
Ettenheim 59 I6, ⌧77955
Etterwinden 40 A6, ⌧99819
Ettlingen 60 B1, ⌧76275
Ettringen 45 F3, ⌧56729
Euskirchen 44 D1, ⌧*53879
Eutin 10 B6, ⌧23701
Eutingen 60 D4, ⌧72184
Everswinkel 29 I4, ⌧48351
Exdorf 48 B3, ⌧98631
Extertal 30 E3, ⌧32699
Eystrup 22 B3, ⌧27324

F

Fährdorf 17 F1, ⌧23999
Fahrnau 66 D4, ⌧79650 Schopfheim
Falkenberg 26 B3, ⌧15518
Falkenberg 34 D6, ⌧09633
Falkenhagen 17 I6, ⌧16928
Falkenhain 43 F6, ⌧01776
Falkensee 25 H4, ⌧14612
Falkenstein 49 K2, ⌧08223
Falkenstein 58 A6, ⌧93167
Fallingbostel 22 C3, ⌧29683
Farnroda, Wutha- 40 A5, ⌧99848
Farnstädt 41 F2, ⌧06279
Faßberg 22 E3, ⌧29328
Fehrenbach 48 D2, ⌧98666
Felchow 26 B1, ⌧16278
Feldafing 69 K2, ⌧82340
Feldatal 46 E2, ⌧36325
Feldberg 18 D5, ⌧17258
Feldberg 66 E3, ⌧79868
Feldkirchen 70 C1, ⌧85622
Feldkirchen-Westerham 70 D2, ⌧83620
Fell 52 D1, ⌧54341
Fellbach 61 F2, ⌧*70734
Felsberg 39 G4, ⌧34587
Fensterbach 57 H4, ⌧92269
Ferchland 24 D6, ⌧39317
Ferdinandshof 19 F3, ⌧17291
Fernwald 46 D2, ⌧35463
Feucht 56 E4, ⌧90537
Feuchtwangen 56 A5, ⌧91555
Fichtelberg 49 G6, ⌧95686
Fichtenau 55 K6, ⌧74579
Fienerode 24 E6, ⌧39307 Genthin
Filderstadt 61 F3, ⌧70794
Finkenheerd, Brieskow- 35 I1, ⌧15295
Finnentrop 37 K3, ⌧57413
Finow, Eberswalde- 26 A3, ⌧16225
Finowfurt 26 A3, ⌧16244
Finsterwalde 35 F5, ⌧03238
Fischbach 52 E4, ⌧66287 Qierschied
Fischbachau 70 D4, ⌧83730
Fischbachtal 54 D2, ⌧64405
Fischerhude 21 K1, ⌧28870 Ottersberg
Fladungen 47 K2, ⌧97650
Flecken Zechlin 18 B6, ⌧16837
Flein 55 F6, ⌧74223
Flemsdorf 26 C1, ⌧16306
Flensburg 9 F1, ⌧*24937
Flieden 47 G3, ⌧36103
Flintbek 9 I5, ⌧24220
Flöha 42 C6, ⌧09557
Flörsbachtal 47 G5, ⌧63639
Flörsheim 46 B5, ⌧65439
Flörsheim-Dalsheim 53 K2, ⌧67592
Flößberg 42 B4, ⌧04651
Floh-Seligenthal 48 B1, ⌧98593
Flonheim 53 I1, ⌧55237
Florstadt 46 D4, ⌧61197
Floß 57 I2, ⌧92685
Flossenbürg 57 I2, ⌧92696
Fluorn-Winzeln 60 B6, ⌧78737
Fockbek 9 G5, ⌧24787
Föhren 44 D6, ⌧54343
Förderstedt 33 F4, ⌧39443
Förtha 39 K5, ⌧99819
Forbach 60 B3, ⌧76596
Forchheim 56 D2, ⌧91301
Forchheim 60 B1, ⌧76287 Rheinstetten
Forchtenberg 55 G5, ⌧74670
Forst 35 I4, ⌧03149
Forst 54 C5, ⌧76694
Fränkisch-Crumbach 54 D2, ⌧64407
Frammersbach 47 G5, ⌧97833
Frankenau 38 E4, ⌧35110
Frankenberg 38 D4, ⌧35066
Frankenberg 42 C5, ⌧09669
Frankenhain 48 C1, ⌧99330
Frankenhardt 55 I6, ⌧74586
Frankenheim 47 I2, ⌧98634
Frankenstein 53 I4, ⌧67468
Frankenthal 43 H4, ⌧01909
Frankenthal 54 B3, ⌧67227
Frankfurt (Oder) 26 D6, ⌧*15230
Frankfurt am Main 46 C5, ⌧*60311
Frankleben 41 G3, ⌧06259
Franzburg 11 K5, ⌧18461
Frauenau 64 E1, ⌧94258
Frauenstein 43 F6, ⌧09623
Frauenwald 48 C2, ⌧98711
Frechen 36 D5, ⌧50226
Freckenhorst 29 I4, ⌧48231 Warendorf
Fredeburg 38 B4, ⌧57392 Schmallenberg
Freden 31 H4, ⌧31084
Fredenbeck 15 G4, ⌧21717
Fredersdorf-Vogelsdorf 26 A5, ⌧15370
Freiamt 66 D1, ⌧79348
Freiberg 42 E5, ⌧09599
Freiberg am Neckar 61 F2, ⌧71691
Freiburg 15 G2, ⌧21729
Freiburg 66 D2, ⌧*79098
Freienhufen 35 G6, ⌧01983
Freiensteinau 47 G3, ⌧36399
Freigericht 46 E5, ⌧63579
Freihung 57 H2, ⌧92271
Freilassing 71 I3, ⌧83395
Freilingen 45 I2, ⌧56244
Freinsheim 54 A3, ⌧67251
Freisen 53 F3, ⌧66629
Freising 63 G5, ⌧*85354
Freital 43 F5, ⌧01705
Fremdingen 62 B1, ⌧86742
Freren 20 D5, ⌧49832
Freudenberg 37 I6, ⌧57258
Freudenberg 55 F2, ⌧97896
Freudenstadt 60 B4, ⌧72250
Freyburg 41 G3, ⌧06632
Freyenstein 17 K5, ⌧16918
Freystadt 56 E4, ⌧92342
Freyung 65 F2, ⌧94078
Frickenhausen 55 I2, ⌧97252
Frickenhausen 61 F4, ⌧72636
Fridingen 67 I2, ⌧78567
Fridolfing 71 H2, ⌧83413
Friedberg 46 D3, ⌧61169
Friedberg 62 D5, ⌧86316
Friedersdorf 26 D5, ⌧15306
Friedersdorf 27 G4, ⌧02829
Friedland 18 E3, ⌧17098
Friedland 39 I2, ⌧37133
Friedrichroda 40 B6, ⌧99894
Friedrichsbrunn 32 D5, ⌧06507
Friedrichshafen 68 A4, ⌧*88045
Friedrichskoog 8 D6, ⌧25718
Friedrichstadt 8 E4, ⌧25840
Friedrichsthal 52 E4, ⌧66299
Friedrich-Wilhelm-Lübke-Koog 8 C1, ⌧25924
Frielendorf 39 F5, ⌧34621
Friesack 25 F4, ⌧14662
Friesenheim 59 I5, ⌧77948
Friesoythe 21 F2, ⌧26169
Fritzlar 39 F4, ⌧34560
Fröndenberg 37 H2, ⌧58730
Fröschen, Thaleischweiler- 53 G5, ⌧66987
Frohndorf 40 E4, ⌧99610
Frommern 60 D6, ⌧72336 Balingen
Fronhausen 46 D1, ⌧35112
Fronreute 68 B3, ⌧88273
Frontenhausen 64 B4, ⌧84160
Fuchstal 69 H2, ⌧86925
Fürstenau 20 E5, ⌧49584
Fürstenberg 18 C6, ⌧16798
Fürstenfeldbruck 62 E6, ⌧82256
Fürstenstein 64 D3, ⌧94538
Fürstenwalde 26 C6, ⌧15517
Fürstenzell 64 E4, ⌧94081
Fürth 54 D2, ⌧64658
Fürth 56 C3, ⌧*90762
Füssen 69 G5, ⌧87629
Fulda 47 H2, ⌧*36037
Fuldabrück 39 G3, ⌧34277
Fuldatal 39 G2, ⌧34233
Furth 63 H4, ⌧84095
Furth im Wald 58 B4, ⌧93437
Furtwangen 66 E1, ⌧78120
Fußgönheim 54 B3, ⌧67136

G

Gablingen 62 C5, ⌧86456
Gadebusch 16 D3, ⌧19205
Gärtringen 60 D3, ⌧71116
Gäufelden 60 D4, ⌧71126
Gaggenau 60 B2, ⌧76571
Gahlen 28 E5, ⌧46514 Schermbeck
Gaildorf 61 H1, ⌧74405
Gaimersheim 62 E2, ⌧85080
Gambach 46 D3, ⌧35516 Münzenberg
Gammertingen 61 F6, ⌧72501
Ganderkesee 21 H2, ⌧27777
Gangelt 36 A5, ⌧52538
Gangkofen 64 B5, ⌧84140
Ganzer 25 F3, ⌧16845
Garbsen 22 C6, ⌧*30823
Garching 63 G6, ⌧85748
Garching 71 G1, ⌧84518
Gardelegen 24 A5, ⌧39638
Garding 8 D4, ⌧25836
Garitz 47 I4, ⌧97683 Bad Kissingen
Garmisch-Partenkirchen 69 I5, ⌧82467
Garrel 21 F2, ⌧49681
Garsena 33 G6, ⌧06420 Golbitz
Garßen 22 E4, ⌧29229 Celle
Gartow 24 A2, ⌧29471
Gartz an der Oder 19 H5, ⌧16307
Garz 12 C4, ⌧18574
Gatersleben 32 E5, ⌧06466
Gau-Algesheim 45 I6, ⌧55435
Gau-Odernheim 54 A1, ⌧55239
Gaustadt 56 C1, ⌧96049 Bamberg
Gauting 69 K1, ⌧82131
Gebesee 40 D4, ⌧99189
Gechingen 60 D3, ⌧75391
Gedern 47 F3, ⌧63688
Geeste 20 C4, ⌧49744
Geesthacht 16 B4, ⌧21502
Gefell 49 G3, ⌧07926
Gefrees 49 G5, ⌧95482
Gehrden 30 E6, ⌧33034 Brakel
Gehrden 31 H1, ⌧30989
Gehren 48 D2, ⌧98708
Geilenkirchen 36 A5, ⌧52511
Geinsheim 46 B6, ⌧65468 Trebur
Geisa 47 I1, ⌧36419
Geiselhöring 63 K2, ⌧94333
Geisenfeld 63 G3, ⌧85290
Geisenhausen 63 I4, ⌧84144
Geisenheim 45 I6, ⌧65366
Geising 43 G6, ⌧01778
Geislingen 60 D6, ⌧72351
Geislingen an der Steige 61 I3, ⌧73312
Geithain 42 B4, ⌧04643
Gelbensande 11 H5, ⌧18182
Geldern 36 C1, ⌧47608
Gelenau 50 C1, ⌧09423
Gelnhausen 47 F4, ⌧63571
Gelsenkirchen 37 F1, ⌧*45879
Geltow 25 H6, ⌧14542
Gemmingen 54 E5, ⌧75050
Gemünd 44 C2, ⌧53937 Schleiden
Gemünden 38 E5, ⌧35285
Gemünden 45 G6, ⌧55490
Gemünden 46 E1, ⌧35329
Gemünden 47 H5, ⌧97737
Gengenbach 59 K5, ⌧77723
Gensungen 39 G4, ⌧34587 Felsberg
Genthin 24 D6, ⌧39307
Georgenfeld, Zinnwald- 43 F6, ⌧01773 Altenberg
Georgensgmünd 56 D5, ⌧91166
Georgenthal 26 C5, ⌧15518
Georgenthal 40 B6, ⌧99887
Georgsmarienhütte 29 K2, ⌧49124
Gera 41 H6, ⌧*07545
Gerabronn 55 I5, ⌧74582
Gerbrunn 55 I1, ⌧97218
Gerbstedt 33 F6, ⌧06347
Geretsried 69 K3, ⌧82538
Geringswalde 42 C4, ⌧09326
Gerlingen 60 E2, ⌧70839
Germaringen 69 G2, ⌧87656
Germering 69 K1, ⌧82110
Germersheim 54 B5, ⌧76726
Gernrode 32 D5, ⌧06507
Gernsbach 60 B3, ⌧76593
Gernsheim 54 C2, ⌧64579
Geroldsgrün 49 F3, ⌧95179
Geroldstein, Dickschied- 45 I5, ⌧65321 Heidenrod
Gerolstein 44 D4, ⌧54568
Gerolzhofen 48 A6, ⌧97447
Gersdorf 42 B6, ⌧09355
Gersfeld 47 I3, ⌧36129
Gerstetten 61 I3, ⌧89547
Gersthofen 62 C5, ⌧86368
Gerstungen 39 I5, ⌧99834
Gescher 28 E3, ⌧48712
Geschwenda 48 C1, ⌧98716
Geseke 30 C6, ⌧59590
Gevelsberg 37 G3, ⌧58285
Geyer 50 C1, ⌧09468
Gieboldehausen 39 K1, ⌧37434
Giengen an der Brenz 61 K4, ⌧89537
Giesen 31 I2, ⌧31180
Gießen 46 C2, ⌧*35390
Gießübel 48 D2, ⌧98667
Gifhorn 23 G5, ⌧38518
Gilching 69 I1, ⌧82205
Gildehaus 29 F1, ⌧48455 Bad Bentheim
Gimborn 37 G4, ⌧51709 Marienheide
Gimbsheim 54 B1, ⌧67578
Gingen an der Fils 61 H3, ⌧73333
Gingst 12 B3, ⌧18569
Ginsheim-Gustavsburg 46 B6, ⌧65462
Gittelde 31 K5, ⌧37534
Gladbeck 36 E1, ⌧*45964
Gladenbach 38 C6, ⌧35075
Glandorf 29 K3, ⌧49219
Glane 29 K2, ⌧49186 Bad Iburg
Glashütte 17 I4, ⌧17214 Alt Schwerin
Glashütte 43 G6, ⌧01768
Glashütten 46 B4, ⌧61479
Glattbach 46 E6, ⌧63864
Glaubitz 42 E3, ⌧01612
Glauburg 46 E4, ⌧63695
Glaucha 41 K1, ⌧04849
Glauchau 42 A6, ⌧08371
Gleichen 39 I2, ⌧37130
Gleina 41 G3, ⌧01594
Gleschendorf 10 B6, ⌧23684 Scharbeutz
Glewe, Neustadt- 17 F5, ⌧19306
Glienicke 25 I4, ⌧16548
Glienicke 35 G2, ⌧15864
Glinde 16 A4, ⌧21509
Glindow 25 G6, ⌧14542
Glonn 70 D2, ⌧85625
Glottertal 66 E1, ⌧79286
Glücksburg 9 G1, ⌧24960
Glückstadt 15 G2, ⌧25348
Gmund 70 C3, ⌧83703
Gnarrenburg 15 F5, ⌧27442
Gneisenaustadt, Schildau 42 C2, ⌧04889
Gnoien 18 A1, ⌧17179
Goch 28 B5, ⌧47574
Gochsheim 47 K6, ⌧97469
Gochsheim 54 D6, ⌧76703 Kraichtal
Goddelau 54 C1, ⌧64560 Riedstadt
Göhren 12 D4, ⌧18586
Göllheim 53 I3, ⌧67307
Göppingen 61 H3, ⌧*73033
Görlitz 27 I3, ⌧*02826
Görschlitz 34 B6, ⌧04849 Pressel
Görzke 33 I2, ⌧14828
Gösen 41 G5, ⌧07607
Gößnitz 41 K5, ⌧04639
Gößweinstein 56 E1, ⌧91327
Göttingen 39 I2, ⌧*37073
Göttwitz 42 C3, ⌧04688 Mutzschen
Goldbach 43 H4, ⌧01909
Goldbach 46 E6, ⌧63773
Goldbeck 24 C4, ⌧39596
Goldberg 17 H3, ⌧19399
Goldenstedt 21 H3, ⌧49424
Goldkronach 49 G6, ⌧95497
Goldscheuer 59 I4, ⌧77694 Kehl
Golßen 34 E4, ⌧15938
Golzig, Kasel- 35 F3, ⌧15938
Golzow 34 A1, ⌧14778
Gomadingen 61 G5, ⌧72532
Gomaringen 60 E5, ⌧72810
Gommern 33 G3, ⌧39245
Gondorf, Kobern- 45 G4, ⌧56330
Gorgast 26 D4, ⌧15328
Gorleben 23 K2, ⌧29475
Gornau 42 C6, ⌧09405
Gorsleben 40 E3, ⌧06577
Gorxheimertal 54 D3, ⌧69517
Goslar 32 A4, ⌧*38640
Gotha 40 C5, ⌧99867
Gottenheim 66 C1, ⌧79288
Gottmadingen 67 H4, ⌧78244
Graal-Müritz 11 H5, ⌧18181
Grabe 40 B3, ⌧99998
Graben-Neudorf 54 B5, ⌧76676
Grabenstätt 71 G3, ⌧83355
Grabow 17 F5, ⌧19300
Gräfelfing 70 B1, ⌧82166
Gräfenberg 56 E2, ⌧91322
Gräfenhainichen 33 K5, ⌧06773
Gräfenhausen 46 C6, ⌧64331 Weiterstadt
Gräfenroda 48 C1, ⌧99330
Gräfenthal 48 E2, ⌧98743
Gräfentonna 40 C4, ⌧99958
Grävenwiesbach 46 C3, ⌧61279
Grafenau 60 D3, ⌧71120
Grafenau 64 E2, ⌧94481
Grafenhausen, Kappel- 59 H6, ⌧77966
Grafenreuth 49 I5, ⌧95707 Thiersheim
Grafenrheinfeld 47 K6, ⌧97506
Grafenwöhr 57 H2, ⌧92655
Grafing 70 D1, ⌧85567
Grafrath 69 I1, ⌧82284
Grafschaft 44 E2, ⌧53501
Gramke 21 G5, ⌧49451 Holdorf
Gramzow 19 G5, ⌧17291
Granschütz 41 H4, ⌧06679
Gransee 25 H2, ⌧16775
Grasellenbach 54 D2, ⌧64689
Grasleben 32 D1, ⌧38368
Grassau 71 F3, ⌧83224
Grebenau 47 G1, ⌧36323
Grebenhain 47 F2, ⌧36355
Grebenstein 39 G2, ⌧34393
Greding 56 E6, ⌧91171
Grefrath 36 C2, ⌧47929
Greifendorf 42 C5, ⌧09661
Greiffenberg 26 B1, ⌧16278
Greifswald 12 B6, ⌧*17489
Greiz 49 I1, ⌧07973
Grenzach-Wyhlen 66 C5, ⌧79639
Grenzhausen, Höhr- 45 H3, ⌧56203
Greppin 33 I6, ⌧06803
Gressenich 36 B6, ⌧52224 Stolberg
Grettstadt 48 A6, ⌧97508
Greußen 40 D3, ⌧99718
Greven 29 H3, ⌧48268
Grevenbroich 36 D4, ⌧*41515
Grevesmühlen 16 E2, ⌧23936
Griesbach 57 K1, ⌧95695 Mähring
Griesbach 64 E4, ⌧94086
Griesbach, Bad Peterstal- 60 A5, ⌧77740
Grillenburg 42 E5, ⌧01737 Kurort Hartha
Grimma 42 B3, ⌧04668
Grimmen 12 A5, ⌧18507
Gröben 41 H4, ⌧06682
Gröbenzell 63 F6, ⌧82194
Gröbers 41 H2, ⌧06184
Gröbzig 33 G5, ⌧06388
Gröditz 42 E2, ⌧01609
Grömitz 10 C6, ⌧23743
Gröningen 32 D4, ⌧39397
Grötzingen 61 F3, ⌧72631 Aichtal
Groitzsch 41 I4, ⌧04539
Gronau 29 F2, ⌧48599
Gronau 31 H3, ⌧31028
Gronau, Rödersheim- 54 A4, ⌧67127
Großaitingen 62 C6, ⌧86845
Großalmerode 39 H3, ⌧37247
Großalsleben 32 E4, ⌧39387
Groß-Bieberau 54 D1, ⌧64401
Großbodungen 40 A2, ⌧37345
Großbottwar 61 F1, ⌧71723
Großbrembach 40 E4, ⌧99610
Großebersdorf 41 H6, ⌧07589
Großefehn 13 I4, ⌧26629
Großenaspe 15 K1, ⌧24623
Großenehrich 40 C3, ⌧99718
Großengottern 40 B4, ⌧99991
Großenhain 42 E3, ⌧01558
Großenkneten 21 G2, ⌧26197
Großenlüder 47 G2, ⌧36137
Großfurra 40 C2, ⌧99706
Groß-Gerau 46 B6, ⌧64521
Großgrabe 43 G2, ⌧01936
Großgrimma 41 I4, ⌧06679
Groß Grönau 16 C2, ⌧23627
Großhabersdorf 56 C4, ⌧90613
Großhansdorf 16 A3, ⌧22927
Großharthau 43 H4, ⌧01909
Großheubach 55 F2, ⌧63920
Groß Kreutz 25 G6, ⌧14550
Großkrotzenburg 46 E5, ⌧63538
Großlehna 41 I3, ⌧04420
Groß Machnow 34 E1, ⌧15806
Großmehring 63 F3, ⌧85098
Groß Nieköhr 11 I6, ⌧17179
Großostheim 46 E6, ⌧63762
Großpostwitz 27 G4, ⌧02692
Groß Quassow 18 C5, ⌧17237 Userin
Großräschen 35 G6, ⌧01983
Großröhrsdorf 43 G4, ⌧01900
Groß-Rohrheim 54 B2, ⌧68649
Großrosseln 52 D5, ⌧66352
Großsachsen 54 D3, ⌧69493 Hirschberg
Groß Särchen 43 H2, ⌧02999
Groß Schierstedt 33 F5, ⌧06449
Großschirma 42 D5, ⌧09603
Großschönau 27 H5, ⌧02779
Groß Schönebeck 25 K2, ⌧16348
Großtöpfer 39 K3, ⌧37308 Geismar
Groß-Umstadt 54 E1, ⌧64823
Großwallstadt 55 F1, ⌧63868
Großwig 34 C6, ⌧04860
Groß-Zimmern 54 D1, ⌧64846
Grub 48 D4, ⌧96271
Grubweg 65 F3, ⌧94034 Passau
Grümpen 48 D3, ⌧96528
Grünberg 46 E2, ⌧35305
Gründau 47 F4, ⌧63584
Grüneberg 25 I3, ⌧16775
Grünenplan 31 H4, ⌧31073
Grünewalde 43 F1, ⌧01979
Grünhain 50 C2, ⌧08358
Grünheide 26 B5, ⌧15537
Grünsfeld 55 H3, ⌧97947
Grünstadt 54 A3, ⌧67269
Grünwald 70 B2, ⌧82031
Grunbach 61 G2, ⌧73630 Remshalden
Gschwend 61 H2, ⌧74417
Guben 35 K3, ⌧03172
Gudensberg 39 F4, ⌧34281
Güdingen 52 E5, ⌧66130
Güglingen 54 E6, ⌧74363
Günzburg 62 A5, ⌧89312
Güsten 33 F5, ⌧39439
Güstrow 17 I2, ⌧18273
Gütersloh 30 B4, ⌧*33330
Guldental 45 I6, ⌧55452
Gummersbach 37 G5, ⌧*51643
Gundelfingen 62 A4, ⌧89423
Gundelfingen 66 D1, ⌧79194
Gundelsheim 55 F5, ⌧74831
Guntersblum 54 B1, ⌧67583
Gunzenhausen 56 C6, ⌧91710
Gustavsburg, Ginsheim- 46 B6, ⌧65462
Gutach 60 A6, ⌧77793
Gutach 66 D1, ⌧79261
Guxhagen 39 G4, ⌧34302

H

Haag 70 E1, ⌧83527
Haan 36 E3, ⌧42781
Haar 70 C1, ⌧85540
Habichtswald 39 F3, ⌧34317
Hachenburg 45 H1, ⌧57627
Hacklberg 65 F3, ⌧94034 Passau
Hadamar 45 K3, ⌧65589
Hademarschen, Hanerau- 9 F6, ⌧25557
Hähnlein, Alsbach- 54 C2, ⌧64665
Hämmern, Mengersreuth- 48 D3, ⌧96529
Hänigsen 22 E5, ⌧31311 Uetze
Haffen-Mehr 28 C5, ⌧46459 Rees
Haffkrug 10 B6, ⌧23683 Scharbeutz
Hage 13 H3, ⌧26524
Hagen 37 G3, ⌧*58095
Hagen am Teutoburger Wald 29 K2, ⌧49170
Hagenburg 22 B6, ⌧31558
Hagenow 16 E4, ⌧19230
Hagenwerder 27 I4, ⌧02899
Haibach 47 F6, ⌧63808
Haidhof, Maxhütte- 57 H5, ⌧93142
Haidmühle 65 G2, ⌧94145
Haiger 46 A1, ⌧35708
Haigerloch 60 D5, ⌧72401
Haimhausen 63 A5, ⌧85778
Haiming 64 C6, ⌧84533
Hainburg 46 D5, ⌧63512
Hainichen 42 D5, ⌧09661
Haiterbach 60 C4, ⌧72221
Halberstadt 32 D4, ⌧38820
Halblech 69 H4, ⌧87642
Haldensleben 32 E1, ⌧39340
Haldern 28 C4, ⌧46459 Rees
Halle 30 B3, ⌧33790
Halle (Saale) 41 G2, ⌧*06108
Hallenberg 38 C4, ⌧59969
Hallenberg, Steinbach- 48 B1, ⌧98587
Hallstadt 48 C6, ⌧96103
Halstenbek 15 I3, ⌧25469
Haltern 29 F5, ⌧45721
Haltingen 66 C4, ⌧79576 Weil
Halver 37 G3, ⌧58553
Hambrücken 54 C5, ⌧76707
Hambühren 22 D4, ⌧29313
Hamburg 15 K3, ⌧*20095
Hameln 31 G3, ⌧*31785
Hamm 29 F5, ⌧45772 Marl
Hamm 29 I5, ⌧*59063
Hammelburg 47 I5, ⌧97762
Hammersbach 46 E4, ⌧63546
Hamminkeln 28 D5, ⌧46499
Hanau 46 E5, ⌧*63450
Hanerau-Hademarschen 9 F6, ⌧25557
Hangelsberg 26 B5, ⌧15518
Hankensbüttel 23 G4, ⌧29386
Hann. Münden 39 G2, ⌧34346
Hannover 31 H1, ⌧*30159
Harbke 32 D2, ⌧39365
Harburg 62 C2, ⌧86655
Hardegsen 31 H6, ⌧37181
Hardenberg, Nörten- 31 I6, ⌧37176
Hardheim 55 G3, ⌧74736
Hardthausen 55 F5, ⌧74239
Haren 20 C3, ⌧49733
Harra 49 G3, ⌧07366
Harrislee 9 F1, ⌧24955
Harsefeld 15 H4, ⌧21698
Harsewinkel 30 B3, ⌧33428
Harsum 31 I2, ⌧31177
Hartenrod 46 C1, ⌧35080 Bad Endbach
Hartenstein 50 B1, ⌧08118
Hartha 42 C4, ⌧04746
Harthausen 54 B4, ⌧67376
Hartmannsdorf 41 H5, ⌧*04103 Leipzig
Hartmannsdorf 42 B5, ⌧09232
Harzgerode 32 D6, ⌧06493
Hasborn-Dautweiler 52 E3, ⌧66636 Tholey
Haselünne 20 D4, ⌧49740
Haslach 59 K6, ⌧77716
Hasloh 15 I3, ⌧25474
Hasselfelde 32 C5, ⌧38899
Hasselroth 46 E5, ⌧63594
Haßfurt 48 B5, ⌧97437
Haßlach 48 E3, ⌧96342 Stockheim
Haßlau, Wilkau- 50 A1, ⌧08112
Haßleben 18 E5, ⌧17291
Haßloch 53 K4, ⌧67454
Haßmersheim 54 E4, ⌧74855
Hatten 21 H2, ⌧26209
Hattersheim 46 C5, ⌧65795
Hattingen 37 F2, ⌧*45525
Hattorf 39 K1, ⌧37197
Hatzfeld (Eder) 38 C5, ⌧35116
Hau, Bedburg- 28 B5, ⌧47551
Haubersbronn 61 G2, ⌧73614 Schorndorf
Haueneberstein 60 A2, ⌧76532 Baden-Baden
Hauenstein 53 H5, ⌧76846
Hauneck 39 H6, ⌧36282
Haunetal 47 H1, ⌧36166
Hausach 59 K6, ⌧77756
Hausham 70 D3, ⌧83734
Hauzenberg 65 F3, ⌧94051
Havelberg 24 D3, ⌧39539
Havixbeck 29 G3, ⌧48329
Hayingen 61 G6, ⌧72534
Hechingen 60 D5, ⌧72379
Heddesheim 54 C3, ⌧68542
Heek 29 F2, ⌧48619
Heide 8 E5, ⌧25746
Heideck 56 D6, ⌧91180
Heideland 41 G5, ⌧07607
Heidelberg 54 C4, ⌧*69115
Heidelsheim 54 C6, ⌧76646 Bruchsal
Heiden 28 E4, ⌧46359
Heidenau 43 G5, ⌧01809
Heidenheim 62 C1, ⌧91719
Heidenheim an der Brenz 61 K3, ⌧*89518
Heidenrod 45 I5, ⌧65321
Heikendorf 9 I4, ⌧24226
Heilbronn 55 F6, ⌧*74072
Heiligenhafen 10 C4, ⌧23774
Heiligenhaus 36 E3, ⌧42579
Heiligenstadt 39 K3, ⌧37308
Heiligenstadt 56 E1, ⌧91332
Heiligenwald 52 E4, ⌧66578 Schiffweiler
Heilsbronn 56 C4, ⌧91560
Heimbach 44 C1, ⌧52396
Heimenkirch 68 D4, ⌧88178
Heimerzheim 36 E6, ⌧53913 Swisttal
Heimsheim 60 D2, ⌧71296
Heiningen 61 H3, ⌧73092
Heinsberg 36 A4, ⌧52525
Heitersheim 66 C3, ⌧79423

Helbedündorf 40 B3, ✉ 99713
Helbra 33 F6, ✉ 06311
Heldburg 48 B4,
✉ 98663 Bad Colberg-Heldburg
Heldrungen 40 B3, ✉ 06577
Hellenthal 44 C2, ✉ 53940
Helmbrechts 49 G4, ✉ 95233
Helmstadt-Bargen 54 E4, ✉ 74921
Helmstedt 32 C2, ✉ 38350
Helsa 39 H3, ✉ 34298
Hemau 57 G6, ✉ 93155
Hemer 37 I2, ✉ 58675
Hemmingen 31 H1, ✉ 30966
Hemmoor 15 F3, ✉ 21745
Hemsbach 54 C3, ✉ 69502
Henfstedt 40 A3, ✉ 98617
Hengersberg 64 D2, ✉ 94491
Hennef 37 F6, ✉ 53773
Hennickendorf 26 B5, ✉ 15378
Hennigsdorf 25 H4, ✉ 16761
Henstedt-Ulzburg 15 K2, ✉ 24558
Heppenheim 37 D5, ✉ 50189 Elsdorf
Herbern 49 H5, ✉ 59387 Ascheberg
Herbolzheim 59 I6, ✉ 79336
Herborn 46 B1, ✉ 35745
Herbrechtingen 61 K4, ✉ 89542
Herbstein 47 F2, ✉ 36358
Herdecke 37 G2, ✉ 58313
Herdorf 37 I6, ✉ 57562
Herford 53 C3, ✉*32049
Heringen 39 I6, ✉ 36266
Heringen 40 C2, ✉ 99765
Heringsdorf 19 G1, ✉ 17424
Herlazhofen 68 D3, ✉ 88299 Leutkirch
Herleshausen 39 K5, ✉ 37293
Hermannsburg 22 A4, ✉ 29320
Hermaringen 62 A4, ✉ 89568
Hermeskeil 52 E2, ✉ 54411
Hermsdorf 41 F5, ✉ 07629
Herne 37 F1, ✉*45699
Heroldsberg 56 E3, ✉ 90562
Herrenberg 60 D4, ✉ 71083
Herrieden 56 B5, ✉ 91567
Herrlingen 61 I5, ✉ 89134 Blaustein
Herrstein 53 F1, ✉ 55756
Herschbach 53 F1, ✉ 91217
Herscheid 37 H4, ✉ 58849
Herten 29 F6, ✉*45699
Herxheim 53 K5, ✉ 76863
Herzberg 25 H2, ✉ 16835
Herzberg 32 A6, ✉ 37412
Herzberg 34 D5, ✉ 04916
Herzebrock-Clarholz 30 B4, ✉ 33442
Herzfeld 30 B5, ✉ 59510 Lippetal
Herzfelde 26 B5, ✉ 15378
Herzogenaurach 56 C3, ✉ 91074
Herzogenrath 36 B5, ✉ 52134
Hesel 13 I5, ✉ 26835
Hessberg 48 D4, ✉ 98646
Hessen 32 C3, ✉ 38835
Heßheim 54 B3, ✉ 67258
Hessisch Lichtenau 39 H4, ✉ 37235
Hessisch Oldendorf 31 F2, ✉ 31840
Hettenleidelheim 53 I3, ✉ 67310
Hettingen 55 F3, ✉ 74722 Buchen
Hettstedt 33 F6, ✉ 06333
Heubach 48 D2, ✉ 98666
Heubach 61 I2, ✉ 73540
Heusenstamm 46 D5, ✉ 63150
Heusweiler 52 E4, ✉ 66265
Hiddenhausen 30 C2, ✉ 32120
Hilbringen 52 D3, ✉ 66663 Merzig
Hilchenbach 37 K5, ✉ 57271
Hildburghausen 48 C3, ✉ 98646
Hilden 36 E3, ✉*40721
Hilders 47 I2, ✉ 36115
Hildesheim 31 I2, ✉*31134
Hilgertshausen-Tandern 62 E5, ✉ 86567
Hille 30 D1, ✉ 32479
Hilmersdorf 50 D1, ✉ 09429
Hilpoltstein 56 D5, ✉ 91161
Hilsbach 54 D5, ✉ 74889 Sinsheim
Hilter 30 B2, ✉ 49176
Hilzingen 67 H3, ✉ 78247
Hindelang 69 F5, ✉ 87541
Hinternah 48 C2, ✉ 98553
Hinterzarten 66 E2, ✉ 79856
Hirschaid 56 D1, ✉ 96114
Hirschau 57 H3, ✉ 92242
Hirschbach 48 C2, ✉ 98553
Hirschberg 54 C3, ✉ 69493
Hirschfelde 27 I5, ✉ 02788
Hirschhorn 54 D4, ✉ 69434
Hirschlanden 60 E2,
✉ 71254 Ditzingen
Hirzenhain 47 F2, ✉ 63697
Hitzacker 23 I1, ✉ 29456
Hochdorf 61 G3, ✉ 73269
Hochdorf-Assenheim 54 B4, ✉ 67126
Hochheim 54 C4,
✉ 41363 Jüchen
Hochneukirch 36 C4,
Hochspeyer 53 I4, ✉ 67691
Hochstadt 53 K5, ✉ 76879
Hochstetten, Linkenheim- 54 B,
76351
Hochstetten-Dhaun 53 G1, ✉ 55606
Hockenheim 54 C4, ✉ 68766
Höchberg 55 I1, ✉ 97024
Höchenschwand 66 E4, ✉ 79862
Höchst 54 E1, ✉ 64739
Höchstädt a. d. Aisch 56 C2, ✉ 91315
Höchstädt 62 A4, ✉ 89420
Höchstadt 24 A2, ✉ 29478
Höhn 45 I2, ✉ 56462
Höchstädt 41 G2, ✉ 06179
Höhr-Grenzhausen 45 H3, ✉ 56203
Hönow 26 A5, ✉ 15366
Höpfingen 55 F3, ✉ 74746
Hördt 54 B5, ✉ 76771
Hörnum 8 A6, ✉ 25997
Hörstel 29 H1, ✉ 48477
Hörsterl 29 H1, ✉ 48477
Hösbach 47 F6, ✉ 63768

Hötensleben 32 D3, ✉ 39393
Hövelhof 30 C5, ✉ 33161
Höxter 31 F5, ✉ 37671
Hofbieber 47 I2, ✉ 36145
Hofgeismar 39 F2, ✉ 34369
Hofheim 48 B5, ✉ 65719
Hofheim 45 K6, ✉ 97461
Hofheim 59 I5, ✉*77749
Hohenahr 46 C1, ✉ 35644
Hohenbrunn 49 I5, ✉ 95691
Hohenbostel 31 G1,
✉ 30890 Barsinghausen
Hohenbrunn 70 C2, ✉ 85662
Hoheneggelsen 31 K2,
✉ 31185 Söhlde
Hohenfinow 26 B3, ✉ 16248
Hohengandern 39 I3, ✉ 37318
Hohenhameln 31 I2, ✉ 31249
Hohenleuben 49 H1, ✉ 07958
Hohenlinden 70 D1, ✉ 85664
Hohenlockstedt 15 H1, ✉ 25551
Hohen Neuendorf 26 A4, ✉ 16540
Hohenpeißenberg 69 H3, ✉ 82383
Hohenroda 39 K5, ✉ 36284
Hohenschwangau 69 G5,
✉ 87645 Schwangau
Hohenstein 26 B4, ✉ 15345
Hohenstein 61 F5, ✉ 72531
Hohenstein-Ernstthal 42 B6, ✉ 09337
Hohenthann 70 D2,
✉ 83104 Tuntenhausen
Hohenwestedt 9 G6, ✉ 24594
Hohndorf 42 B6, ✉ 09394
Hohne 23 F5, ✉ 29362
Hohwacht 10 B4, ✉ 24321
Hollage 29 K1, ✉ 49134 Wallenhorst
Holle 31 K3, ✉ 31188
Hollfeld 48 E6, ✉ 96142
Holthausen 29 G3,
✉ 49124 Georgsmarienhütte
Holzgerlingen 60 E3, ✉ 71088
Holzhausen 41 K3, ✉ 04454
Holzkirchen 70 C3, ✉ 83607
Holzminden 31 G4, ✉ 37603
Holzweißig 33 I6, ✉ 06808
Holzwickede 37 H2, ✉ 59439
Homberg 46 E1, ✉ 35315
Homburg 53 F4, ✉ 66424
Hooge 8 C3, ✉ 25859
Hopfen 69 G4, ✉ 87629 Füssen
Hoppegarten, Dahlwitz- 26 A5,
✉ 15366
Hopsten 20 D6, ✉ 48496
Horb 60 C5, ✉ 72160
Horgenzell 68 B3, ✉ 88263
Hornbach 53 F5, ✉ 66500
Horn-Bad Meinberg 30 E4, ✉ 32805
Hornberg 60 A6, ✉ 78132
Hornburg 32 B3, ✉ 38315
Horneburg 15 H4, ✉ 21640
Hornhausen 32 D3, ✉ 39387
Horrem 36 D5, ✉ 50169 Kerpen
Horrenberg 54 D5, ✉ 69234 Dielheim
Horstmar 29 G3, ✉ 48612
Hosenfeld 47 G2, ✉ 36154
Hostenbach 52 D3,
✉ 66787 Wadgassen
Hoya 22 A3, ✉ 27318
Hoyerswerda 43 H2, ✉ 02977
Hude 21 H1, ✉ 27798
Hüchelhoven 36 D5,
✉ 50129 Bergheim
Hückelhoven 36 B4, ✉ 41836
Hückeswagen 37 G4, ✉ 42499
Hüfingen 67 G2, ✉ 78183
Hüllhorst 30 D2, ✉ 32609
Hülzweiler 52 D4,
✉ 66773 Schwalbach
Hünfeld 47 H1, ✉ 36088
Hünfelden 45 K3, ✉ 65597
Hünstetten 45 K4, ✉ 65510
Hünxe 25 E6, ✉ 46569
Hürtgenwald 44 C1, ✉ 52393
Hürth 36 E5, ✉ 50354
Hütschenhausen 53 G4, ✉ 66882
Hüttenberg 46 C2, ✉ 35625
Hüttenrode 32 C5, ✉ 38889
Hungen 46 E3, ✉ 35410
Husum 8 D3, ✉ 25813
Huttenheim 54 C5,
✉ 76773 Philippsburg
Hutthurm 65 F3, ✉ 94116

Ibbenbüren 29 I1, ✉ 49477
Ichenhausen 62 A5, ✉ 89335
Ichtershausen 40 D6, ✉ 99334
Icking 69 K2, ✉ 82057
Idar-Oberstein 53 F2, ✉ 55743
Idstein 46 B4, ✉ 65510
Ifta 39 K4, ✉ 99831
Igersheim 55 H3, ✉ 97999
Iggelheim, Böhl- 54 B4, ✉ 67459
Ihlienworth 14 E2, ✉ 21775
Ihlow 13 H5, ✉ 26632
Ihmert 37 H3, ✉ 58657 Hemer
Ihringen 66 C1, ✉ 79241
Ihrlerstein 63 H1, ✉ 93346
Ilfeld 32 C6, ✉ 99768
Illerkirchberg 61 I5, ✉ 89171
Illertissen 61 I6, ✉ 89257
Illingen 52 E4, ✉ 66557
Illingen 60 D1, ✉ 75428
Illingen, Eichelsheim- 60 A1, ✉ 76477
Ilmenau 48 C1, ✉ 98693
Ilsede 31 K2, ✉ 31241
Ilsenburg 32 B4, ✉ 38871
Ilsfeld 55 F6, ✉ 74360
Ilshofen 55 I5, ✉ 74532
Ilten 31 I1, ✉ 31319 Sehnde
Ilvesheim 54 C3, ✉ 68549

Immelborn 39 K6,
✉ 36433 Bad Salzungen
Immendingen 67 H2, ✉ 78194
Immenhausen 39 G2, ✉ 34376
Immenstaad 68 A4, ✉ 88090
Immenstadt 68 E5, ✉ 87509
Ingelfingen 55 H4, ✉ 74653
Ingelheim 45 K6, ✉ 55218
Ingenheim, Billigheim- 53 I5, ✉ 76831
Inger 37 F6, ✉ 53797 Lohmar
Ingersheim 60 E1, ✉ 74379
Ingolstadt 62 E3, ✉*85049
Insheim 54 A5, ✉ 76865
Iphofen 55 K2, ✉ 97346
Isenbüttel 23 G6, ✉ 38550
Iserlohn 37 H3, ✉*58636
Isernhagen 22 D5, ✉ 30916
Ismaning 63 G6, ✉ 85737
Isny 68 D4, ✉ 88316
Ispringen 60 C2, ✉ 75228
Isselburg 28 C4, ✉ 46419
Issum 36 C1, ✉ 47661
Itzehoe 15 H1, ✉ 25524
Itzgrund 48 C5, ✉ 96274

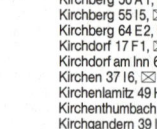

Jachenau 70 B4, ✉ 83676
Jade 14 C5, ✉ 26349
Jägersgrün 49 K3, ✉ 08262
Jänkendorf 27 I3, ✉ 02906
Jänschwalde 35 I4, ✉ 03197
Jagstzell 61 K1, ✉ 73489
Jahnsbach 50 C1, ✉ 09419
Jahrstedt 23 H5, ✉ 38486
Jamlitz 35 H3, ✉ 15868
Jandelsbrunn 65 G2, ✉ 94118
Jarmen 18 D1, ✉ 17126
Jarplund-Weding 9 F2, ✉ 24941
Jatznick 19 F3, ✉ 17309
Jena 41 F5, ✉*07743
Jerxheim 32 C3, ✉ 38381
Jesberg 39 F5, ✉ 34632
Jeserig 25 G6, ✉ 14778
Jeserig 33 K3, ✉ 14822
Jessen 34 C5, ✉ 06917
Jeßnitz 33 I5, ✉ 06800
Jestetten 67 G4, ✉ 79798
Jettingen 60 D4, ✉ 71131
Jettingen-Scheppach 62 B5, ✉ 89343
Jever 14 A3, ✉ 26441
Joachimsthal 26 A2, ✉ 16247
Jocketa 49 I2, ✉ 08543
Jockgrim 54 B6, ✉ 76751
Jöhstadt 50 D2, ✉ 09477
Johanngeorgenstadt 50 B3, ✉ 08349
Jork 15 H4, ✉ 21635
Jossa 47 G4, ✉ 36391 Sinntal
Jossgrund 47 G4, ✉ 63637
Judenbach 48 E3, ✉ 96515
Jüchen 36 C4, ✉ 41363
Jügesheim 46 E5, ✉ 63110 Rodgau
Jülich 36 C5, ✉ 52428
Jüterbog 34 C3, ✉ 14913
Jugenheim, Seeheim- 54 C1, ✉ 64342
Juist 13 G3, ✉ 26571

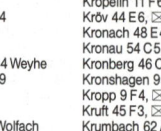

Kaarßen 23 I1, ✉ 19273
Kaarst 36 D3, ✉ 41564
Kämpfelbach 60 C1, ✉ 75236
Kärlich, Mühlheim- 45 G3, ✉ 56218
Kahl 46 E5, ✉ 63796
Kahla 41 F6, ✉ 07768
Kaibach 54 E3, ✉ 64754 Hesseneck
Kaisersesch 45 F4, ✉ 56759
Kaiserslautern 53 H4, ✉*67655
Kakerbeck 23 K4, ✉ 39624
Kalbach 47 H3, ✉ 36148
Kalbe 24 A4, ✉ 39624
Kalefeld 31 K5, ✉ 37589
Kalkar 28 C5, ✉ 47546
Kall 44 C2, ✉ 53925
Kalletal 30 E3, ✉ 32689
Kallmerode 39 K3, ✉ 37327
Kaltenkirchen 15 I2, ✉ 24568
Kaltennordheim 47 K2, ✉ 36452
Kaltenwestheim 47 K2, ✉ 98634
Kamen 29 H6, ✉ 59174
Kamenz 43 H3, ✉ 01917
Kamp-Lintfort 36 D1, ✉ 47475
Kandel 54 A6, ✉ 76870
Kandern 66 B4, ✉ 79400
Kannawurf 40 D3, ✉ 06578
Kappel-Grafenhausen 59 H6, ✉ 77966
Kappeln 9 H2, ✉ 24376
Kappelrodeck 59 K4, ✉ 77876
Karben 46 D4, ✉ 61184
Karden, Treis- 45 F4, ✉ 56253
Karlsbad 53 K5, ✉ 76307
Karlsfeld 63 F6, ✉ 85757
Karlsruhe 54 B6, ✉*76131
Karlstadt 47 H6, ✉ 97753
Karlstein 71 H3,
✉ 83453 Bad Reichenhall
Karlstein am Main 46 E5, ✉ 63791
Karow 12 C4, ✉ 18528 Bergen
Karow 17 A4, ✉ 19395
Karsau 66 D4, ✉ 79618 Rheinfelden
Karstädt 17 G6, ✉ 19294
Kasel-Golzig 35 F3, ✉ 15938
Kassel 39 G3, ✉*34117
Kastellaun 45 G5, ✉ 56288
Kasti 57 G4, ✉ 92280

Katlenburg-Lindau 31 I5, ✉ 37191
Katzenelnbogen 45 I4, ✉ 56368
Katzenloch 53 F1, ✉ 55758 Kempfeld
Katzhütte 48 D2, ✉ 98746
Kaub 45 H5, ✉ 56349
Kaufbeuren 69 F3, ✉ 87600
Kaufering 69 H1, ✉ 86916
Kaufungen 39 H3, ✉ 34260
Kaulsdorf 47 F2, ✉ 07338
Kefenrod 47 F3, ✉ 63699
Kehl 59 I4, ✉ 77694
Kehlen 68 B4,
✉ 88074 Meckenbeuren
Kelbra 40 D2, ✉ 06537
Kelheim 63 H1, ✉ 93309
Kelkheim 46 B5, ✉ 65779
Kellenhusen 10 C5, ✉ 23743
Kelsterbach 46 C5, ✉ 65451
Keltern 60 C2, ✉ 75210
Kemnat 61 F3, ✉ 73760 Ostfildern
Kemnath 49 H6, ✉ 95478
Kempen 36 C2, ✉ 47906
Kempten 68 E4, ✉*87435
Kenzingen 59 I6, ✉ 79341
Kerken 36 C2, ✉ 47647
Kernen 61 F2, ✉ 71394
Kerpen 36 D5, ✉*50169
Ketsch 54 C4, ✉ 68775
Ketzin 25 G5, ✉ 14669
Kevelaer 28 B6, ✉*47623
Kieferfelden 70 E4, ✉ 83088
Kiel 9 H4, ✉*24103
Kierspe 37 H4, ✉ 58566
Kieselbach, Merkers- 39 K6, ✉ 36460
Kietz, Küstrin- 26 D4, ✉ 15328
Kindelbrück 40 D3, ✉ 99638
Kipfenberg 63 F2, ✉ 85110
Kippenheim 59 I6, ✉ 77971
Kipsdorf 43 K6, ✉ 01776
Kirchardt 54 E5, ✉ 74912
Kirchberg 43 G6, ✉ 55481
Kirchberg 50 A1, ✉ 08107
Kirchberg 55 I5, ✉ 74592
Kirchberg 64 E2, ✉ 94513 Schönberg
Kirchdorf 17 F1, ✉ 23999
Kirchdorf am Inn 64 E5, ✉ 84375
Kirchen 37 I6, ✉ 57548
Kirchenlamitz 49 H5, ✉ 95158
Kirchentellinsfurth 61 F4, ✉ 72800
Kirchenthumbach 57 G2, ✉ 91281
Kirchgandern 39 I2, ✉ 37318
Kirchhain 38 E6, ✉ 35274
Kirchhain, Doberlug- 34 D5, ✉ 03253
Kirchham 65 F3, ✉ 36275
Kirchheim am Neckar 54 E6, ✉ 74366
Kirchheimbolanden 53 I2, ✉ 67292
Kirchheim unter Teck 61 G3, ✉ 73230
Kirchhundem 38 A4, ✉ 57399
Kirchlengern 30 D2, ✉ 32278
Kirchlinteln 22 B3, ✉ 27308
Kirchohsen 31 G3,
✉ 31860 Emmerthal
Kirchseeon 70 D1, ✉ 85614
Kirch Stück 17 F3,
✉ 19069 Klein Trebbow
Kirchweyhe 21 K2, ✉ 28844 Weyhe
Kirchzarten 66 D2, ✉ 79199
Kirkel 53 F4, ✉ 66459
Kirn 53 F1, ✉ 55606
Kimbach 60 A6, ✉ 77709 Wolfach
Kirrlach 54 C5, ✉ 68753 Waghäusel
Kirschau 27 K4, ✉ 02681
Kißlegg 68 C3, ✉ 88353
Kitzingen 55 K2, ✉ 97318
Klausa 42 A5, ✉ 04618
Kleinblittersdorf, Schönenberg- 53 F4, ✉ 66901
Kleineichholz 35 F2,
✉ 15752 Streganz
Kleinenberg 30 E6,
✉ 33165 Lichtenau
Kleinenglis 39 F4, ✉ 34582 Borken
Kleinheubach 55 F2, ✉ 63924
Kleinkems 66 C4,
✉ 79588 Efringen-Kirchen
Kleinkorga 34 C4, ✉ 06926
Klein-Krotzenburg 46 E5,
✉ 63512 Hainburg
Kleinmachnow 25 I6, ✉ 14532
Kleinostheim 46 E6, ✉ 63801
Kleinrinderfeld 55 H2, ✉ 97271
Kleinwallstadt 55 F1, ✉ 63839
Klein Wanzleben 32 E3, ✉ 39164
Klempenow 18 D2, ✉ 17089 Breest
Klettgau 67 F4, ✉ 79771
Kleve 28 B6, ✉ 47533
Klietz 24 D4, ✉ 39524
Klingenberg 55 F1, ✉ 63911
Klingenmünster 53 I5, ✉ 76889
Klingenthal 50 A3, ✉ 08248
Klink 18 A4, ✉ 17192
Klötze 23 H4, ✉ 38486
Kloster 12 A2, ✉ 18565
Klosterfelde 25 K3, ✉ 16348
Klostermansfeld 33 F6, ✉ 06308
Kloster Zinna 34 C3, ✉ 14913
Klütz 16 E2, ✉ 23948
Knesebeck 23 G4, ✉ 29379 Wittingen
Knetzgau 48 B6, ✉ 97478
Knoblauch 24 E5, ✉ 14715
Knüllwald 39 G5, ✉ 34593
Kobern-Gondorf 45 G4, ✉ 56330
Koblenz 45 G4, ✉*56068
Kochel 69 K4, ✉ 82431
Kodersdorf 27 I3, ✉ 02923
Kölitz 48 D1, ✉ 95189
Köllerbach 52 D4, ✉ 66346 Püttlingen
Köln 54 E2, ✉*50667
Königsbach-Stein 60 C1, ✉ 75203
Königsbronn 61 I3, ✉ 89551
Königsbrück 43 G3, ✉ 01936
Königsbrunn 62 D6, ✉ 86343

Katlenburg-Lindau 31 I5, ✉ 37191
Königsee 48 D1, ✉ 07426
Königsee 48 D1, ✉ 07426
Königsee 48 D1, ✉ 07426
Königsee 67 F1, ✉ 78126
Königshofen, Lauda- 55 H3, ✉ 97922
Königshofen 32 C5, ✉ 38383
Königslutter 32 C2, ✉ 38154
Königsmoos 62 E3, ✉ 86669
Königsee 71 I4, ✉ 83471 Schönau
Königstein 51 G2, ✉ 01824
Königstein 46 B5, ✉ 61462
Königswartha 43 I2, ✉ 02699
Königswinter 45 F1, ✉ 53639
Königs Wusterhausen 34 E1, ✉ 15711
Könnern 33 G5, ✉ 06420
Köppern 46 C4,
✉ 61381 Friedrichsdorf
Körle 39 G4, ✉ 34327
Körner 40 B3, ✉ 99998
Körperich 44 B6, ✉ 54675
Kösching 63 F2, ✉ 85092
Kößlarn 64 D5, ✉ 94149
Köthel (Kreis Stormarn) 16 B3,
✉*30851
✉ 22929
Köthen 33 H5, ✉ 06366
Kötz 62 A5, ✉ 89359
Kötzschenbroda 43 H4, ✉ 06231
Kötzting 58 B5, ✉ 93444
Kolbermoor 70 E3, ✉ 83059
Kollnau 66 D1, ✉ 79183 Waldkirch
Konnersreuth 49 G4, ✉ 95692
Konradsreuth 49 G4, ✉ 95176
Konstanz 68 A4, ✉*78462
Konz 52 C2, ✉ 54329
Korb 61 F2, ✉ 71404
Korbach 38 E3, ✉ 34497
Kordel 52 C1, ✉ 54306
Korntal-Münchingen 60 E2, ✉ 70825
Kornwestheim 60 E2, ✉ 70806
Korschenbroich 36 C3, ✉ 41352
Kottenheim 45 F3, ✉ 56736
Kraiburg 64 A6, ✉ 84559
Kraichtal 54 D6, ✉ 76703
Krailling 69 K1, ✉ 82152
Krakow am See 17 I3, ✉ 18292
Krampnitz 25 H5, ✉ 16835
Kranenburg 28 A4, ✉ 47559
Kranichfeld 40 D6, ✉ 99448
Krebs 27 H2, ✉ 02906 Neudorf
Kreischa 43 H5, ✉ 01731
Kremmen 25 H3, ✉ 16766
Kreßberg 55 K6, ✉ 74594
Kressbronn 68 B4, ✉ 88079
Kretzschau 41 H4, ✉ 06712
Kreuzau 36 C6, ✉ 52372
Kreuzburg 24 D1, ✉ 19348
Kreuztal 37 I5, ✉ 57223
Krippen 43 H5, ✉ 01814
Krölpa 49 F1, ✉ 07387
Kröpelin 11 F6, ✉ 18236
Kröv 44 E6, ✉ 54536
Kronach 48 E4, ✉ 96317
Kronau 54 C5, ✉ 76709
Kronberg 46 C4, ✉ 61476
Kronshagen 9 H4, ✉ 24119
Kropp 9 F4, ✉ 24848
Kruft 45 F3, ✉ 56642
Krumbach 62 A6, ✉ 86381
Krummhörner Hof 50 D1, ✉ 09434
Krummhörn 13 G4, ✉ 26736
Kuchen 61 H3, ✉ 73329
Kübelberg, Schönenberg- 53 F4, ✉ 66901
Kühlungsborn 11 F5, ✉ 18225
Küllstedt 39 K3, ✉ 37359
Külsheim 55 G2, ✉ 97900
Kümmersbruck 57 H4, ✉ 92245
Künzell 47 H2, ✉ 36093
Künzelsau 55 H5, ✉ 74653
Küps 48 E4, ✉ 96328
Kürnbach 54 D6, ✉ 75057
Kürten 37 F4, ✉ 51515
Kues, Bernkastel- 45 F6, ✉ 54470
Küssaberg 67 F4, ✉ 79790
Küstrin-Kietz 26 D4, ✉ 15328
Kuhfelde 23 I3, ✉ 29416
Kuhs 17 I2, ✉ 18276
Kulmbach 49 F5, ✉ 95326
Kumhausen 63 I4, ✉ 84036
Kupferberg 49 F5, ✉ 95362
Kupferzell 55 H5, ✉ 74635
Kuppenheim 60 A2, ✉ 76456
Kusel 53 G3, ✉ 66869
Kyllburg 44 C5, ✉ 54655
Kyritz 24 E2, ✉ 16866

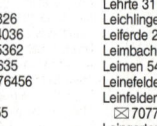

Laaber 57 H6, ✉ 93164
Laage 17 I1, ✉ 18299
Laatzen 31 I1, ✉ 30880
Laboe 9 I4, ✉ 24235
Ladbergen 29 I2, ✉ 49549
Ladenburg 54 C3, ✉ 68526
Lägerdorf 15 H1, ✉ 25566
Lähden 20 E5, ✉ 49774
Lämmerspiel 46 D5,
✉ 63165 Mühlheim
Laer 29 G3, ✉ 48366
Lage 30 D3, ✉ 32791
Lahnau 46 C2, ✉ 35633
Lahnstein 45 H3, ✉ 56112
Lahntal 38 D6, ✉ 35094
Lahr 59 I5, ✉ 77933
Lahstedt 31 K2, ✉ 31246
Laichingen 61 H4, ✉ 89150
Lam 58 C5, ✉ 93462
Lambrecht 53 I4, ✉ 67466
Lambsheim 54 B3, ✉ 67245
Lamerdingen 68 E2, ✉ 86823
Lampertheim 54 C3, ✉ 68623
Lamspringe 31 I4, ✉ 31195
Lanau 54 A5, ✉ 67829
Landau an der Isar 64 B3, ✉ 94405
Landau 53 I5, ✉*76829

Landsberg 33 H6, ✉ 06188
Landsberg 69 H2, ✉ 86899
Landshut 63 I4, ✉*84028
Landstuhl 53 G4, ✉ 66849
Landwüst 49 I4, ✉ 08258
Langburkersdorf 43 H4, ✉ 01844
Langebrück 43 G4, ✉ 01465
Langelsheim 31 K4, ✉ 38685
Langen 14 D3, ✉ 27607
Langen 46 C6, ✉ 63225
Langenargen 68 B4, ✉ 88085
Langenau 61 K4, ✉ 89129
Langenbach 49 H2, ✉ 07919
Langenberg 30 B5, ✉ 33449
Langenbernsdorf 41 I6, ✉ 08428
Langenburg 55 H5, ✉ 74595
Langeneichstädt 41 G3, ✉ 06268
Langenes 8 C2, ✉ 25863
Langenfeld 36 E4, ✉ 40764
Langenfeld 36 E4, ✉ 40764
Langenhagen 22 D6, ✉*30851
Langennernsdorf 43 G5, ✉ 01819
Langenhorn 8 D2, ✉ 25842
Langenlonsheim 45 I6, ✉ 55450
Langenprozelten 47 G5,
✉ 97737 Gemünden
Langenselbold 46 E4, ✉ 63505
Langensteinbach 60 C2,
✉ 76307 Karlsbad
Langenweddingen 33 F3, ✉ 39171
Langenzenn 56 C3, ✉ 90579
Langeoog 13 I2, ✉ 26465
Langewiesen 48 D1, ✉ 98704
Langgöns 46 D2, ✉ 35428
Langweid 62 C4, ✉ 86462
Lappersdorf 57 H6, ✉ 93138
Lassan 19 F1, ✉ 17440
Lastrup 20 D4, ✉ 49688
Laubach 46 E2, ✉ 35321
Laucha 41 G3, ✉ 06636
Lauchhammer 43 H1, ✉ 01979
Lauchheim 61 K2, ✉ 73466
Lauchringen 67 F4, ✉ 79787
Lauda-Königshofen 55 H3, ✉ 97922
Laudenbach 54 C2, ✉ 69514
Lauenau 31 G2, ✉ 31867
Lauenburg 16 B5, ✉ 21481
Lauenförde 31 F5, ✉ 37697
Lauenstein 43 G6, ✉ 01778
Lauf 56 E3, ✉ 91207
Lauf 59 K3, ✉ 77886
Laufach 47 F6, ✉ 63846
Laufen 71 I2, ✉ 83410
Laufen, Sulzbach- 61 I1, ✉ 74429
Laufenburg 66 E4, ✉ 79725
Lauffen 54 E6, ✉ 74348
Lauingen 62 B4, ✉ 89415
Laupheim 61 H6, ✉ 88471
Lauscha 48 D3, ✉ 98724
Lausitz 34 D6, ✉ 04924
Laußnitz 43 G3, ✉ 01936
Lauta 43 H2, ✉ 02991
Lautenthal 32 A4,
✉ 38685 Langelsheim
Lauter 50 B2, ✉ 08312
Lauterbach 47 F2, ✉ 36341
Lauterbach 52 D5,
✉ 66333 Völklingen
Lauterbach 60 B6, ✉ 78730
Lauterecken 53 G2, ✉ 67742
Lauterstein 61 I3, ✉ 73349
Lautertal 47 F2, ✉ 36369
Lautertal 54 D2, ✉ 64686
Lebach 52 D4, ✉ 66822
Lebus 26 D5, ✉ 15326
Lechbruck 69 G4, ✉ 86983
Leck 8 D1, ✉ 25917
Leegebruch 25 I4, ✉ 16767
Leer 13 I6, ✉ 26789
Leese 22 A5, ✉ 31633
Leeste 21 I2, ✉ 28844 Weyhe
Legau 68 E3, ✉ 87764
Legden 29 F3, ✉ 48739
Lehnin 34 K1, ✉ 14797
Lehre 32 B1, ✉ 38165
Lehrte 31 I1, ✉ 31275
Leichlingen 36 E4, ✉ 42799
Leiferde 23 F6, ✉ 38542
Leimbach 33 F6, ✉ 06268
Leimen 54 D4, ✉ 69181
Leinefelde 39 K3, ✉ 37327
Leinfelden-Echterdingen 60 E3, ✉ 70771
Leingarten 54 E5, ✉ 74211
Leinzell 61 I2, ✉ 73575
Leinefeld 61 K5, ✉ 89340
Leipzig 41 I2, ✉*04103
Leisnig 42 C4, ✉ 04703
Leißling 41 G4, ✉ 06667
Leitzkau 33 H3, ✉ 39279
Lemberg 53 H5, ✉ 66969
Lemgo 30 D3, ✉ 32657
Lemwerder 21 H1, ✉ 27809
Lendringsen 37 I2, ✉ 58710 Menden
Lengede 32 A2, ✉ 38268
Lengefeld 50 D1, ✉ 09514
Lengenfeld 49 I2, ✉ 08485
Lengerich 29 I2, ✉ 49525
Lenggries 70 C4, ✉ 83661
Lennestadt 38 A4, ✉ 57368
Lenningen 61 G4, ✉ 73252
Lensahn 10 B5, ✉ 23738
Lenzen 24 A1, ✉ 19309
Leonberg 30 E2, ✉ 71229
Leopoldshafen, Eggenstein- 54 B, ✉ 76344
Leopoldshöhe 30 D3, ✉ 33818
Letschin 26 D4, ✉ 15324
Lette 29 F4, ✉ 48653 Coesfeld
Letter 22 C6, ✉ 30926 Seelze
Letzlingen 24 B5, ✉ 39638
Leubnitz 49 I1, ✉ 08412
Leuenberg 26 B4, ✉ 16259
Leuna 41 H3, ✉ 06237

Leupoldsgrün 49 G 4, ✉ 95191
Leustetten 68 A 3, ✉ 88699 Frickingen
Leutenberg 49 F 2, ✉ 07338
Leutersdorf 27 H 5, ✉ 02794
Leutershausen 56 A 4, ✉ 91578
Leutesdorf 45 G 3, ✉ 56599
Leutkirch 68 D 3, ✉ 88299
Leverkusen 36 E 5, ✉ *51371
Levern 21 H 6, ✉ 32351 Stemwede
Libbenichen 26 D 5, ✉ 15306
Liblar 36 E 6, ✉ 50374 Erftstadt
Lich 46 D 2, ✉ 35423
Lichte 48 D 2, ✉ 98739
Lichtenau 38 D 1, ✉ 33165
Lichtenau 59 K 3, ✉ 77839
Lichtenberg 49 F 3, ✉ 95192
Lichtenfels 38 D 4, ✉ 35104
Lichtenfels 48 D 5, ✉ 96215
Lichtenstein 42 A 6, ✉ 09350
Lichtenstein 61 F 5, ✉ 72805
Lichtentanne 49 K 1, ✉ 08115
Lichterfelde 26 A 3, ✉ 16230
Liebenau 39 F 2, ✉ 34396
Liebenberg 25 I 2,
✉ 16775 Neulöwenberg
Liebenburg 32 A 3, ✉ 38704
Liebenwalde 25 I 3, ✉ 16559
Lieberose 35 H 3, ✉ 15868
Liebertwolkwitz 41 K 3, ✉ 04445
Lieblos 46 E 4, ✉ 63584 Gründau
Liederbach 46 C 5, ✉ 65835
Lienen 30 A 2, ✉ 49536
Liesborn 30 B 5, ✉ 59329 Wadersloh
Lieskau 35 F 5, ✉ 03238
Lietzow 12 C 3, ✉ 18528
Lietzow 25 G 4, ✉ 14641
Lilienthal 21 K 1, ✉ 28865
Limbach-Oberfrohna 42 B 6, ✉ 09212
Limberg 35 H 4, ✉ 03099
Limburg 45 K 3, ✉ *65549
Limburgerhof 54 B 4, ✉ 67117
Limeshain 46 E 4, ✉ 63694
Lindau 33 H 3, ✉ 39264
Lindau 68 B 5, ✉ 88131
Lindau, Katlenburg- 31 I 6, ✉ 37191
Lindberg 58 D 6, ✉ 94227
Linden 46 C 2, ✉ 35440
Lindenberg 68 C 4, ✉ 88161
Lindenfels 54 D 2, ✉ 64678
Lindenholzhausen 45 K 3,
✉ 65551 Limburg
Lindenthal 41 I 2, ✉ 04466
Lindern 20 E 3, ✉ 49699
Lindholm, Risum- 8 D 1, ✉ 25920
Lindhorst 31 F 1, ✉ 31698
Lindlar 37 G 5, ✉ 51789
Lindow 25 G 2, ✉ 16835
Lingen 20 C 5, ✉ *49808
Lingenfeld 54 B 5, ✉ 67360
Linken 19 H 4, ✉ 17322 Bismark
Linkenheim-Hochstetten 54 B 6,
✉ 76351
Linnich 36 B 5, ✉ 52441
Linow 25 G 1, ✉ 16831
Linsengericht 47 F 4, ✉ 63589
Lintfort, Kamp- 36 D 1, ✉ 47475
Lintorf 36 E 3, ✉ 40885 Ratingen
Linz 45 F 2, ✉ 53545
Lippborg 29 K 5, ✉ 59510 Lippetal
Lippetal 30 A 5, ✉ 59510
Lippstadt 30 B 5, ✉ *59555
Liptingen, Emmingen- 67 I 2, ✉ 78576
List 8 B 5, ✉ 25992
Lobenstein, Moorbad 49 F 3, ✉ 07356
Lobstädt 41 K 4, ✉ 04552
Loburg 33 H 2, ✉ 39279
Loccum, Rehburg- 22 A 5, ✉ 31547
Löbau 27 H 4, ✉ 02708
Löbnitz 11 K 4, ✉ 18314
Löcknitz 19 G 4, ✉ 17321
Löderburg 33 F 4, ✉ 39446
Löffingen 67 F 3, ✉ 79843
Löhnberg 46 B 2, ✉ 35792
Löhne 30 D 2, ✉ 32584
Löhsten 34 D 6, ✉ 04895
Löningen 20 E 4, ✉ 49624
Lörrach 66 C 4, ✉ *79539
Lößnitz 50 B 2, ✉ 08294
Löwenberg 25 H 2, ✉ 16775
Löwenstein 55 G 6, ✉ 74245
Lohfelden 39 G 3, ✉ 34253
Lohmar 37 F 6, ✉ 53797
Lohme 12 C 2, ✉ 18551
Lohne 21 G 4, ✉ 49393
Lohr 47 G 6, ✉ 97816
Lohra 46 C 1, ✉ 35102
Loitz 18 C 1, ✉ 17121
Lollar 46 D 1, ✉ 35457
Lommatzsch 42 D 3, ✉ 01623
Lonsee 61 I 4, ✉ 89173
Lorch 45 H 5, ✉ 65391
Lorch 61 H 2, ✉ 73547
Lorsch 54 C 2, ✉ 64653
Losheim 52 D 3, ✉ 66679
Loßburg 60 B 5, ✉ 72290
Lotte 29 I 1, ✉ 49504
Lubast 34 A 5, ✉ 06901 Ateritz
Lubmin 12 D 5, ✉ 17509
Lucka 41 I 4, ✉ 04613
Luckau 35 F 4, ✉ 15926
Luckenwalde 34 D 2, ✉ 14943
Ludweiler 52 D 5, ✉ 66333 Völklingen
Ludwigsau 39 H 5, ✉ 36251
Ludwigsburg 61 F 2, ✉ *71634
Ludwigsfelde 34 D 1, ✉ 14974
Ludwigshafen 54 B 3, ✉ *67059
Ludwigshafen, Bodman- 67 I 3,
✉ 78351
Ludwigslust 17 F 5, ✉ 19288
Ludwigsstadt 48 E 3, ✉ 96337
Lübbecke 30 C 1, ✉ 32312
Lübben 35 G 3, ✉ 15907
Lübbenau 35 G 4, ✉ 03222
Lübbinchen 35 I 3, ✉ 03172
Lübeck 16 C 2, ✉ *23552
Lübtheen 16 D 5, ✉ 19249
Lübz 17 H 4, ✉ 19386
Lüchow 23 I 2, ✉ 29439
Lüdenscheid 37 G 3, ✉ *58507
Lüdinghausen 29 G 5, ✉ 59348
Lüge 24 A 4, ✉ 29416 Fleetmark
Lülsdorf 36 E 6, ✉ 53859 Niederkassel
Lüneburg 16 B 6, ✉ *21335
Lünen 29 H 6, ✉ *44532
Lütjenburg 10 A 5, ✉ 24321
Lütte 34 A 2, ✉ 14806
Lützelbach 54 E 1, ✉ 64750
Lützen 41 I 3, ✉ 06686
Lützing, Brohl- 45 G 2, ✉ 56656
Lützow 16 E 3, ✉ 19209
Lugau 42 B 6, ✉ 09385
Luhe-Wildenau 57 I 3, ✉ 92706
Luisenthal 40 C 6, ✉ 99885
Lustadt 54 B 5, ✉ 67363
Lutheran 17 H 4, ✉ 19386
Lutherstadt Eisleben 41 F 1, ✉ 06295
Lutherstadt Wittenberg 34 A 4,
✉ 06886
Lutter 31 K 3, ✉ 38729
Lychen 18 D 6, ✉ 17279

M

Maasholm 9 H 2, ✉ 24404
Machern 42 A 2, ✉ 04827
Mackenrode 40 B 1, ✉ 99755
Mägdesprung 32 D 6,
✉ 06493 Harzgerode
Märkisch Buchholz 35 F 2, ✉ 15748
Magdala 41 F 5, ✉ 99441
Magdeburg 33 G 3, ✉ *39104
Magstadt 60 E 3, ✉ 71106
Mahlberg 59 I 6, ✉ 77972
Mahlow 25 I 6, ✉ 15831
Maikammer 54 A 4, ✉ 67487
Mainbernheim 55 K 2, ✉ 97350
Mainburg 63 G 3, ✉ 84048
Mainhardt 55 G 6, ✉ 74535
Mainhausen 46 E 6, ✉ 63533
Mainleus 48 E 5, ✉ 95336
Maintal 46 D 5, ✉ 63477
Mainz 46 B 6, ✉ *55116
Maisach 62 E 6, ✉ 82216
Malchin 18 A 2, ✉ 17139
Malchow 17 K 4, ✉ 17213
Malente 10 A 5, ✉ 23714
Mallersdorf-Pfaffenberg 63 I 2,
✉ 84066
Malliß 16 E 6, ✉ 19294
Malsch 54 C 5, ✉ 69254
Malsch 60 B 2, ✉ 76316
Malterdingen 66 D 1, ✉ 79364
Mammendorf 62 E 6, ✉ 82291
Manching 63 F 3, ✉ 85077
Mandelbachtal 52 E 5, ✉ 66399
Manderscheid 44 D 5, ✉ 54531
Mannheim 54 C 3, ✉ *68159
Mansfeld 32 E 6, ✉ 06343
Mantel 57 H 2, ✉ 92708
Marbach 61 F 2, ✉ 71672
Marburg 38 D 6, ✉ *35037
March 66 C 1, ✉ 79232
Marienbaum 28 C 5, ✉ 46509 Xanten
Marienberg 50 D 1, ✉ 09496
Marienheide 37 G 4, ✉ 51709
Marienmünster 31 F 4, ✉ 37696
Markdorf 68 A 4, ✉ 88677
Markersbach 50 C 2, ✉ 08352
Markersdorf 42 C 5, ✉ 09236
Markgrafpieske 26 B 6, ✉ 15528
Markgröningen 60 E 2, ✉ 71706
Markkleeberg 41 I 3, ✉ 04416
Markneukirchen 49 I 4, ✉ 08258
Markranstädt 41 I 3, ✉ 04420
Marksuhl 39 K 5, ✉ 99819
Markt Bibart 56 A 2, ✉ 91477
Marktbreit 55 K 2, ✉ 97340
Markt Erlbach 56 B 3, ✉ 91459
Marktheidenfeld 55 H 1, ✉ 97828
Markt Indersdorf 63 F 5, ✉ 85229
Marktleugast 49 G 4, ✉ 95352
Marktleuthen 49 H 5, ✉ 95168
Marktoberdorf 69 G 3, ✉ 87616
Marktredwitz 49 I 6, ✉ 95615
Markt Rettenbach 69 F 2, ✉ 87733
Marktrodach 48 E 4, ✉ 96364
Markt Schwaben 63 H 6, ✉ 85570
Marktsteft 55 K 2, ✉ 97342
Marl 29 F 5, ✉ *45768
Marlow 11 I 5, ✉ 18337
Marne 15 F 1, ✉ 25709
Maroldsweisach 48 B 4, ✉ 96126
Marpingen 52 E 3, ✉ 66646
Marquartstein 71 F 3, ✉ 83250
Marsberg 38 D 2, ✉ 34431
Marschacht 16 A 5, ✉ 21436
Marxzell 60 B 2, ✉ 76359
Marzahna 34 B 3, ✉ 14913
Maschen 15 K 5, ✉ 21220 Seevetal
Massen 29 H 6, ✉ 59427 Unna
Masserberg 48 C 2, ✉ 98666
Maulbronn 60 D 1, ✉ 75433
Maulburg 66 D 4, ✉ 79689
Maxdorf 54 B 3, ✉ 67133
Maxhütte-Haidhof 57 H 5, ✉ 93142
Maximiliansau 54 A 6, ✉ 76744 Wörth
Mayen 45 F 3, ✉ 56727
Mechernich 44 D 2, ✉ 53894
Mechterstädt 40 B 5, ✉ 99880
Meckenbeuren 68 B 4, ✉ 88074
Meckenheim 44 E 1, ✉ 53340
Meckenheim 54 B 4, ✉ 67149
Meckesheim 54 D 4, ✉ 74909
Medebach 38 D 4, ✉ 59964
Meeder 48 C 4, ✉ 96484
Meerane 42 A 6, ✉ 08393
Meerbusch 36 D 3, ✉ *40667
Meersburg 67 K 4, ✉ 88709
Mehlingen 53 I 3, ✉ 67678
Mehlis, Zella- 48 B 1, ✉ 98544
Mehr, Haffen- 28 C 5, ✉ 46459
Mehringen 33 F 5, ✉ 06456
Meichow 19 G 6, ✉ 17291
Meine 23 G 6, ✉ 38527
Meinerzhagen 37 H 4, ✉ 58540
Meinhard 39 I 4, ✉ 37276
Meiningen 48 A 2, ✉ 98617
Meisenheim 53 H 2, ✉ 55590
Meißen 42 E 4, ✉ 01662
Meißenheim 59 I 5, ✉ 77974
Meißner 39 I 4, ✉ 37290
Meitingen 62 C 4, ✉ 86405
Melaune 27 H 3, ✉ 02894
Melchow 26 A 3, ✉ 16230
Meldorf 8 E 6, ✉ 25704
Melle 30 B 2, ✉ *49324
Mellensee 34 E 2, ✉ 15806
Mellin 23 I 4, ✉ 38489
Mellrichstadt 47 K 3, ✉ 97638
Melpers 47 K 2, ✉ 98634
Melsungen 39 G 4, ✉ 34212
Memmelsdorf 48 D 6, ✉ 96117
Memmingen 68 E 2, ✉ 87700
Menden (Sauerland) 37 I 2, ✉ *58706
Mendig 45 F 3, ✉ 56743
Mengen 68 A 2, ✉ 88512
Mengersgereuth-Hämmern 48 D 3,
✉ 96529
Mengerskirchen 45 K 2, ✉ 35794
Menslage 20 E 4, ✉ 49637
Menteroda 40 B 3, ✉ 99996
Meppen 20 C 4, ✉ 49716
Mering 62 D 6, ✉ 86415
Merkendorf 56 C 5, ✉ 91732
Merkers 39 I 6, ✉ 36460
Merkers-Kieselbach 39 K 6, ✉ 36460
Merklingen 60 D 3,
✉ 71263 Weil der Stadt
Merseburg 41 G 3, ✉ 06217
Mertingen 62 C 3, ✉ 86690
Merxleben 40 B 4, ✉ 99947
Merzen 20 E 5, ✉ 49586
Merzenich 36 C 6, ✉ 52399
Merzig 52 C 3, ✉ 66663
Meschede 38 B 3, ✉ 59872
Mesendorf 24 D 1, ✉ 16928
Meßkirch 67 K 2, ✉ 88605
Meßstetten 67 I 1, ✉ 72469
Metelen 29 F 2, ✉ 48629
Mettingen 29 I 1, ✉ 49497
Mettmann 36 E 3, ✉ 40822
Metzingen 61 F 4, ✉ 72555
Meuselbach-Schwarzmühle 48 D 2,
✉ 98746
Meuselwitz 41 I 5, ✉ 04610
Meyenburg 17 I 5, ✉ 16945
Michelau 48 D 5, ✉ 96247
Michelbach an der Bilz 55 H 1,
✉ 74544
Michelfeld 55 H 6, ✉ 74545
Michelstadt 54 E 2, ✉ 64720
Michendorf 25 H 6, ✉ 14552
Miesau, Bruchmühlbach- 53 G 4,
✉ 66892
Miesbach 70 D 3, ✉ 83714
Miesenbach, Ramstein- 53 G 3,
✉ 66877
Mieste 23 I 5, ✉ 39649
Mihla 40 A 4, ✉ 99826
Mildenberg 25 I 2, ✉ 16775
Milow 24 E 5, ✉ 14715
Miltenberg 55 F 2, ✉ 63897
Mindelheim 69 F 2, ✉ 87719
Minden 30 D 1, ✉ *32423
Minfeld 53 K 6, ✉ 76872
Mirow 18 B 5, ✉ 17252
Mittelberg, Oy- 69 F 4, ✉ 87466
Mittelpöllnitz 49 G 1, ✉ 07819
Mittenaar 46 B 1, ✉ 35756
Mittenwald 69 K 5, ✉ 82481
Mittenwalde (Uckermark) 18 E 6,
✉ 17268
Mitterteich 49 I 6, ✉ 95666
Mittweida 42 C 5, ✉ 09648
Mittweide 35 H 2, ✉ 15848
Mitwitz 48 E 4, ✉ 96268
Mockrehna 42 B 1, ✉ 04838
Modautal 54 D 2, ✉ 64397
Möckern 33 H 2, ✉ 39291
Möckers 48 A 1, ✉ 98590
Möckmühl 55 F 4, ✉ 74219
Mödlich 23 K 1, ✉ 19309 Wooz
Mögelin 24 E 5, ✉ 14715
Mögglingen 61 I 2, ✉ 73563
Möglingen 60 E 2, ✉ 71696
Möhnesee 37 K 2, ✉ 59519
Möhringen 67 H 2, ✉ 78532 Tuttlingen
Mölkau 41 K 3, ✉ 04457
Mölln 16 C 3, ✉ 23879
Mömbris 46 E 5, ✉ 63776
Mömlingen 54 E 1, ✉ 63853
Mönchengladbach 36 C 3, ✉ *41061
Mörfelden-Walldorf 46 C 6, ✉ 64546
Mörlenbach 54 D 3, ✉ 69509
Moers 36 D 2, ✉ *47441
Mörsch 60 B 1, ✉ 76287 Rheinstetten
Möseln 42 B 4, ✉ 04680 Colditz
Mössingen 60 E 5, ✉ 72116
Mötzow 25 F 5, ✉ 14778
Mohorn 42 E 5, ✉ 01723
Molfsee 9 I 5, ✉ 24113
Monheim 36 E 4, ✉ 40789
Monreal 45 F 4, ✉ 56729
Monschau 44 B 2, ✉ 52156
Monsheim 53 K 2, ✉ 67590
Montabaur 45 H 3, ✉ 56410
Moorgrund 39 K 6, ✉ 36433
Moormerland 13 H 5, ✉ 26802
Moosburg 63 H 4, ✉ 85368
Moosinning 63 H 6, ✉ 85452
Morbach 53 F 1, ✉ 54497
Morgenröthe-Rautenkranz 50 A 3,
✉ 08262
Moringen 31 H 5, ✉ 37186
Morsbach 37 H 6, ✉ 51597
Morschen 39 H 4, ✉ 34326
Morschheim 53 I 2, ✉ 67294
Mosbach 55 F 4, ✉ 74821
Mosel 42 A 6, ✉ 08129
Mossautal 54 D 2, ✉ 64756
Much 37 G 5, ✉ 53804
Mudersbach 37 I 6, ✉ 57555
Mücheln 41 G 3, ✉ 06249
Mücke 46 E 2, ✉ 35325
Müden 23 F 5, ✉ 38539
Mügeln 42 C 3, ✉ 04769
Mühlacker 60 D 1, ✉ 75417
Mühlau 42 B 5, ✉ 09241
Mühlbach, Rieschweiler- 53 G 5,
✉ 66509
Mühlberg 42 D 2, ✉ 04931
Mühldorf 64 B 6, ✉ 84453
Mühlhausen 40 B 4, ✉ 99974
Mühlhausen 54 D 5, ✉ 69242
Mühlhausen 57 F 5, ✉ 92360
Mühlhausen-Ehingen 67 H 3, ✉ 78259
Mühlheim 46 D 5, ✉ 63165
Mühlheim 67 H 2, ✉ 78570
Mühlhofen, Uhldingen- 67 K 4,
✉ 88690
Mühltal 54 D 1, ✉ 64367
Mühltroff 49 G 2, ✉ 07919
Mülheim 36 E 2, ✉ *45481
Mülheim-Kärlich 45 G 3, ✉ 56218
Müllheim 66 C 3, ✉ 79379
Müllrose 35 H 1, ✉ 15299
Münchberg 49 G 4, ✉ 95213
Müncheberg 26 B 5, ✉ 15374
München 70 C 1, ✉ *80331
Münchenbernsdorf 41 H 6, ✉ 07589
Münchhausen 35 F 5, ✉ 03238
Münchingen, Korntal- 60 E 2, ✉ 70825
Münchweiler an der Rodalbe 53 H 5,
✉ 66981
Münnerstadt 47 K 4, ✉ 97702
Münsingen 61 G 5, ✉ 72525
Münster 29 H 4, ✉ *48143
Münster 46 D 6, ✉ 64839
Münster-Sarmsheim 45 I 6, ✉ 55424
Münstertal/Schwarzwald 66 D 3,
✉ 79244
Münzenberg 46 D 3, ✉ 35516
Mürlenbach 44 C 4, ✉ 54570
Muggensturm 60 B 2, ✉ 76461
Muhr am See 56 C 6, ✉ 91735
Muldenstein 33 I 5, ✉ 06804
Munderkingen 61 H 6, ✉ 89597
Munster 22 E 2, ✉ 29633
Murg 66 F 5, ✉ 79730
Murnau 69 I 4, ✉ 82418
Murrhardt 61 G 1, ✉ 71540
Mutterstadt 54 B 4, ✉ 67112
Mutzschen 42 C 3, ✉ 04688

N

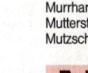

Nabburg 57 I 3, ✉ 92507
Nachrodt-Wiblingwerde 37 H 3,
✉ 58769
Nackenheim 46 B 6, ✉ 55299
Nagel 49 H 6, ✉ 95697
Nagold 60 D 4, ✉ 72202
Nahetal 48 C 2, ✉ 98553
Nahrstedt 24 C 5, ✉ 39599
Naila 49 G 3, ✉ 95119
Nassau 42 E 6, ✉ 09623 Frauenstein
Nassau 45 H 4, ✉ 56377
Nassenheide 25 H 3, ✉ 16515
Nastätten 45 I 4, ✉ 56355
Natternberg 64 C 2,
✉ 94469 Deggendorf
Nattheim 61 K 3, ✉ 89564
Nauen 25 G 4, ✉ 14641
Nauheim 46 C 6, ✉ 64569
Naumburg 38 E 3, ✉ 34311
Naumburg 41 G 4, ✉ 06618
Naunhof 42 A 3, ✉ 04683
Nebel 8 B 2, ✉ 25946
Nebra 41 F 3, ✉ 06642
Neckarbischofsheim 54 E 4, ✉ 74924
Neckarelz 54 E 4, ✉ 74821 Mosbach
Neckargemünd 54 D 4, ✉ 69151
Neckargerach 54 E 4, ✉ 69437
Neckarhausen, Edingen- 54 C 3,
✉ 68535
Neckarrems 61 F 2, ✉ 71686 Remseck
Neckarsteinach 54 D 4, ✉ 69239
Neckarsulm 55 F 5, ✉ 74172
Neckartenzlingen 61 F 4, ✉ 72654
Neckarweihingen 61 F 2,
✉ 71640 Ludwigsburg
Neckeroda 40 E 6, ✉ 07407
Neddemin 18 D 3, ✉ 17039
Nellingen 61 F 3, ✉ 73760 Ostfildern
Nerchau 42 B 3, ✉ 04685
Neresheim 62 A 3, ✉ 73450
Nesselwang 69 F 4, ✉ 87484
Netphen 37 K 5, ✉ 57250
Nettersheim 44 C 2, ✉ 53947
Nettetal 36 B 3, ✉ 41334
Netzschkau 49 I 2, ✉ 08491
Neuärgerniß 49 H 1, ✉ 07957
Neu-Anspach 46 C 4, ✉ 61267
Neubeckum 29 K 5, ✉ 59269 Beckum
Neuberg 46 E 4, ✉ 63543
Neubiberg 70 C 1, ✉ 85579
Neubrandenburg 18 D 3, ✉ *17033
Neubukow 11 F 6, ✉ 18233
Neubulach 60 C 3, ✉ 75387
Neuburg an der Donau 62 E 3,
✉ 86633
Neudenau 55 F 5, ✉ 74861
Neudorf, Graben- 54 B 5, ✉ 76676
Neuehütten 33 I 2, ✉ 14827
Neuenbürg 60 C 2, ✉ 75305
Neuenburg 14 A 5, ✉ 26340 Zetel
Neuenburg 66 C 3, ✉ 79395
Neuendettelsau 56 C 5, ✉ 91564
Neuendorf 12 A 3, ✉ 18528 Parchtitz
Neuenhagen 25 K 5, ✉ 15366
Neuenhaus 20 B 5, ✉ 49828
Neuenkirchen 14 E 2, ✉ 21763
Neuenkirchen 22 C 2, ✉ 29643
Neuenkirchen 29 G 2, ✉ 48485
Neuenrade 37 I 3, ✉ 58809
Neuenstadt 55 F 5, ✉ 74196
Neuenstein 39 G 6, ✉ 36286
Neuenstein 55 G 5, ✉ 74632
Neuental 39 F 5, ✉ 34599
Neuenweg 66 D 3, ✉ 79691
Neuerburg 44 B 5, ✉ 54673
Neu Fahrland 25 H 5, ✉ 14476
Neufahrn 63 G 5, ✉ 85375
Neufahrn in Niederbayern 63 I 3,
✉ 84088
Neuffen 61 F 4, ✉ 72639
Neugattersleben 33 G 4, ✉ 06429
Neugersdorf 27 H 4, ✉ 02727
Neuglobsow 18 C 6, ✉ 16775
Neuhardenberg 26 C 4, ✉ 15320
Neuhaus 16 D 5, ✉ 19273
Neuhaus 57 F 2, ✉ 91284
Neuhaus am Inn 64 E 4, ✉ 94152
Neuhaus am Rennweg 48 D 2,
✉ 98724
Neuhausen 50 E 1, ✉ 09544
Neuhausen 61 F 3, ✉ 73765
Neuhausen 61 F 4, ✉ 72555 Metzingen
Neuhaus-Schierschnitz 48 E 4,
✉ 96524
Neuhof 19 G 1,
✉ 17424 Seebad Heringsdorf
Neuhof 47 H 3, ✉ 36119
Neuhofen 54 B 4, ✉ 67141
Neu-Isenburg 46 D 5, ✉ 63263
Neukalen 18 B 2, ✉ 17154
Neu Kaliß 16 E 6, ✉ 19294
Neukirch 43 I 4, ✉ 01904
Neukirchen 39 F 6, ✉ 34626
Neukirchen 41 I 6, ✉ 08459
Neukirchen 42 C 6, ✉ 09221
Neukirchen-Vluyn 36 C 2, ✉ 47506
Neukloster 17 G 2, ✉ 23992
Neu Kosenow 18 E 2, ✉ 17398
Neukünkendorf 26 B 2, ✉ 16278
Neuler 61 I 2, ✉ 73491
Neulingen 60 C 1, ✉ 75245
Neulöwenberg 25 I 2, ✉ 16775
Neu Lübbenau 35 G 2, ✉ 15910
Neumagen-Dhron 44 E 6, ✉ 54347
Neumark 40 E 4, ✉ 99439
Neumark 49 I 1, ✉ 08496
Neumarkt 57 F 5, ✉ 92318
Neumarkt-Sankt Veit 64 B 5, ✉ 84494
Neumünster 9 H 6, ✉ *24534
Neunburg vorm Wald 57 K 4, ✉ 92431
Neundorf 33 F 4, ✉ 39418
Neunhofen 49 G 1, ✉ 07806
Neunkirchen 37 I 6, ✉ 57290
Neunkirchen 53 F 4, ✉ *66538
Neunkirchen am Brand 56 E 2,
✉ 91077
Neunkirchen-Seelscheid 37 G 6,
✉ 53819
Neuötting 64 B 6, ✉ 84524
Neupetershain 35 H 5, ✉ 03103
Neuried 59 I 4, ✉ 77743
Neuried 70 B 1, ✉ 82061
Neuruppin 25 G 2, ✉ 16816
Neusäß 62 C 5, ✉ 86356
Neu Schloen 18 B 4, ✉ 17192
Neusorg 49 H 6, ✉ 95700
Neusorge 27 I 2, ✉ 02929 Lodenau
Neuss 36 D 3, ✉ *41460
Neustadt 10 B 6, ✉ 23730
Neustadt 38 E 6, ✉ 35279
Neustadt 45 G 1, ✉ 53577
Neustadt 48 D 4, ✉ 96465
Neustadt 61 F 2, ✉ 71336 Waiblingen
Neustadt, Titisee- 67 F 2, ✉ 79822
Neustadt am Kulm 57 C 1, ✉ 95514
Neustadt am Rennsteig 48 C 2,
✉ 98701
Neustadt am Rübenberge 22 B 5,
✉ 31535
Neustadt an der Aisch 56 B 3, ✉ 91413
Neustadt an der Donau 63 G 2,
✉ 93333
Neustadt an der Orla 49 G 1, ✉ 07806
Neustadt an der Waldnaab 57 I 2,
✉ 92660
Neustadt an der Weinstraße 54 A 4,
✉ *67433
Neustadt-Glewe 17 F 5, ✉ 19306
Neustrelitz 18 C 5, ✉ 17235
Neuthard, Karlsdorf- 54 C 6, ✉ 76689
Neutraubling 63 I 1, ✉ 93073
Neutrebbin 26 C 4, ✉ 15320
Neu-Ulm 61 I 5, ✉ *89231
Neuwegersleben 32 D 3, ✉ 39387
Neu Wendischthun 16 C 5, ✉ 19273
Neuwied 45 G 3, ✉ *56564
Neuwürschnitz 50 B 1, ✉ 09397
Neu Wulmstorf 15 I 4, ✉ 21629
Neuzelle 35 K 2, ✉ 15898
Neu Zittau 26 A 6, ✉ 15537
Nidda 46 E 3, ✉ 63667
Niddatal 46 D 4, ✉ 61194
Nidderau 46 D 4, ✉ 61130
Niebüll 8 D 1, ✉ 25899
Niedenstein 39 F 3, ✉ 34305
Niederau 42 E 3, ✉ 01689
Niederaula 39 H 6, ✉ 36272
Niederfischbach 37 I 6, ✉ 57572
Niedergurig 27 G 3, ✉ 02694
Niederjesar 26 D 5, ✉ 15306
Niederkassel 36 E 6, ✉ 53859
Niederkrüchten 36 B 3, ✉ 41372
Niederlehme 26 A 6, ✉ 15751
Niedermark 20 I 2, ✉ 49170 Hagen
Nieder-Mörlen 46 D 3,
✉ 61231 Bad Nauheim
Niederndodeleben 33 F 2, ✉ 39167
Niedernhall 55 H 5, ✉ 74676
Niedernhausen 46 B 5, ✉ 65527
Niederoderwitz 27 H 5, ✉ 02791
Nieder-Olm 46 A 6, ✉ 55268
Niederorschel 40 A 3, ✉ 37355
Nieder-Ramstadt 54 D 1,
✉ 64367 Mühltal
Nieder-Roden 46 D 6,
✉ 63110 Rodgau
Niedersachswerfen 32 C 6, ✉ 99762
Niederschöna 42 E 5, ✉ 09600
Niederstetten 55 I 4, ✉ 97996
Niederstotzingen 61 K 4, ✉ 89168
Niederwerrn 47 K 5, ✉ 97464
Niederwiesa 42 C 6, ✉ 09577
Niederwürschnitz 42 B 6, ✉ 09399
Niederwürzbach 53 F 5,
✉ 66440 Bliskastel
Niederzier 36 C 5, ✉ 52382
Niefern-Öschelbronn 60 D 2, ✉ 75223
Nieheim 30 E 5, ✉ 33039
Niemegk 34 B 3, ✉ 14823
Nienburg 22 A 4, ✉ 31582
Nienburg 33 G 4, ✉ 06429
Nienhagen 11 G 5, ✉ 18211
Nierstein 46 B 6, ✉ 55283
Niesky 27 I 3, ✉ 02906
Niestetal 39 G 3, ✉ 34266
Nittenau 57 I 5, ✉ 93149
Nittendorf 57 H 6, ✉ 93152
Nördlingen 62 B 2, ✉ 86720
Nörten-Hardenberg 31 I 6, ✉ 37176
Nörvenich 36 D 6, ✉ 52388
Norddeich 13 G 3, ✉ 26506 Norden
Norddeich 8 D 5, ✉ 25764
Norden 13 H 3, ✉ 26506
Nordenham 14 C 4, ✉ 26954
Norderney 13 G 2, ✉ 26548
Norderstedt 15 K 3, ✉ *22844
Nordgermersleben 32 E 2, ✉ 39343
Nordhalben 49 F 3, ✉ 96365
Nordhausen 40 C 2, ✉ 99734
Nordheim 54 E 6, ✉ 74226
Nordholz 14 D 2, ✉ 27637
Nordhorn 20 B 5, ✉ *48527
Nordkirchen 29 G 5, ✉ 59394
Nordstrand 8 D 3, ✉ 25845
Nordwalde 29 H 3, ✉ 48356
Northeim 31 I 5, ✉ 37154
Nortorf 9 H 5, ✉ 24589
Nossen 42 D 4, ✉ 01683
Nottuln 29 G 4, ✉ 48301
Nüdlingen 47 K 4, ✉ 97720
Nümbrecht 37 G 5, ✉ 51588
Nürburg 44 E 3, ✉ 53520
Nürnberg 56 D 4, ✉ *90402
Nürtingen 61 F 4, ✉ 72622
Nüsttal 47 H 2, ✉ 36167
Nunkirchen 52 D 3, ✉ 66687 Wadern
Nußloch 54 D 4, ✉ 69226
Nuthe-Urstromtal 34 C 2, ✉ 14943

O

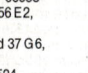

Oberammergau 69 I 4, ✉ 82487
Oberasbach 56 D 4, ✉ 90522
Oberau 69 I 5, ✉ 82496
Oberaudorf 70 E 4, ✉ 83080
Oberaula 39 G 6, ✉ 36280
Oberaurach 48 B 6, ✉ 97514
Oberaußem 36 D 5, ✉ 50129 Bergheim
Oberboihingen 61 F 3, ✉ 72644
Obercunnersdorf 27 H 4, ✉ 02708
Oberderdingen 54 D 6, ✉ 75038
Oberding 63 H 5, ✉ 85445
Obererlenbach 46 D 4,
✉ 61352 Bad Homburg
Oberfrohna, Limbach- 42 B 6,
✉ 09212
Obergünzburg 69 F 3, ✉ 87634
Obergurig 43 I 3, ✉ 02692
Oberhaching 70 C 2, ✉ 82041
Oberhäslich 43 F 5, ✉ 01744
Oberhaid 48 C 6, ✉ 96173
Oberhain 42 B 5, ✉ 07426
Oberharmersbach 60 A 5, ✉ 77784
Oberhaunstadt 63 F 2,
✉ 85055 Ingolstadt
Oberhausen 36 E 2, ✉ *46045
Oberhausen-Rheinhausen 54 C 5,
✉ 68794
Oberhof 48 C 1, ✉ 98559
Oberhollerau 64 A 3,
✉ 84164 Moosthenning
Oberilm 48 D 1, ✉ 99326 Stadtilm
Oberjoch 69 F 5, ✉ 87541 Hindelang
Oberkirch 59 K 4, ✉ 77704
Oberkirchen 38 B 4,
✉ 57392 Schmallenberg
Oberkirchen 53 F 3, ✉ 66629 Freisen
Oberkochen 61 I 3, ✉ 73447
Oberkotzau 49 H 4, ✉ 95145
Oberlichtenau 43 G 3, ✉ 01936
Oberlungwitz 42 B 6, ✉ 09353
Obermarchtal 61 G 6, ✉ 89611
Ober-Mörlen 46 C 3, ✉ 61239
Obernau 46 E 6,
✉ 63743 Aschaffenburg
Obernburg 54 E 1, ✉ 63785
Oberndorf am Neckar 60 C 6, ✉ 78727
Obernkirchen 31 F 2, ✉ 31683
Obernzell 65 G 4, ✉ 94130
Obernzenn 56 B 4, ✉ 91619
Oberoderwitz 27 H 5, ✉ 02744
Ober-Olm 46 A 6, ✉ 55270
Oberpirk 49 H 2, ✉ 08539 Mehltheuer
Oberpleis 45 F 1,
✉ 53639 Königswinter
Ober-Ramstadt 54 D 1, ✉ 64372
Oberried 66 D 2, ✉ 79254
Oberröblingen 40 E 2, ✉ 06528
Oberrot 61 H 1, ✉ 74420
Oberschleißheim 63 F 6, ✉ 85764
Oberschöna 42 D 5, ✉ 09600
Obersontheim 55 I 6, ✉ 74423
Oberstdorf 68 E 6, ✉ 87561
Oberstein, Idar- 53 F 2, ✉ 55743

Obersulm 55 G6, ⊠74182
Oberthal 52 E3, ⊠66649
Obertraubling 63 I1, ⊠93083
Obertshausen 46 D5, ⊠63179
Oberursel 46 C4, ⊠61440
Oberviechtach 57 K3, ⊠92526
Oberweiler 44 C5, ⊠54636
Oberweißbach 48 D2, ⊠98744
Oberwesel 45 H5, ⊠55430
Oberweser 31 G6, ⊠34399
Oberwiesenthal 50 C3, ⊠09484
Oberwolfach 60 A5, ⊠77709
Obhausen 41 F2, ⊠06268
Obing 71 F2, ⊠83119
Obrigheim 54 B3, ⊠67283
Obrigheim 54 E4, ⊠74847
Ochsenfurt 55 I2, ⊠97199
Ochsenhausen 68 D1, ⊠88416
Ochtendung 45 G3, ⊠56299
Ochtrup 29 F2, ⊠48607
Odenheim 54 D5, ⊠76684 Östringen
Odenthal 37 F5, ⊠51519
Oderberg 26 B2, ⊠16248
Odernheim 53 H1, ⊠55571
Oebisfelde 23 I6, ⊠39646
Oechsen 47 I1, ⊠36404
Oederan 42 D6, ⊠09569
Oedheim 55 F5, ⊠74229
Oeding 28 E3, ⊠46354 Südlohn
Oedt 36 C2, ⊠47929 Grefrath
Oeffingen 61 F2, ⊠70736 Fellbach
Öhringen 55 G5, ⊠74613
Ölbronn-Dürrn 60 D1, ⊠75248
Oelde 30 A4, ⊠59302
Oelsen 43 G6, ⊠01816
Oelsnitz 49 I3, ⊠08606
Oelsnitz 50 B1, ⊠09376
Oer-Erkenschwick 29 F5, ⊠45739
Oerlinghausen 30 D4, ⊠33813
Öschelbronn, Niefern- 60 D2, ⊠75223
Oesede 30 A2, ⊠49124 Georgsmarienhütte
Oestrich-Winkel 45 I6, ⊠65375
Östringen 54 D5, ⊠76684
Oettern 40 E5, ⊠99438
Oettingen 62 B1, ⊠86732
Offenbach 54 A5, ⊠76877
Offenbach am Main 46 D5, ⊠*63065
Offenburg 59 K4, ⊠*77652
Offingen 62 A4, ⊠89362
Offerdingen 60 E5, ⊠72131
Oftersheim 54 C4, ⊠68723
Ohlsbach 59 K5, ⊠77797
Ohlstadt 69 K4, ⊠82441
Ohrdruf 40 C6, ⊠99885
Okrilla, Ottendorf 43 F3, ⊠01458
Olbernhau 50 E1, ⊠09526
Olbersdorf 27 H5, ⊠02785
Olbersleben 40 E4, ⊠99628
Olching 62 E6, ⊠82140
Oldenburg 10 C5, ⊠23758
Oldenburg 14 C6, ⊠*26121
Oldisleben 40 D3, ⊠06578
Olfen 29 G5, ⊠59399
Olpe 37 I5, ⊠57462
Olsberg 38 C3, ⊠59939
Onstmettingen 60 E6, ⊠72461 Albstadt
Oppach 27 G4, ⊠02736
Oppenau 60 A4, ⊠77728
Oppenheim 54 B1, ⊠55276
Oppenweiler 61 G1, ⊠71570
Oranienbaum 33 I5, ⊠06785
Oranienburg 25 I3, ⊠16515
Ording, Sankt Peter- 8 C4, ⊠25826
Orlamünde 41 F6, ⊠07768
Ornbau 56 B5, ⊠91737
Orscholz 52 C3, ⊠66693 Mettlach
Ortenberg 46 E3, ⊠63683
Ortenberg 59 I4, ⊠77799
Ortenburg 64 E4, ⊠94496
Ortrand 43 F2, ⊠01990
Oschatz 42 D3, ⊠04758
Oschersleben 32 E3, ⊠39387
Osnabrück 30 B1, ⊠*49074
Ostbevern 29 I3, ⊠48346
Ostenfelde 30 A4, ⊠59320 Ennigerloh
Osterburg 24 C3, ⊠39606
Osterburken 55 G4, ⊠74706
Osterfeld 41 G4, ⊠06721
Osterhofen 64 D3, ⊠94486
Osterholz-Scharmbeck 14 E6, ⊠27711
Osternienburg 33 H5, ⊠06386
Osterode 32 A5, ⊠37520
Osterrönfeld 9 G5, ⊠24783
Osterwieck 32 C4, ⊠38835
Ostfildern 61 F3, ⊠73760
Ostheim 46 E4, ⊠61130 Nidderau
Osthofen 54 B2, ⊠67574
Ostrach 68 A2, ⊠88356
Ostrau 42 D3, ⊠04749
Ostrhauderfehn 20 E1, ⊠26842
Ostritz 27 I4, ⊠02899
Oststeinbek 16 A4, ⊠22113
Ottendorf-Okrilla 43 F3, ⊠01458
Ottenhöfen 60 A4, ⊠77883
Otterbach 53 H3, ⊠67731
Otterberg 53 H3, ⊠67697
Otterndorf 14 E2, ⊠21762
Ottersberg 22 A1, ⊠28870
Otterstadt 54 B4, ⊠67166
Ottersweier 60 A3, ⊠77833
Ottmarsbocholt 29 H4, ⊠48308 Senden
Ottobeuren 68 E2, ⊠87724
Ottobrunn 70 C1, ⊠85521
Ottweiler 53 F4, ⊠66564
Otzberg 54 E1, ⊠64853
Overath 37 F5, ⊠51491
Owen 61 G4, ⊠73277
Owschlag 9 G4, ⊠24811
Oy-Mittelberg 69 F4, ⊠87466
Oyten 21 K2, ⊠28876

P

Paderborn 30 D5, ⊠*33098
Pätschow 18 E1, ⊠17390 Groß Polzin
Pätz 34 E2, ⊠15741
Palenberg, Übach- 36 B5, ⊠52531
Panitzsch 41 K2, ⊠04451
Papenburg 20 D1, ⊠26871
Papendorf 19 F4, ⊠17309
Pappenheim 62 D2, ⊠91788
Pappenheim 62 D2, ⊠91788
Parchen 24 D6, ⊠39307
Parchim 17 H4, ⊠19370
Parsberg 57 G5, ⊠92331
Partenkirchen, Garmisch- 69 I5, ⊠82467
Partenstein 47 G5, ⊠97846
Pasewalk 19 G3, ⊠17309
Passau 65 F3, ⊠*94032
Pattensen 31 H2, ⊠30982
Paulinzella 48 D1, ⊠07422
Peckelsheim 38 E1, ⊠34439 Willebadessen
Pegau 41 I4, ⊠04523
Pegnitz 57 F2, ⊠91257
Peine 31 K1, ⊠*31224
Peißen 33 G5, ⊠06408
Peißenberg 69 I3, ⊠82380
Peiting 69 H3, ⊠86971
Peitz 35 I4, ⊠03185
Pellworm 8 C3, ⊠25849
Penig 42 B5, ⊠09322
Penkun 19 H5, ⊠17328
Pennewitz 48 D1, ⊠98708
Penzberg 69 K3, ⊠82377
Penzlin 18 C4, ⊠17217
Perleberg 24 C2, ⊠19348
Pernitz 34 A1, ⊠14778
Pessin 25 F4, ⊠14641
Petersaurach 56 C4, ⊠91580
Petersberg 47 H2, ⊠36100
Petershagen 21 K6, ⊠32469
Petershagen-Eggersdorf 26 A5, ⊠15370
Petkus 34 D3, ⊠14913
Pfaffenberg, Mallersdorf- 63 I2, ⊠84066
Pfaffenhausen 69 F1, ⊠87772
Pfaffenhofen an der Ilm 63 F4, ⊠85276
Pfaffenhofen an der Roth 61 K5, ⊠89284
Pfaffroda 50 E1, ⊠09526
Pfahlbronn 61 H2, ⊠73553 Alfdorf
Pfalzgrafenweiler 60 C4, ⊠72285
Pfarrkirchen 64 C4, ⊠84347
Pfedelbach 55 G5, ⊠74629
Pfinztal 54 C6, ⊠76327
Pflaumheim 46 E6, ⊠63762 Großostheim
Pforzheim 60 D2, ⊠*75172
Pfreimd 57 I3, ⊠92536
Pfronten 69 F5, ⊠87459
Pfullendorf 68 A2, ⊠88630
Pfullingen 61 F5, ⊠72793
Pfungstadt 54 C1, ⊠64319
Philippsburg 54 B5, ⊠76661
Philippsreut 65 G2, ⊠94158
Philippsthal 39 I6, ⊠36269
Piesau 48 E2, ⊠98739
Pieskow, Bad Saarow- 35 G1, ⊠15526
Piesport 44 E6, ⊠54498
Pinneberg 15 I3, ⊠25421
Pippelsdorf 48 E2, ⊠07330 Königsthal
Pirk 49 H3, ⊠08538 Großzöbern
Pirmasens 53 H5, ⊠*66953
Pirna 43 G5, ⊠01796
Planegg 69 K1, ⊠82152
Plankstadt 54 C4, ⊠68723
Plattow 26 C4, ⊠15306
Plattling 64 C2, ⊠94447
Plau 17 I4, ⊠19395
Plaue 40 C6, ⊠99338
Plauen 49 H2, ⊠*08523
Pleinfeld 56 D6, ⊠91785
Plessa 43 F2, ⊠04928
Plettenberg 37 I3, ⊠58840
Pleystein 57 K2, ⊠92714
Plochingen 61 G3, ⊠73207
Plön 9 K5, ⊠24306
Plötzkau 33 F5, ⊠06425
Plotzen 27 G4, ⊠02627 Hochkirch
Plüderhausen 61 G2, ⊠73655
Pocking 64 E5, ⊠94060
Podelzig 26 D5, ⊠15326
Pöcking 69 K2, ⊠82343
Pöllnitz 41 H6, ⊠07570
Pößneck 49 F1, ⊠07381
Pöttmes 62 D4, ⊠86554
Poggendorf 12 B6, ⊠18516
Pohlheim 46 D2, ⊠35415
Polch 45 F4, ⊠56751
Polleben 33 F6, ⊠06295
Polzow 19 G4, ⊠17309
Pomßen 42 A3, ⊠04668
Pondorf 63 F1, ⊠93336 Altmannstein
Ponitz 24 D2, ⊠19348
Porst 33 H5, ⊠06369
Porta Westfalica 30 E2, ⊠32457
Potsdam 25 H5, ⊠*14467
Pottenstein 57 F1, ⊠91278
Pouch 33 I6, ⊠06774
Pramort 11 K3, ⊠18374
Prechtal 59 K6, ⊠79215 Elzach
Preetz 9 I5, ⊠24211
Premnitz 24 E5, ⊠14727
Prenzlau 19 F5, ⊠17291
Prerow 11 I3, ⊠18375
Pressath 57 H1, ⊠92690
Pressig 48 E3, ⊠96332
Pretzsch 34 B5, ⊠06909
Preußisch Oldendorf 30 C1, ⊠32361
Preußnitz 33 K2, ⊠14806
Prichsenstadt 56 A1, ⊠97357
Prien 71 F3, ⊠83209
Primstal 52 E3, ⊠66620 Nonnweiler
Pritzerbe 25 F5, ⊠14798
Pritzier 16 D5, ⊠19230
Pritzwalk 17 I6, ⊠16928
Probstzella 48 E2, ⊠07330
Prosigk 33 H5, ⊠06369
Prüm 44 B4, ⊠54595
Puchheim 69 K1, ⊠82178
Puchheim-Ort 69 K1, ⊠82178
Püggen 23 I4, ⊠29416
Püttlingen 52 D4, ⊠66346
Pulheim 36 D5, ⊠50259
Pullach 70 B1, ⊠82049
Pulsen 42 E2, ⊠01609
Pulsnitz 43 G3, ⊠01896
Putbus 12 C4, ⊠18581
Putlitz 17 H6, ⊠16949
Puttgarden 10 D3, ⊠23769
Putzkau 43 H4, ⊠01877

Q

Quakenbrück 21 F4, ⊠49610
Quast 33 H3, ⊠39264 Lindau
Quedlinburg 32 D5, ⊠06484
Quellendorf 33 H5, ⊠06386
Querfurt 41 F2, ⊠06268
Quersa 43 F3, ⊠01561
Quickborn 15 I3, ⊠25451
Quierschied 52 E4, ⊠66287

R

Rabenau 46 D1, ⊠35466
Rachtig, Zeltingen- 44 E6, ⊠54492
Raddingsdorf 16 D2, ⊠19217
Radeberg 43 G4, ⊠01454
Radebeul 43 F4, ⊠01445
Radeburg 43 F3, ⊠01471
Radegast 33 H5, ⊠06369
Radevormwald 37 G3, ⊠42477
Radolfzell 67 I3, ⊠78315
Raesfeld 28 E5, ⊠46348
Raguhn 33 I5, ⊠06779
Rahden 21 H6, ⊠32369
Rahrbach 37 I5, ⊠57399 Kirchhundem
Rain 62 D3, ⊠86641
Rainau 61 K2, ⊠73492
Raisdorf 9 I5, ⊠24223
Rambin 12 B4, ⊠18573
Rammelsbach 53 G3, ⊠66887
Rampe 17 F3, ⊠19067
Ramsbeck 38 C3, ⊠59909 Bestwig
Ramstein-Miesenbach 53 G3, ⊠66877
Randerath 36 B4, ⊠52525 Heinsberg
Randersacker 55 I2, ⊠97236
Rangendingen 60 D5, ⊠72414
Rangsdorf 34 D1, ⊠15834
Ransbach-Baumbach 45 H3, ⊠56235
Ranzig 35 H2, ⊠15848
Raschau 50 C2, ⊠08352
Rastatt 60 A2, ⊠76437
Rastede 14 C6, ⊠26180
Ratekau 16 C1, ⊠23626
Rathen 43 H5, ⊠01824
Rathenow 24 E4, ⊠14712
Rathmannsdorf 43 H5, ⊠01814
Rathstock 26 D5, ⊠15328
Ratingen 36 E3, ⊠*40878
Ratzeburg 16 C3, ⊠23909
Raubling 70 E3, ⊠83064
Rauen 26 B6, ⊠15518
Rauenberg 54 D5, ⊠69231
Rauenstein, Effelder- 48 D3, ⊠96528
Rauhenebrach 48 B6, ⊠96181
Raunheim 46 C6, ⊠65479
Rauschenberg 38 D6, ⊠35282
Rautenkranz, Morgenröthe- 50 A3, ⊠05262
Rauxel, Castrop- 37 G1, ⊠44575
Ravensburg 68 B3, ⊠*88212
Ravenstein 55 G4, ⊠74747
Rebersreuth 49 I3, ⊠08626
Rechberghausen 61 G3, ⊠73098
Rechenberg-Bienenmühle 43 F6, ⊠09623
Recke 29 I1, ⊠49509
Recklinghausen 29 F6, ⊠*45657
Redebas 11 K4, ⊠18314
Redefin 16 E5, ⊠19230
Redekin 24 D5, ⊠39319
Redwitz 48 E4, ⊠96257
Rees 28 C5, ⊠46459
Reesen 33 G1, ⊠39291
Regen 64 D1, ⊠94209
Regensburg 63 I1, ⊠*93047
Regenstauf 57 I6, ⊠93128
Regis-Breitingen 41 K4, ⊠04565
Rehau 49 H4, ⊠95111
Rehbrücken, Bergholz- 25 H6, ⊠14558
Rehburg-Loccum 22 A5, ⊠31547
Rehfelde 26 B5, ⊠15345
Rehlingen-Siersburg 52 C4, ⊠66780
Rehna 16 D2, ⊠19217
Reichelsheim 46 D3, ⊠61203
Reichelsheim 54 D2, ⊠64385
Reichenau, Insel 67 I4, ⊠78479
Reichenbach 49 I1, ⊠08468
Reichenbach 59 I5, ⊠77723 Gengenbach
Reichenbach an der Fils 61 G3, ⊠73262
Reichenberg 43 F4, ⊠01468
Reichenberg 64 C4, ⊠84317 Pfarrkirchen
Reichenhausen 47 K2, ⊠98634 Erbenhausen
Reichensachsen 39 I4, ⊠37287 Wehretal
Reichertshausen 63 F4, ⊠85293
Reichertshofen 63 F3, ⊠85084
Reichshof 37 H5, ⊠51580
Reilingen 54 C4, ⊠68799
Reinbek 16 A4, ⊠21465
Reinberg 12 B5, ⊠18519
Reinfeld 16 B2, ⊠23858
Reinhardshagen 39 G2, ⊠34359
Reinharz 34 B5, ⊠06905 Bad Schmiedeberg
Reinheim 54 D1, ⊠64354
Reinsdorf 34 A4, ⊠06896
Reinsdorf 50 B1, ⊠08141
Reinsfeld 52 D2, ⊠54421
Reinstedt 32 E5, ⊠06463
Reit im Winkl 71 F4, ⊠83242
Reitzenhain 50 D2, ⊠09496
Reken 29 F4, ⊠48734
Rellingen 15 I3, ⊠25462
Remagen 45 F2, ⊠53424
Remchingen 60 C1, ⊠75196
Remplin 18 A2, ⊠17139
Remscheid 37 F3, ⊠*42853
Remseck 61 F2, ⊠71686
Remshalden 61 G2, ⊠73630
Renchen 59 K4, ⊠77871
Rendsburg 9 G5, ⊠24768
Rengsdorf 45 G2, ⊠56579
Rennerod 45 K2, ⊠56477
Rennertshofen 62 D3, ⊠86643
Renningen 60 D3, ⊠71272
Rerik 10 E6, ⊠18230
Rethem 22 B3, ⊠27336
Reuterstadt Stavenhagen 18 B2, ⊠17153
Reutlingen 61 F4, ⊠*72760
Rhauderfehn 13 I6, ⊠26817
Rheda-Wiedenbrück 30 B4, ⊠33378
Rhede 28 D4, ⊠46414
Rheinau 59 I3, ⊠77866
Rheinbach 44 E1, ⊠53359
Rheinberg 28 D6, ⊠47495
Rheine 29 G1, ⊠*48429
Rheinfelden 66 D5, ⊠79618
Rheinhausen 59 H6, ⊠79365
Rheinhausen, Oberhausen- 54 C5, ⊠68794
Rheinmünster 59 K3, ⊠77836
Rheinsberg 25 G1, ⊠16831
Rheinstetten 60 B1, ⊠76287
Rheinzabern 54 B6, ⊠76764
Rhens 45 H4, ⊠56321
Rheurdt 36 C2, ⊠47509
Rhinow 24 E3, ⊠14728
Rhode 37 I4, ⊠57462 Olpe
Rhoden 32 B3, ⊠38835
Ribnitz-Damgarten 11 H5, ⊠18311
Richtenberg 11 K5, ⊠18461
Riedebeck 35 F4, ⊠15926 Goßmar
Riedenburg 63 G1, ⊠93339
Riedlingen 68 A1, ⊠88499
Riedstadt 54 C1, ⊠64560
Riegel 66 C1, ⊠79359
Riegelsberg 52 E4, ⊠66292
Rielasingen-Worblingen 67 H4, ⊠78239
Riemsloh 30 C2, ⊠49328 Melle
Rieneck 47 G5, ⊠97794
Riesa 42 D3, ⊠*01587
Riesbürg 62 A2, ⊠73469
Rieschweiler-Mühlbach 53 G5, ⊠66509
Rieseby 9 H3, ⊠24354
Riesenbeck 29 H2, ⊠48477 Hörstel
Rietberg 30 B4, ⊠33397
Rimbach 54 D2, ⊠64668
Ringenhain 43 I4, ⊠01904
Ringgau 39 K4, ⊠37296
Rinkerode 29 H4, ⊠48317 Drensteinfurt
Rinteln 30 E2, ⊠31737
Risum-Lindholm 8 D2, ⊠25920
Ritterhude 14 E6, ⊠27721
Rittermannshagen 18 A3, ⊠17139 Faulenrost
Rittersgrün 50 C2, ⊠08355
Rochlitz 42 B4, ⊠09306
Rockenberg 46 D3, ⊠35519
Rockenhausen 53 H2, ⊠67806
Rockensußra 40 B3, ⊠99713
Rodach 48 C3, ⊠96476
Rodalben 53 H5, ⊠66976
Rodenbach 46 E5, ⊠63517
Rodenbach 53 H3, ⊠67688
Rodenberg 31 F1, ⊠31552
Rodenkirchen 14 D5, ⊠26935 Stadland
Rodewald 22 C4, ⊠31637
Rodewisch 49 K2, ⊠08228
Rodgau 46 E6, ⊠63110
Roding 58 A5, ⊠93426
Rodleben 33 I4, ⊠06862
Röbel 18 A5, ⊠17207
Röblingen am See 41 F2, ⊠06317
Rödental 48 D4, ⊠96472
Rödermark 46 D6, ⊠63322
Rödersheim-Gronau 54 A4, ⊠67127
Rödinghausen 30 C2, ⊠32289
Röhrnbach 65 F2, ⊠94133
Römerberg 54 B4, ⊠67354
Römerstein 61 G4, ⊠72587
Römhild 48 B3, ⊠98631
Röppisch 41 H6, ⊠07368 Ebersdorf
Rösa 34 A6, ⊠06774
Röslau 49 H5, ⊠95195
Rösrath 37 F5, ⊠51503
Roetgen 44 B1, ⊠52159
Rötha 41 K4, ⊠04571
Röthenbach 56 E3, ⊠90552
Rötz 58 A4, ⊠92444
Rövershagen 11 H5, ⊠18182
Roez 17 K4, ⊠17213 Göhren-Lebbin
Rohrberg 23 I4, ⊠38489
Roitzsch 33 I6, ⊠06809
Rommerskirchen 36 D4, ⊠41569
Romrod 47 F1, ⊠36329
Ronneburg 41 I6, ⊠07580
Ronneburg 46 E4, ⊠63549
Ronnenberg 31 H1, ⊠30952
Ronshausen 39 I5, ⊠36217
Rosbach 37 H6, ⊠51570 Windeck
Rosbach 46 D4, ⊠61191
Rosche 23 H2, ⊠29571
Rosdorf 39 I2, ⊠37124
Rosefeld 33 H5, ⊠06386 Libbesdorf
Rosenberg 55 G4, ⊠74749
Rosenberg 61 I2, ⊠73494
Rosenberg, Sulzbach- 57 G3, ⊠92237
Rosendahl 29 F3, ⊠48720
Rosengarten 15 I5, ⊠21224
Rosengarten 61 H1, ⊠74538
Rosenheim 70 E3, ⊠*83022
Rosenthal 43 H5, ⊠01824 Rosenthal-Bielatal
Rositz 41 I5, ⊠04617
Roßbach 64 C3, ⊠94439
Roßdorf 54 D1, ⊠64380
Roßhaupten 69 G4, ⊠87672
Roßla 40 D2, ⊠06536
Roßlau 33 I4, ⊠06862
Roßleben 41 F3, ⊠06571
Roßtal 56 C4, ⊠90574
Roßwein 42 D4, ⊠04741
Rostock 11 H6, ⊠*18055
Rot, Sankt Leon- 54 C5, ⊠68789
Rot am See 55 I5, ⊠74585
Rot an der Rot 68 D2, ⊠88430
Rotenburg 39 H5, ⊠36199
Rotenburg (Wümme) 22 B1, ⊠27356
Roth 56 D5, ⊠91154
Rothemühl 19 F3, ⊠17379
Rothenberg 54 E3, ⊠64757
Rothenburg 27 I2, ⊠02929
Rothenburg ob der Tauber 55 K4, ⊠91541
Rothenkirchen 49 K2, ⊠08237
Rothenstadt 57 I2, ⊠92637 Weiden
Rott 70 E2, ⊠83543
Rottach-Egern 70 D4, ⊠83700
Rottenburg 60 E4, ⊠72108
Rottenburg 63 H3, ⊠84056
Rotthalmünster 64 D5, ⊠94094
Rottstock 33 I2, ⊠14793
Rottweil 67 H1, ⊠78628
Roxheim, Bobenheim- 54 B3, ⊠67240
Rudersberg 61 G2, ⊠73635
Rudolstadt 48 E1, ⊠07407
Rübeland 32 C5, ⊠38889
Rübenau 50 E2, ⊠09526
Rückersdorf 56 E3, ⊠90607
Rüdersdorf 26 A5, ⊠15562
Rüdesheim am Rhein 45 I6, ⊠65385
Rülzheim 54 B5, ⊠76761
Ründeroth 37 G5, ⊠51766 Engelskirchen
Rüsselsheim 46 B6, ⊠65428
Rüthen 38 C2, ⊠59602
Ruhla 40 A6, ⊠99842
Ruhland 43 G2, ⊠01945
Ruhmannsfelden 64 C1, ⊠94239
Ruhpolding 71 G3, ⊠83324
Ruhstorf 64 E4, ⊠94099
Runkel 45 K3, ⊠65594
Ruppichteroth 37 G6, ⊠53809
Rurberg 44 C1, ⊠52152 Simmerath
Rust 59 H6, ⊠77977
Rutesheim 60 D2, ⊠71277

S

Saal 63 H2, ⊠93342
Saalburg 49 G2, ⊠07929
Saaldorf 49 G3, ⊠07356
Saalfeld 48 E1, ⊠07318
Saarbrücken 52 E5, ⊠*66111
Saarburg 52 C2, ⊠54439
Saarlouis 52 D4, ⊠66740
Saarwellingen 52 D4, ⊠66793
Sachau 34 B5, ⊠06909 Priesitz
Sachsenberg 38 D4, ⊠35104 Lichtenfels
Sachsenbrunn 48 C3, ⊠98678
Sachsenburg 42 C5, ⊠06578
Sachsenhagen 22 A6, ⊠31553
Sachsenhausen 25 I3, ⊠99439
Sachsenhausen 38 E3, ⊠34513 Waldeck
Sachsenheim 60 E1, ⊠74343
Sadelkow 18 D3, ⊠17099
Saerbeck 29 H2, ⊠48369
Sagard 12 C3, ⊠18551
Salach 61 H3, ⊠73084
Salem 67 K3, ⊠88682
Sallgast 35 F6, ⊠03238
Salmünster, Bad Soden- 47 G4, ⊠63628
Salzberg 71 I4, ⊠83471 Berchtesgaden
Salzbergen 29 G1, ⊠48499
Salzgitter 32 A3, ⊠*38226
Salzhausen 16 A6, ⊠21376
Salzhemmendorf 31 G3, ⊠31020
Salzkotten 30 C5, ⊠33154
Salzmünde 33 G6, ⊠06198
Salzwedel 23 I3, ⊠29410
Salzweg 65 F3, ⊠94121
Samtens 12 B4, ⊠18573
Sandau 24 D3, ⊠39524
Sande 14 B4, ⊠26452
Sandersdorf 33 I6, ⊠06792
Sandhagen 11 F6, ⊠18233
Sandhausen 54 C4, ⊠69207
Sandweier 60 A2, ⊠76532 Baden-Baden
Sangerhausen 40 E2, ⊠06526
Sanitz 11 H6, ⊠18190
Sankt Andreasberg 32 B5, ⊠37444
Sankt Augustin 37 F6, ⊠53757
Sankt Blasien 66 E3, ⊠79837
Sankt Englmar 58 B6, ⊠94379
Sankt Georgen 67 F1, ⊠78112
Sankt Goar 45 H5, ⊠56329
Sankt Goarshausen 45 H4, ⊠56346
Sankt Ingbert 52 E4, ⊠66386
Sankt Johann 61 F4, ⊠72813
Sankt Katharinen 45 G2, ⊠53562
Sankt Leon-Rot 54 C5, ⊠68789
Sankt Märgen 66 E2, ⊠79274
Sankt Mang 69 F4, ⊠87437 Kempten
Sankt Martin 54 A4, ⊠67487
Sankt Michaelisdonn 15 F1, ⊠25693
Sankt Oswald 64 E1, ⊠94568
Sankt Peter 66 E2, ⊠79271
Sankt Peter-Ording 8 C4, ⊠25826
Sankt Veit, Neumarkt- 64 B5, ⊠84494
Sankt Wendel 52 E3, ⊠66606
Sankt Wolfgang 63 I6, ⊠84427
Sarmsheim, Münster- 45 I6, ⊠55424
Sarstedt 31 H2, ⊠31157
Sasbachwalden 60 A3, ⊠77887
Sassanfahrt 56 D1, ⊠96114 Hirschaid
Sassenberg 29 K3, ⊠48336
Sassenburg 23 G5, ⊠38524
Sassnitz 12 D3, ⊠18546
Saterland 20 E1, ⊠26683
Satrup 9 G2, ⊠24986
Saubach 41 F3, ⊠06647
Saulgau 68 B2, ⊠88348
Saulheim 46 A6, ⊠55291
Sayda 50 E1, ⊠09619
Schaafheim 46 E6, ⊠64850
Schacht-Audorf 9 G4, ⊠24790
Schackstedt 33 F5, ⊠06425
Schäftlarn 70 B2, ⊠82069
Schaffhausen 52 D5, ⊠66787 Wadgassen
Schafstädt 41 G2, ⊠06255
Schalkau 48 D3, ⊠96528
Schalksmühle 37 H3, ⊠58579
Schallstadt 66 C2, ⊠79227
Schapbach, Bad Rippoldsau- 60 B5, ⊠77776
Scharbeutz 10 B6, ⊠*23683
Scharlibbe 24 D4, ⊠39524 Klietz
Scharmbeck, Osterholz- 14 E6, ⊠27711
Schauenburg 39 F3, ⊠34270
Schauernheim, Dannstadt- 54 B4, ⊠67125
Scheer 68 A1, ⊠72516
Scheeßel 15 H6, ⊠27383
Schefflenz 55 F4, ⊠74850
Scheibe-Alsbach 48 D2, ⊠98749
Scheibenberg 50 C2, ⊠09481
Scheidegg 68 C5, ⊠88175
Scheinfeld 56 B2, ⊠91443
Schelklingen 61 H5, ⊠89601
Schellerten 31 K2, ⊠31174
Schemmerhofen 61 H6, ⊠88433
Schenefeld 15 I3, ⊠22869
Scheppach, Jettingen- 62 B5, ⊠89343
Scherfede 38 E1, ⊠34414 Warburg
Schermbeck 28 E5, ⊠46514
Scheßlitz 48 D6, ⊠96110
Scheyern 63 F4, ⊠85298
Schieder-Schwalenberg 31 F4, ⊠32816
Schierke 32 B5, ⊠38879
Schierling 63 I2, ⊠84069
Schierschnitz, Neuhaus- 48 E4, ⊠96524
Schiffdorf 14 D4, ⊠27619
Schifferstadt 54 B4, ⊠67105
Schiffmühle 26 B3, ⊠16259
Schiffweiler 52 E4, ⊠66578
Schildau, Gneisenaustadt 42 C2, ⊠04889
Schillingsfürst 56 A5, ⊠91583
Schillingstedt 40 E3, ⊠99625
Schiltach 60 B6, ⊠77761
Schirgiswalde 27 G4, ⊠02681
Schirnding 49 I5, ⊠95706
Schkeuditz 41 I2, ⊠04435
Schkopau 41 H2, ⊠06258
Schlangen 30 E5, ⊠33189
Schlangenbad 45 K5, ⊠65388
Schlechtbach 61 G2, ⊠73635 Rudersberg
Schleiden 44 C2, ⊠53937
Schleiz 49 G2, ⊠07907
Schlema 50 B2, ⊠08301
Schleswig 9 F3, ⊠24837
Schleusegrund 48 D2, ⊠98666
Schleusingen 48 B2, ⊠98553
Schlieben 34 E5, ⊠04936
Schliersee 70 D4, ⊠83727
Schlitz 47 G1, ⊠36110
Schloß Holte-Stukenbrock 30 C4, ⊠33758
Schlotheim 40 B3, ⊠99994
Schluchsee 66 E3, ⊠79859
Schlüchtern 47 G3, ⊠36381
Schlüsselburg 21 K5, ⊠32469 Petershagen
Schlüsselfeld 56 B2, ⊠96132
Schmalkalden 48 A1, ⊠98574
Schmannewitz 42 C2, ⊠04774 Dahlen
Schmelz 52 D3, ⊠66839
Schmiedeberg 43 F6, ⊠01762
Schmiedefeld 48 C2, ⊠98711
Schmiedefeld 48 E2, ⊠98739
Schmitten 46 C4, ⊠61389
Schmölau 23 H3, ⊠29413 Lagendorf
Schmölln 41 I5, ⊠04626
Schnaitsee 71 F1, ⊠83530
Schnaittach 56 E3, ⊠91220
Schnaittenbach 57 H3, ⊠92253
Schneeberg 50 B2, ⊠08289

Schnelldorf 55 K5, ⊠91625
Schneverdingen 22 D1, ⊠29640
Schney 48 D5, ⊠96215 Lichtenfels
Schöffengrund 46 C3, ⊠35641
Schöllnach 64 E2, ⊠94508
Schömberg 60 C2, ⊠75328
Schönaich 60 E3, ⊠71101
Schönau 39 I3, ⊠99848
Schönau 53 H6, ⊠66996
Schönau 66 D3, ⊠79677
Schönau 71 I4, ⊠83471
Schönbach 27 H4, ⊠02708
Schönberg 9 K4, ⊠24217
Schönberg 16 D2, ⊠23923
Schönberg 49 I4, ⊠08648
Schönberg 64 E2, ⊠94513
Schönbergerstrand 9 K4, ⊠24217 Schönberg
Schönborn 43 G4, ⊠01465
Schönbrunn 63 F5, ⊠85244 Röhrmoos
Schönbrunn 63 I4, ⊠84036 Landshut
Schönebeck 33 G3, ⊠39218
Schöneck 46 D4, ⊠61137
Schöneck 49 I3, ⊠08261
Schöneiche 26 A5, ⊠15566
Schönenberg-Kübelberg 53 F4, ⊠66901
Schönewalde 34 D4, ⊠04916
Schönhausen 24 D5, ⊠39524
Schönheide 49 K2, ⊠08304
Schöningen 32 D2, ⊠38364
Schönmünzach 60 B3, ⊠72270 Baiersbronn
Schönow 25 K4, ⊠16321
Schönsee 58 A3, ⊠92539
Schönthal 58 A4, ⊠93488
Schönwald 49 H4, ⊠95173
Schönwalde 10 B5, ⊠23744
Schönwalde 25 K4, ⊠16352
Schöppenstedt 32 C2, ⊠38170
Schöppingen 29 F3, ⊠48624
Schollene 24 E4, ⊠14715
Schonach 66 E1, ⊠78136
Schondorf am Ammersee 69 I2, ⊠86938
Schongau 69 H3, ⊠86956
Schonungen 48 E5, ⊠97453
Schopfheim 66 D4, ⊠79650
Schopfloch 56 A6, ⊠91626
Schorndorf 61 G2, ⊠73614
Schortens 14 A3, ⊠26419
Schott, Upgant- 13 H4, ⊠26524
Schotten 46 E2, ⊠63679
Schramberg 60 B6, ⊠78713
Schrecksbach 39 F6, ⊠34637
Schriesheim 54 C3, ⊠69198
Schrobenhausen 62 E4, ⊠86529
Schrozberg 55 I4, ⊠74575
Schüttorf 29 G1, ⊠48465
Schulenberg 32 A4, ⊠38707
Schulzendorf 25 K6, ⊠15732
Schutterwald 59 I4, ⊠77746
Schwaan 17 H1, ⊠18258
Schwabach 56 D4, ⊠91126
Schwabmünchen 62 C6, ⊠86830
Schwäbisch Gmünd 61 H2, ⊠*73525
Schwäbisch Hall 55 H6, ⊠74523
Schwaig 56 E3, ⊠90571
Schwaigern 54 E6, ⊠74193
Schwaikheim 61 F2, ⊠71409
Schwalbach 52 D4, ⊠66773
Schwalbach am Taunus 46 C5, ⊠65824
Schwalenberg, Schieder- 31 F4, ⊠32816
Schwalmstadt 39 F5, ⊠34613
Schwalmtal 36 B3, ⊠41366
Schwalmtal 47 F1, ⊠36318
Schwanau 59 I5, ⊠77963
Schwandorf 57 I4, ⊠92421
Schwanebeck 25 K4, ⊠16341
Schwanewede 14 D6, ⊠28790
Schwangau 69 G5, ⊠87645
Schwanheide 16 C4, ⊠19258
Schwanstetten 56 D4, ⊠90596
Schwarmstedt 22 C4, ⊠29690
Schwartow 16 C5, ⊠19258 Boizenburg
Schwarza 48 B2, ⊠98547
Schwarzach 54 E4, ⊠74869
Schwarzach 57 I4, ⊠92548
Schwarzach 64 C1, ⊠94374
Schwarzach am Main 55 K1, ⊠97359
Schwarzenbach am Wald 49 F4, ⊠95131
Schwarzenbach an der Saale 49 H4, ⊠95126
Schwarzenbek 16 B4, ⊠21493
Schwarzenberg 50 C2, ⊠08340
Schwarzenberg 60 B4, ⊠72270 Baiersbronn
Schwarzenborn 39 G6, ⊠34639
Schwarzenbruck 56 E4, ⊠90592
Schwarzenfeld 57 I4, ⊠92521
Schwarzenholz 52 D4, ⊠66793 Saarwellingen
Schwarze Pumpe 35 I6, ⊠03139
Schwarzheide 43 F1, ⊠01987
Schwarzmühle, Meuselbach- 48 D2, ⊠98746
Schwedt an der Oder 19 H6, ⊠16303
Schwegenheim 54 B5, ⊠67365
Schweich 52 D1, ⊠54338
Schweinfurt 47 K5, ⊠*97421
Schweinitz 33 I3, ⊠39279
Schweinitz 34 C4, ⊠06928
Schwelm 37 G3, ⊠58332
Schwemsal 33 K6, ⊠06774
Schwendi 68 D1, ⊠88477
Schwenningen, Villingen- 67 G1, ⊠78048
Schwepnitz 43 G2, ⊠01936
Schwerin 17 F3, ⊠*19053
Schwerte 37 H2, ⊠58239
Schwetzingen 54 C4, ⊠68723
Schwieberdingen 60 E2, ⊠71701
Schwienau 23 F2, ⊠29593
Schwörstadt 66 D4, ⊠79739
Schwülper 23 F6, ⊠38179
Sebnitz 43 H5, ⊠01855
Seddiner See 34 C1, ⊠14554
Sedlitz 35 G6, ⊠01968
Seebruck, Seeon- 71 F2, ⊠83370
Seedorf 16 D3, ⊠23883
Seefeld 26 A4, ⊠16356
Seefeld 69 I2, ⊠82229
Seeheim-Jugenheim 54 C2, ⊠64342
Seelbach 59 I5, ⊠77960
Seelow 26 D4, ⊠15306
Seelscheid, Neunkirchen- 37 G6, ⊠53819
Seelze 22 C6, ⊠30926
Seeon-Seebruck 71 F2, ⊠83370
Seerhausen 42 D3, ⊠01594
Seesen 31 K4, ⊠38723
Seeshaupt 69 K3, ⊠82402
Seevetal 15 K5, ⊠*21217
Segeletz 25 F3, ⊠16845
Sehnde 31 I1, ⊠31319
Seiffen 50 E1, ⊠09548
Seifhennersdorf 27 H5, ⊠02782
Selb 49 I4, ⊠95100
Selbitz 49 G4, ⊠95152
Selfkant 36 A4, ⊠52538
Seligenstadt 46 E5, ⊠63500
Seligenthal, Floh- 48 B1, ⊠98593
Sellin 12 D4, ⊠18586
Selm 29 G5, ⊠59379
Selmsdorf 16 D2, ⊠23923
Selters 46 B4, ⊠65618
Selters 46 E4, ⊠63683 Ortenberg
Senden 29 G4, ⊠48308
Senden 61 I5, ⊠89250
Sendenhorst 29 I4, ⊠48324
Senftenberg 43 G1, ⊠01968
Sennfeld 47 K5, ⊠97526
Sensbachtal 54 E3, ⊠64759
Seppenrade 29 G5, ⊠59348 Lüdinghausen
Seßlach 48 C4, ⊠96145
Seubersdorf 57 F5, ⊠92358
Seußlitz, Diesbar- 42 E3, ⊠01612
Sevelen 36 C1, ⊠47661 Issum
Severin 17 G4, ⊠19374
Seyda 34 B4, ⊠06918
Sickte 32 B2, ⊠38173
Siegbach 38 B6, ⊠35768
Siegburg 37 F6, ⊠53721
Siegen 37 K6, ⊠*57072
Siegenburg 63 H3, ⊠93354
Siegmundsburg 48 D3, ⊠98749
Siegsdorf 71 G3, ⊠83313
Sierksdorf 10 B6, ⊠23730
Siersburg, Rehlingen- 52 C4, ⊠66780
Siershahn 45 H2, ⊠56427
Siersleben 33 F6, ⊠06308
Sigmaringen 68 A1, ⊠72488
Sigmaringendorf 67 K1, ⊠72517
Silberstedt 9 F3, ⊠24887
Simbach 64 B4, ⊠94436
Simbach 64 D6, ⊠84359
Simmerath 44 B1, ⊠52152
Simmerberg, Weiler- 68 D5, ⊠88171
Simmern (Hunsrück) 45 G6, ⊠55469
Simonswald 66 E1, ⊠79263
Sindelfingen 60 E3, ⊠*71063
Singen 67 H3, ⊠78224
Sinntal 47 H4, ⊠36391
Sinsheim 54 D5, ⊠74889
Sinzheim 60 A2, ⊠76547
Sinzig 45 F2, ⊠53489
Sittensen 15 H5, ⊠27419
Sobernheim 53 H1, ⊠55566
Sögel 20 D3, ⊠49751
Söhrewald 39 G3, ⊠34320
Sölden 66 D2, ⊠79294
Sömmerda 40 D4, ⊠99610
Sörup 9 G2, ⊠24966
Soest 30 A6, ⊠59494
Sohland an der Spree 27 G4, ⊠02689
Sohland a. Rotstein 27 H4, ⊠02894
Solingen 37 F4, ⊠*42651
Solms 46 B2, ⊠35606
Solnhofen 62 D2, ⊠91807
Soltau 22 D2, ⊠29614
Sommerfelde 26 B3, ⊠16230
Sommerhausen 55 I2, ⊠97286
Sondershausen 40 C3, ⊠99706
Sonneberg 48 D3, ⊠96515
Sonnefeld 48 D4, ⊠96242
Sonnenbühl 61 F5, ⊠72820
Sonnewalde 35 F5, ⊠03249
Sonsbeck 28 C6, ⊠47665
Sonthofen 68 E5, ⊠87527
Sorge 32 B5, ⊠38875
Spaichingen 67 H1, ⊠78549
Spalt 56 C5, ⊠91174
Spangenberg 39 H4, ⊠34286
Sparneck 49 G5, ⊠95234
Spay 45 H4, ⊠56322
Speicher 44 C6, ⊠54662
Speichersdorf 57 G1, ⊠95469
Spelle 29 G1, ⊠48480
Spenge 30 C2, ⊠32139
Sperenberg 34 D2, ⊠15838
Speyer 54 B4, ⊠67346
Spiegelau 64 E1, ⊠94518
Spiekeroog 13 K2, ⊠26474
Spiesen-Elversberg 52 E4, ⊠66583
Spöck 54 C6, ⊠76297 Stutensee
Spornitz 17 G5, ⊠19372
Spreenhagen 26 B6, ⊠15528
Spremberg 35 H6, ⊠03130
Sprendlingen 45 I6, ⊠55576
Springe 31 G2, ⊠31832
Sprockhövel 37 F2, ⊠45549
Staadt, Kastel 52 C3, ⊠54441
Stade 15 G3, ⊠*21680
Stadecken-Elsheim 45 K6, ⊠55271
Stadelhofen 48 E6, ⊠96187
Stadland 14 C4, ⊠*26935
Stadtallendorf 38 E6, ⊠35260
Stadtbergen 62 C5, ⊠86391
Stadt Blankenberg 37 G6, ⊠53773 Hennef
Stadthagen 31 F1, ⊠31655
Stadtilm 40 D6, ⊠99326
Stadtkyll 44 C3, ⊠54589
Stadtlauringen 48 A4, ⊠97488
Stadtlengsfeld 39 K6, ⊠36457
Stadtlohn 28 E3, ⊠48703
Stadtoldendorf 31 G4, ⊠37627
Stadtprozelten 55 G1, ⊠97909
Stadtroda 41 G6, ⊠07646
Stadtsteinach 49 F5, ⊠95346
Stadt Wehlen 43 H5, ⊠01829
Staffelstein 48 D5, ⊠96231
Stahnsdorf 25 I6, ⊠14532
Staig 61 I6, ⊠89195
Stammbach 49 G5, ⊠95236
Stammheim 60 D3, ⊠75365 Calw
Stapelburg 32 B4, ⊠38871
Starnberg 69 K2, ⊠82319
Starzach 60 D5, ⊠72181
Staßfurt 33 F4, ⊠39418
Stauchitz 42 D3, ⊠01594
Staufen 66 C2, ⊠79219
Staufenberg 39 H3, ⊠34355
Stavenhagen, Reuterstadt 18 B2, ⊠17153
Stechow 25 F4, ⊠14715
Steffenberg 38 C6, ⊠35239
Stegelitz 33 G2, ⊠39291
Steigra 41 F3, ⊠06268
Stein 56 D4, ⊠90547
Stein 71 G2, ⊠83371
Stein, Königsbach- 60 C1, ⊠75203
Steinach 48 D3, ⊠96523
Steinau 47 G4, ⊠36396
Steinbach-Hallenberg 48 B1, ⊠98587
Steinen 66 C4, ⊠79585
Steinenbronn 60 E3, ⊠71144
Steinfeld 21 G5, ⊠49439
Steinfurt 29 G2, ⊠48565
Steingaden 69 H4, ⊠86989
Steinhagen 30 B3, ⊠33803
Steinheid 48 D3, ⊠98749
Steinheim 31 F4, ⊠32839
Steinheim am Albuch 61 I3, ⊠89555
Steinhude 22 B6, ⊠31515 Wunstorf
Steinsfurt 54 E5, ⊠74889 Sinsheim
Steinwenden 53 G3, ⊠66879
Steinwiesen 49 F4, ⊠96349
Stemwede 21 H5, ⊠32351
Stendal 24 C4, ⊠39576
Stephanskirchen 70 E3, ⊠83071
Sternberg 17 G3, ⊠19406
Stetten am kalten Markt 67 I1, ⊠72510
Steudnitz, Dorndorf- 41 G4, ⊠07778
Steyerberg 21 K5, ⊠31595
Stiege 32 C6, ⊠38899
Stockach 67 I3, ⊠78333
Stockelsdorf 16 C1, ⊠23617
Stockhausen 40 A5, ⊠99819
Stockstadt 46 E6, ⊠63811
Stockstadt am Rhein 54 B1, ⊠64589
Stößen 41 H4, ⊠06667
Stolberg 32 D6, ⊠06547
Stolberg 36 B6, ⊠*52222
Stollberg 50 B1, ⊠09366
Stolpen 43 G4, ⊠01833
Stommeln 36 D4, ⊠50259 Pulheim
Storkow 35 G1, ⊠15859
Stotternheim 40 D5, ⊠99195
Straelen 36 C2, ⊠47638
Stralsund 12 A4, ⊠*18435
Strande 9 I4, ⊠24229
Strasburg 18 E4, ⊠17335
Straßberg 67 I1, ⊠72479
Straßenhaus 45 G2, ⊠56587
Straßkirchen 64 B2, ⊠94342
Straßlach-Dingharting 70 B2, ⊠82064
Straubenhardt 60 C2, ⊠75334
Straubing 64 B2, ⊠94315
Straupitz 35 G3, ⊠15913
Strausberg 26 B4, ⊠15344
Straußfurt 40 D4, ⊠99634
Strehla 42 D2, ⊠01616
Stromberg 30 B5, ⊠59302 Oelde
Stromberg 45 H6, ⊠55442
Strücklingen 13 I6, ⊠26683 Saterland
Strullendorf 56 D1, ⊠96129
Stühlingen 67 F3, ⊠79780
Stützerbach 48 C2, ⊠98714
Stuhr 21 I2, ⊠28816
Stukenbrock, Schloß Holte- 30 D4, ⊠33758
Stutensee 54 B6, ⊠76297
Stuttgart 61 F3, ⊠*70173
Suderburg 23 F3, ⊠29556
Südbrookmerland 13 I4, ⊠26624
Süderbrarup 9 G2, ⊠24392
Südlohn 28 E3, ⊠46354
Sünching 63 K2, ⊠93104
Sünna 39 I6, ⊠36404
Süßen 61 H3, ⊠73079
Suhl 48 C2, ⊠*98527
Sulingen 21 I4, ⊠27232
Sulz 59 I5, ⊠77933 Lahr
Sulz 60 C5, ⊠72172
Sulzbach 47 F6, ⊠63834
Sulzbach 52 E4, ⊠66280
Sulzbach an der Murr 61 G1, ⊠71560
Sulzbach-Laufen 61 H1, ⊠74429
Sulzbach-Rosenberg 57 G3, ⊠92237
Sulzberg 68 E4, ⊠87477
Sulzburg 66 C3, ⊠79295
Sulzfeld 54 D6, ⊠75056
Sulzfeld 55 K2, ⊠97320
Sundern 38 A3, ⊠59846
Swisttal 44 E1, ⊠53913
Syke 21 I3, ⊠28857
Sylt-Ost 8 A5, ⊠25980
Syrau 49 H2, ⊠08548

T

Tabarz 40 B6, ⊠99891
Tacherting 71 G1, ⊠83342
Tailfingen 60 E6, ⊠72461 Albstadt
Tambach-Dietharz 40 B6, ⊠99897
Tamm 60 E2, ⊠71732
Tandern, Hilgertshausen- 62 E5, ⊠86567
Tangerhütte 24 C6, ⊠39517
Tangermünde 24 D5, ⊠39590
Tann 47 I2, ⊠36142
Tann 64 C5, ⊠84367
Tanna 49 G2, ⊠07922
Tanne 32 C5, ⊠38875
Tannroda 40 E6, ⊠99448
Tarmstedt 15 F6, ⊠27412
Tarp 9 F2, ⊠24963
Taubenheim 27 G4, ⊠02689 Sohland
Tauberbischofsheim 55 H2, ⊠97941
Taucha 41 K2, ⊠04425
Tauer 35 I3, ⊠03185
Taufkirchen 63 I5, ⊠84416
Taunusstein 45 K5, ⊠65232
Tecklenburg 29 I2, ⊠49545
Tegernsee 70 C4, ⊠83684
Teichel 40 E6, ⊠07407
Teichröda 48 E1, ⊠07407
Teisendorf 71 H3, ⊠83317
Teisnach 58 C6, ⊠94244
Telgte 29 I3, ⊠48291
Tellingstedt 8 E5, ⊠25782
Teltow 25 I6, ⊠14513
Templin 18 E6, ⊠17268
Teningen 66 D1, ⊠79331
Tennenbronn 60 B6, ⊠78144
Tense 35 H6, ⊠03139
Tessin 11 I6, ⊠18195
Teterow 17 K2, ⊠17166
Tettau 48 E3, ⊠96355
Tettens 14 A3, ⊠26434 Wangerland
Tettnang 68 B4, ⊠88069
Teublitz 57 I5, ⊠93158
Teuchern 41 H4, ⊠06682
Teupitz 34 E2, ⊠15755
Teutschenthal 41 G2, ⊠06179
Thal 40 A5, ⊠99843
Thale 32 D5, ⊠06502
Thaleischweiler-Fröschen 53 G5, ⊠66987
Thalfang 52 E1, ⊠54424
Thalheim 33 I5, ⊠06766
Thalheim 50 C1, ⊠09380
Thamsbrück 40 B4, ⊠99947
Thannhausen 62 A6, ⊠86470
Tharandt 43 F5, ⊠01737
Theißen 41 H4, ⊠06727
Theley 52 E3, ⊠66636 Tholey
Thiendorf 43 F3, ⊠01561
Thiersheim 49 I5, ⊠95707
Thierstein 49 I5, ⊠95199
Thiessow 12 D4, ⊠18586
Tholey 52 E3, ⊠66636
Thüngersheim 55 I1, ⊠97291
Thumitz, Demitz- 43 H3, ⊠01877
Thum 41 K6, ⊠08138
Thurnau 48 E5, ⊠95349
Thyrnau 65 F3, ⊠94136
Tiefenbach 64 E3, ⊠94113
Tiefenbronn 60 D2, ⊠75233
Tiefenort 39 K6, ⊠36469
Tiefensee 26 B4, ⊠16259
Tiengen, Waldshut- 66 E4, ⊠79761
Timmendorfer Strand 10 B6, ⊠23669
Tirschenreuth 49 K6, ⊠95643
Titisee-Neustadt 66 E2, ⊠79822
Tittling 64 E3, ⊠94104
Tittmoning 71 H1, ⊠84529
Titz 36 C5, ⊠52445
Toddin 16 E4, ⊠19230
Todtmoos 66 E3, ⊠79682
Todtnau 66 D3, ⊠79674
Töging 64 B6, ⊠84513
Tönisvorst 36 C3, ⊠47918
Tönning 8 D4, ⊠25832
Tonna 40 C4, ⊠99958
Torgau 34 C6, ⊠04860
Torgelow 19 G3, ⊠17358
Tornesch 15 H3, ⊠25436
Tostedt 15 H5, ⊠21255
Traben-Trarbach 45 F6, ⊠56841
Trappenkamp 9 I6, ⊠24610
Trappstadt 48 B4, ⊠97633
Trarbach, Traben- 45 F6, ⊠56841
Traßlberg 57 G3, ⊠92284 Poppenricht
Traunreut 71 G2, ⊠83301
Traunstein 71 G3, ⊠83278
Traunwalchen 71 G2, ⊠83374
Trautenstein 32 C5, ⊠38899
Travemünde 16 D1, ⊠23570 Lübeck
Travenbrück 16 A2, ⊠23843
Trebbin 34 D2, ⊠14959
Treben 41 K4, ⊠04617
Trebsen 42 B3, ⊠04687
Trebur 46 B6, ⊠65468
Treffurt 39 K4, ⊠99830
Treis-Karden 45 F4, ⊠56253
Trendelburg 31 G6, ⊠34388
Treplin 26 D5, ⊠15236
Treuchtlingen 62 D1, ⊠91757
Treuen 49 I2, ⊠08233
Treuenbrietzen 34 C3, ⊠14929
Treysa 39 F6, ⊠34613 Schwalmstadt
Triberg 67 F1, ⊠78098
Tribsees 11 K6, ⊠18465
Triebes 49 H1, ⊠07950
Triefenstein 55 G1, ⊠97855
Trier 52 D1, ⊠*54290
Triftern 64 D5, ⊠84371
Trippstadt 53 H4, ⊠67705
Triptis 49 G1, ⊠07819
Trittau 16 B3, ⊠22946
Trochtelfingen 61 F6, ⊠72818
Tröstau 49 H5, ⊠95709
Troisdorf 37 F6, ⊠*53840
Trossingen 67 G1, ⊠78647
Trostberg 71 G2, ⊠83308
Trusetal 40 A6, ⊠98596
Tucheim 33 H1, ⊠39307
Tübingen 60 E4, ⊠*72070
Türkenfeld 69 I1, ⊠82299
Türkheim 69 G1, ⊠86842
Türnich 36 D5, ⊠50169 Kerpen
Tüttleben 40 C5, ⊠99869
Tuningen 67 G2, ⊠78609
Tutow 18 C1, ⊠17129
Tuttlingen 67 H2, ⊠78532
Tutzing 69 K2, ⊠82327
Twist 20 B4, ⊠49767
Twistetal 38 E3, ⊠34477
Twistringen 21 I3, ⊠27239

U

Ubstadt-Weiher 54 C5, ⊠76698
Uchte 21 I5, ⊠31600
Uder 39 I3, ⊠37318
Übach-Palenberg 36 B5, ⊠52531
Überherrn 52 D5, ⊠66802
Überlingen 67 K3, ⊠88662
Übersee 71 G3, ⊠83236
Übigau 34 D6, ⊠04938
Ückeritz 12 E6, ⊠17459
Ueckermünde 19 F2, ⊠17373
Uedem 28 B5, ⊠47589
Ühlingen-Birkendorf 67 F4, ⊠79777
Uelsen 20 A5, ⊠49843
Uelzen 23 G2, ⊠29525
Uetersen 15 H3, ⊠25436
Uetze 22 E5, ⊠31311
Uffenheim 55 K3, ⊠97215
Uhingen 61 G3, ⊠73066
Uhldingen-Mühlhofen 67 K4, ⊠88690
Ulberndorf 43 F5, ⊠01744 Dippoldiswalde
Ulm 61 I5, ⊠*89073
Ulmbach 47 G3, ⊠36396 Steinau
Ulmen 44 E4, ⊠56766
Ulrichstein 47 F2, ⊠35327
Ulzburg, Henstedt- 15 K2, ⊠24558
Umkirch 66 D2, ⊠79224
Ummendorf 32 D2, ⊠39365
Ummerstadt 48 C4, ⊠98663
Unna 37 H1, ⊠*59423
Unseburg 33 F4, ⊠39435
Unterammergau 69 H4, ⊠82497
Unterföhring 63 G6, ⊠85774
Unterhaching 70 B1, ⊠82008
Unterkochen 61 K2, ⊠73432 Aalen
Unterlüß 23 F3, ⊠29345
Untermaßfeld 48 A2, ⊠98617
Untermünkheim 55 I5, ⊠74547
Unterpfaffenhofen 69 K1, ⊠82110 Germering
Unterpörlitz 48 C1, ⊠98693
Unterrot 61 H1, ⊠74405 Gaildorf
Unterschleißheim 63 F6, ⊠85716
Unterweißbach 48 E2, ⊠98744
Unterwellenborn 48 E1, ⊠07333
Unterwössen 71 G3, ⊠83246
Upgant-Schott 13 H4, ⊠26529
Uplengen 13 K5, ⊠26670
Urbach 61 G2, ⊠73660
Urbar 45 H3, ⊠56182
Urexweiler 52 E3, ⊠66646 Marpingen
Urloffen 59 K4, ⊠77767 Appenweier
Ursberg 62 B6, ⊠86513
Urstromtal, Nuthe- 34 C2, ⊠14943
Usadel 18 C4, ⊠17237 Blumenholz
Usedom 19 F1, ⊠17406
Usingen 46 C3, ⊠61250
Uslar 31 G6, ⊠37170
Uttenreuth 56 D3, ⊠91080

V

Vacha 39 I6, ⊠36404
Vaihingen an der Enz 60 E1, ⊠71665
Vallendar 45 H3, ⊠56179
Varel 14 B5, ⊠26316
Vaterstetten 70 C1, ⊠85591
Vechta 21 G4, ⊠49377
Veckenstedt 32 C4, ⊠38871
Vehlitz 33 G3, ⊠39291
Veilsdorf 48 C3, ⊠98669
Veitsbronn 56 C3, ⊠90587
Veitshöchheim 55 I1, ⊠97209
Velbert 36 E2, ⊠*42549
Velburg 57 G5, ⊠92355
Velden 63 I5, ⊠84149
Velen 28 E4, ⊠46342
Velgast 11 K4, ⊠18469
Vellberg 55 I6, ⊠74541
Vellmar 39 G3, ⊠34246
Velpke 23 H6, ⊠38458
Velten 25 H4, ⊠16727
Verden 22 A2, ⊠27283
Veringenstadt 68 A1, ⊠72519
Verl 30 C4, ⊠33415
Verne 30 C5, ⊠33154 Salzkotten
Versmold 30 A3, ⊠33775
Vetschau 35 G4, ⊠03226
Vettweiß 36 D6, ⊠52391
Viechtach 58 B6, ⊠94234
Vienenburg 32 B4, ⊠38690
Viernau 48 B1, ⊠98547
Viernheim 54 C3, ⊠68519
Vierraden 19 H6, ⊠16306
Viersen 36 C3, ⊠*41747
Vietgest 17 I2, ⊠18279
Vietzen 18 A5, ⊠39624 Kahrstedt
Villingen-Schwenningen 67 F1, ⊠*78048
Villmar 45 K3, ⊠65606
Vilsbiburg 63 K4, ⊠84137
Vilseck 57 G2, ⊠92249
Vilsen, Bruchhausen- 21 K3, ⊠27305
Vilshofen 64 D3, ⊠94474
Vipperow 18 A5, ⊠17209
Visbek 21 G3, ⊠49429
Visselhövede 22 C2, ⊠27374
Vitt 12 C2, ⊠18556
Vitte 12 B3, ⊠18565
Vlotho 30 E2, ⊠32602
Vluyn, Neukirchen- 36 C2, ⊠47506
Vockerode 33 I4, ⊠06786
Vöhl 38 E4, ⊠34516
Vöhrenbach 67 F1, ⊠78147
Vöhringen 60 C5, ⊠72189
Vöhringen 61 I6, ⊠89269
Völklingen 52 D4, ⊠66333
Völpke 32 D2, ⊠39393
Völschow 18 D1, ⊠17129
Voerde 28 D6, ⊠46562
Vogelsang 19 G2, ⊠17375
Vogelsdorf, Fredersdorf- 26 A5, ⊠15370
Vogtsburg 66 C1, ⊠79235
Vohburg an der Donau 63 F3, ⊠85088
Vohenstrauß 57 I2, ⊠92648
Volkach 55 K1, ⊠97332
Volkmarsen 38 E2, ⊠34471
Volkstedt 33 F6, ⊠06295
Vorderriß 70 B5, ⊠83661 Lenggries
Vorhelm 29 I4, ⊠59227 Ahlen
Vreden 28 E3, ⊠48691

W

Waakirchen 70 C3, ⊠83666
Wabern 39 F4, ⊠34590
Wachenheim 54 A4, ⊠67157
Wachtberg 45 E1, ⊠53343
Wachtendonk 36 C2, ⊠47669
Wackersdorf 57 I4, ⊠92442
Wadern 52 D3, ⊠66687
Wadersloh 30 B5, ⊠59329
Wadgassen 52 D4, ⊠66787
Wächtersbach 47 F4, ⊠63607
Wäschenbeuren 61 H3, ⊠73116
Waffenrod 48 C3, ⊠98666
Wagenfeld 21 H5, ⊠49419
Waghäusel 54 C5, ⊠68753
Waging 71 H2, ⊠83329
Wahlen 44 C2, ⊠53925 Kall
Wahlsburg 31 G6, ⊠37194
Wahlscheid 37 F5, ⊠53797 Lohmar
Wahlstedt 16 A1, ⊠23812
Waiblingen 61 F2, ⊠*71332
Waidhaus 57 K2, ⊠92726
Waischenfeld 56 E1, ⊠91344
Walbeck 36 B1, ⊠47608 Geldern
Walchensee 69 K4, ⊠82432
Waldachtal 60 C4, ⊠72178
Waldalgesheim 45 H6, ⊠55425
Waldaschaff 47 F6, ⊠63857
Waldböckelheim 53 H1, ⊠55596
Waldbröl 37 H6, ⊠51545
Waldbronn 60 B1, ⊠76337
Waldbrunn 45 K2, ⊠65620
Waldbrunn 54 E4, ⊠69429
Waldbüttelbrunn 55 H1, ⊠97297
Walddorfhäslach 60 E4, ⊠72141
Waldeck 38 E4, ⊠34513
Waldems 46 B4, ⊠65529
Waldenbuch 60 E3, ⊠71111
Waldenburg 42 B6, ⊠08396
Waldenburg 55 G5, ⊠74638
Waldershof 49 H6, ⊠95679
Waldfischbach-Burgalben 53 H5, ⊠67714
Waldheim 42 C4, ⊠04736
Waldkappel 39 I4, ⊠37284
Waldkirch 66 D1, ⊠79183
Waldkirchen 65 F2, ⊠94065
Waldkraiburg 64 A6, ⊠84478
Wald-Michelbach 54 D3, ⊠69483
Waldmohr 53 F4, ⊠66914
Waldmünchen 58 B4, ⊠93449
Waldrach 52 D1, ⊠54320
Waldsassen 49 I6, ⊠95652
Waldsee 54 B4, ⊠67165
Waldshut-Tiengen 66 E4, ⊠79761
Waldsolms 46 C3, ⊠35647
Waldstetten 61 H3, ⊠73550
Walkenried 32 B6, ⊠37445
Walldorf 48 A2, ⊠98639
Walldorf 54 C4, ⊠69190
Walldorf, Mörfelden- 46 C6, ⊠64546
Walldürn 55 F3, ⊠74731
Wallendorf 41 H2, ⊠06254
Wallenfels 49 F4, ⊠96346
Wallenhorst 29 K1, ⊠49134
Wallerfangen 52 C4, ⊠66798
Wallersdorf 64 C3, ⊠94522
Wallhausen 40 E2, ⊠06528
Walluf 45 K5, ⊠65396
Walschleben 40 C4, ⊠99189
Walsrode 22 C3, ⊠29664
Waltenhofen 68 E4, ⊠87448
Waltershausen 40 B6, ⊠99880
Waltrop 29 G6, ⊠45731
Walzbachtal 54 C6, ⊠75045
Wandlitz 25 I3, ⊠16348
Wanfried 39 K4, ⊠37281
Wangels 10 B5, ⊠23758
Wangen 68 C4, ⊠88239
Wangerland 14 B3, ⊠26434
Wangerooge 14 B2, ⊠26486
Wankendorf 9 I6, ⊠24601
Wanzleben 33 F3, ⊠39164
Warburg 39 F2, ⊠34414
Wardenburg 21 G2, ⊠26203
Waren 18 A4, ⊠17192
Warendorf 29 I3, ⊠48231
Warin 17 G2, ⊠19417
Warmensteinach 49 G6, ⊠95485
Warndt, Ludweiler- 52 D5, ⊠66333

Warnemünde 11 G5, ✉ 18119
Warstein 38 B2, ✉ 59581
Wartenberg 47 G2, ✉ 36367
Wartenberg 63 H5, ✉ 85456
Warza 40 B5, ✉ 99869
Wassenberg 36 B4, ✉ 41849
Wasseralfingen 61 K2, ✉ 73433 Aalen
Wasserburg am Bodensee 68 B5, ✉ 88142
Wasserburg am Inn 70 E1, ✉ 83512
Wassertrüdingen 62 B1, ✉ 91717
Wasungen 48 A1, ✉ 98634
Wathlingen 22 E5, ✉ 29339
Waxweiler 44 B5, ✉ 54649
Wedel 15 H3, ✉ 22880
Wedemark 22 C5, ✉ 30900
Weding, Jarplund- 9 F2, ✉ 24941
Weener 13 H6, ✉ 26826
Weeze 28 B5, ✉ 47652
Weferlingen 23 I6, ✉ 39356
Wegberg 36 B4, ✉ 41844
Wegscheid 65 G3, ✉ 94110
Wehr 66 D4, ✉ 79664
Wehretal 39 I4, ✉ 37287
Wehrheim 46 C4, ✉ 61273
Weida 41 K6, ✉ 07570
Weiden 57 I2, ✉ 92637
Weidenberg 49 G6, ✉ 95466
Weidhausen 48 D4, ✉ 96279
Weiher, Ubstadt- 54 C5, ✉ 76698
Weiherhammer 57 H2, ✉ 92729
Weikersheim 55 I3, ✉ 97990
Weil am Rhein 66 C4, ✉ 79576
Weilburg 46 B2, ✉ 35781
Weil der Stadt 60 D3, ✉ 71263
Weiler-Simmerberg 68 D5, ✉ 88171
Weilerswist 36 E6, ✉ 53919
Weilheim 61 G4, ✉ 73235
Weilheim in Oberbayern 69 I3, ✉ 82362
Weil im Schönbuch 60 E4, ✉ 71093
Weilmünster 46 B3, ✉ 35789
Weilrod 46 B3, ✉ 61276
Weilstetten 60 C6, ✉ 72336 Balingen
Weimar 40 E5, ✉ *99423
Weimar 46 D1, ✉ 35096
Weinbergen 40 B4, ✉ 99998
Weinböhla 43 F3, ✉ 01689
Weingarten 54 C6, ✉ 76356
Weingarten 68 B5, ✉ 88250
Weinheim 54 D3, ✉ 69469
Weinsberg 55 F6, ✉ 74189
Weinstadt 61 F2, ✉ 71384
Weischlitz 49 H3, ✉ 08538
Weisenbach 60 B3, ✉ 76599
Weisenheim an Sand 54 B3, ✉ 67273
Weiskirchen 52 D3, ✉ 66709
Weismain 48 E5, ✉ 96260
Weissach 60 D2, ✉ 71287
Weissach im Tal 61 G2, ✉ 71554
Weißenberg 27 H3, ✉ 02627

Weißenborn 42 E5, ✉ 09600
Weißenburg 62 C1, ✉ 91781
Weißenfels 41 H4, ✉ 06667
Weißenhorn 61 K6, ✉ 89264
Weißenstadt 49 H5, ✉ 95163
Weißenthurm 45 G3, ✉ 56575
Weißkeißel 35 K6, ✉ 02957
Weißwasser 35 I6, ✉ 02943
Weitefeld 45 I1, ✉ 57586
Weiterode 39 H5, ✉ 36179 Bebra
Weiterstadt 46 C6, ✉ 64331
Weitnau 68 E4, ✉ 87480
Weixdorf 43 G4, ✉ 01478
Welden 62 B5, ✉ 86465
Wellingholzhausen 30 B2, ✉ 49326 Melle
Welver 29 I6, ✉ 59514
Welzheim 61 H2, ✉ 73642
Wemding 62 C2, ✉ 86650
Wemmetsweiler 52 E4, ✉ 66589 Merchweiler
Wendeburg 32 A1, ✉ 38176
Wendefurth 32 C5, ✉ 38889 Altenbrak
Wendelstein 56 D4, ✉ 90530
Wenden 37 I5, ✉ 57482
Wendlingen 61 F3, ✉ 73240
Wennigsen 31 G2, ✉ 30974
Wenningstedt 8 A5, ✉ 25996
Wenzenbach 57 H3, ✉ 93173
Werben 24 D3, ✉ 39615
Werda 41 K6, ✉ 08412
Werder 35 H1, ✉ 14542
Werdau 41 K6, ✉ 08412
Werder 35 H1, ✉ 14542
Werdohl 37 I3, ✉ 58791
Werdorf 46 C2, ✉ 35614 Aßlar
Werl 37 I1, ✉ 59457
Werlte 20 E3, ✉ 49757
Wermelskirchen 37 F4, ✉ 42929
Wermsdorf 42 C3, ✉ 04779
Wernau 61 G3, ✉ 73249
Wernberg-Köblitz 57 I3, ✉ 92533
Werneck 47 K6, ✉ 97440
Werneuchen 26 A4, ✉ 16356
Wernigerode 32 B4, ✉ 38855
Wernshausen 48 A1, ✉ 98590
Wertheim 55 G2, ✉ 97877
Wertingen 62 B4, ✉ 86637
Wesel 28 D5, ✉ *46483
Wesenberg 18 C5, ✉ 17255
Wesselburen 8 B5, ✉ 25764
Wesseling 36 E6, ✉ 50389
Wessobrunn 69 H3, ✉ 82405
Westenholz 30 C5, ✉ 33129 Delbrück
Westerburg 45 I2, ✉ 56457
Westeregeln 32 E4, ✉ 39448
Westerengel 40 C3, ✉ 99718
Westerham, Feldkirchen- 70 D2, ✉ 83620
Westerkappeln 29 I1, ✉ 49492
Westerland 8 A5, ✉ 25980
Westerngrund 47 F5, ✉ 63825
Westerrönfeld 9 G5, ✉ 24784

Westerstede 14 A6, ✉ 26655
Westewitz 42 C4, ✉ 04720
Westfehmarn 10 C3, ✉ 23769
Westheim 62 C1, ✉ 91747
Westheim 62 C5, ✉ 86356 Neusäß
Westhofen 54 B2, ✉ 67593
Westoverledingen 13 H6, ✉ 26810
Westrhauderfehn 20 D1, ✉ 26817 Rhauderfehn
Wettenberg 46 C1, ✉ 35435
Wetter 37 G2, ✉ 58300
Wetter 38 D6, ✉ 35083
Wettin 33 G6, ✉ 06198
Wettringen 29 G2, ✉ 48493
Wetzlar 46 B3, ✉ 35576
Weyarn 70 C3, ✉ 83629
Weyhe 21 I2, ✉ 28844
Wiblingwerde, Nachrodt- 37 H3, ✉ 58769
Wickede 37 I2, ✉ 58739
Wickenrode 39 H3, ✉ 34298 Helsa
Widdern 55 G4, ✉ 74259
Wiebelskirchen 53 F4, ✉ 66540 Neunkirchen
Wieck 12 C5, ✉ 17506
Wieden 63 H3, ✉ 84106 Volkenschwand
Wiedenbrück, Rheda- 30 B4, ✉ 33378
Wiederitzsch 41 I2, ✉ 04448
Wiefelstede 14 B3, ✉ 26215
Wiehl 37 H5, ✉ 51674
Wiek 12 B2, ✉ 18556
Wieren 23 G3, ✉ 29568
Wiernsheim 60 D2, ✉ 75446
Wiesau 49 I6, ✉ 95676
Wiesbach 52 E4, ✉ 66571 Eppelborn
Wiesbaden 45 K5, ✉ *65183
Wiesenburg 33 K2, ✉ 14827
Wiesensteig 61 G4, ✉ 73349
Wiesental 54 C5, ✉ 68753 Waghäusel
Wiesentheid 56 A1, ✉ 97353
Wiesenttal 56 E1, ✉ 91346
Wieslautern 53 H6, ✉ 76891 Bundenthal
Wiesloch 54 D5, ✉ 69168
Wiesmoor 13 K4, ✉ 26639
Wietmarschen 20 B5, ✉ 49835
Wietzendorf 22 E2, ✉ 29649
Wiggensbach 68 E3, ✉ 87487
Wildau 25 K6, ✉ 15745
Wildberg 60 C3, ✉ 72218
Wildeck 39 I5, ✉ 36208
Wildemann 32 A4, ✉ 38709
Wildenau, Luhe- 57 I3, ✉ 92706
Wildenberg 63 H3, ✉ 93359
Wildflecken 47 I3, ✉ 97772
Wilhelmshaven 14 B4, ✉ *26382
Wilhelmshorst 25 H6, ✉ 14557
Wilhermsdorf 56 C3, ✉ 91452
Wilkau-Haßlau 50 A1, ✉ 08112
Willebadessen 30 E6, ✉ 34439
Willich 36 D3, ✉ 47877

Willingen 38 C3, ✉ 34508
Willstätt 59 I4, ✉ 77731
Wilnsdorf 37 K6, ✉ 57234
Wilsede 15 I6, ✉ 29646 Bispingen
Wilster 15 G1, ✉ 25554
Wilthen 43 I4, ✉ 02681
Windeck 37 H6, ✉ 51570
Winden im Elztal 66 E1, ✉ 79297
Windischeschenbach 57 I1, ✉ 92670
Windsbach 56 C5, ✉ 91575
Wingst 15 F3, ✉ 21789
Winhöring 64 B6, ✉ 84543
Winkel, Oestrich- 45 I6, ✉ 65375
Winnenden 61 G2, ✉ 71364
Winningen 45 G4, ✉ 56333
Winnweiler 53 H3, ✉ 67722
Winsen 16 A5, ✉ 21423
Winsen 22 D4, ✉ 29308
Winterberg 38 C4, ✉ 59955
Winterspelt 44 B4, ✉ 54616
Winzeln, Fluorn- 60 B6, ✉ 78737
Winzer 64 D3, ✉ 94577
Wipfeld 47 K6, ✉ 97537
Wipfratal 40 D6, ✉ 99310
Wipperdorf 40 B2, ✉ 99752
Wipperfürth 37 G4, ✉ 51688
Wirges 45 I3, ✉ 56422
Wischhafen 15 G2, ✉ 21737
Wismar 37 F1, ✉ *23966
Wissen 37 H6, ✉ 57537
Witten 37 G2, ✉ *58452
Wittenberg, Lutherstadt- 34 A4, ✉ 06886
Wittenberge 24 B2, ✉ 19322
Wittenburg 16 D4, ✉ 19243
Wittenweier 59 I5, ✉ 77963 Schwangau
Wittgensdorf 42 C6, ✉ 09228
Wittichenau 43 H2, ✉ 02997
Wittighausen 55 I3, ✉ 97957
Wittingen 23 H4, ✉ *29378
Wittislingen 62 A4, ✉ 89426
Wittlich 44 D6, ✉ 54516
Wittmund 13 K3, ✉ 26409
Wittstock 17 K6, ✉ 16909
Witzenhausen 39 H3, ✉ *37213
Wölfersheim 46 D3, ✉ 61200
Wöllstadt 46 D4, ✉ 61206
Wörlitz 33 K4, ✉ 06786
Wörrstadt 53 K1, ✉ 55286
Wörsdorf 46 B4, ✉ 65510 Idstein
Wörth 54 B6, ✉ 76744
Wörth 54 E1, ✉ 63939
Wörth an der Donau 63 K1, ✉ 93086
Wörthsee 69 I1, ✉ 82237
Wohratal 38 D5, ✉ 35288
Woldegk 18 E4, ✉ 17348
Wolfach 60 A5, ✉ 77709
Wolfegg 68 C3, ✉ 88364
Wolfen 33 I5, ✉ 06766
Wolfenbüttel 32 B2, ✉ *38300

Wolfersdorf 41 G6, ✉ 07646 Trockenborn-Wolfersdorf
Wolfhagen 38 E3, ✉ 34466
Wolframs-Eschenbach 56 C5, ✉ 91639
Wolfratshausen 69 K2, ✉ 82515
Wolfsberg 48 D1, ✉ 98704
Wolfsburg 23 H6, ✉ *38440
Wolfschlugen 61 F3, ✉ 72649
Wolfshagen im Harz 32 A4, ✉ 38685 Langelsheim
Wolfskehlen 54 C1, ✉ 64560 Riedstadt
Wolfstein 53 H3, ✉ 67752
Wolgast 12 D6, ✉ 17438
Wolkenstein 50 D1, ✉ 09429
Wolmirstedt 33 F2, ✉ 39326
Wolnzach 63 G4, ✉ 85283
Wolpertswende 68 B3, ✉ 88284
Woltersdorf 26 A5, ✉ 15569
Worbis 40 A2, ✉ 37339
Worblingen, Rielasingen- 67 H4, ✉ 78239
Worms 54 B2, ✉ *67547
Wotzdorf 65 F3, ✉ 94051 Hauzenberg
Wriezen 26 B3, ✉ 16269
Wülfrath 36 E3, ✉ 42489
Wünnenberg 38 D2, ✉ 33181
Wünschendorf 41 H6, ✉ 07570
Wünsdorf 34 E2, ✉ 15838
Würselen 36 A6, ✉ 52146
Würzburg 55 I1, ✉ *97070
Wulften 31 K6, ✉ 37199
Wunsiedel 49 H5, ✉ 95632
Wunstorf 22 B6, ✉ 31515
Wuppertal 37 F3, ✉ *42103
Wurmlingen 67 H2, ✉ 78573
Wurzbach 49 F3, ✉ 07343
Wurzen 42 B2, ✉ 04808
Wustrow 11 H4, ✉ 18347
Wutha-Farnroda 40 A5, ✉ 99848
Wyhl 59 H6, ✉ 79369
Wyhlen, Grenzach- 66 C5, ✉ 79639
Wyk 8 C2, ✉ 25938

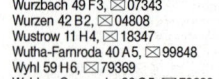

Xanten 28 C5, ✉ 46509

Zaberfeld 54 D6, ✉ 74374
Zachenberg 64 D1, ✉ 94239
Zahna 34 B4, ✉ 06895
Zapfendorf 48 D6, ✉ 96199
Zarrentin 16 D4, ✉ 19246
Zavelstein, Bad Teinach- 60 C3, ✉ 75385

Zeesen 26 A6, ✉ 15711
Zehdenick 25 I2, ✉ 16792
Zehren 43 F3, ✉ 01665
Zeil am Main 48 B6, ✉ 97475
Zeilfeld 48 B3, ✉ 98646 Gleichamberg
Zeißig 43 H2, ✉ 02979
Zeithain 42 D2, ✉ 01619
Zeitlarn 57 I6, ✉ 93197
Zeitz 41 I4, ✉ 06712
Zell 45 F5, ✉ 56856
Zell 57 K5, ✉ 93199
Zella-Mehlis 48 B1, ✉ 98544
Zell am Harmersbach 59 K5, ✉ 77736
Zellerfeld, Clausthal- 32 A5, ✉ 38678
Zell im Wiesental 66 D4, ✉ 79669
Zeltingen 55 H1, ✉ 97225
Zellingen 55 H1, ✉ 97225
Zempin 12 E6, ✉ 17459
Zepernick 25 K4, ✉ 16341
Zerbst 33 H3, ✉ 39261
Zerf 52 C2, ✉ 54314
Zernsdorf 35 F1, ✉ 15758
Zetel 14 B4, ✉ 26340
Zeulenroda 49 H1, ✉ 07937
Zeuthen 26 A6, ✉ 15712
Zeven 15 G5, ✉ 27404
Zichow 19 G6, ✉ 16306
Ziegenhagen 39 H3, ✉ 37217 Witzenhausen
Ziegenrück 48 E2, ✉ 07924
Zierenberg 39 F3, ✉ 34289
Ziesar 33 I2, ✉ 14793
Zingst 11 K3, ✉ 18374
Zinnowitz 12 E6, ✉ 17454
Zinnwald-Georgenfeld 43 F6, ✉ 01773 Altenberg
Zirchow 19 G1, ✉ 17419
Zirkow 12 C4, ✉ 18528
Zirndorf 56 C4, ✉ 90513
Zirtow 18 B5, ✉ 17252
Zittau 27 I5, ✉ 02763
Zöblitz 50 D1, ✉ 09517
Zörbig 33 H6, ✉ 06780
Zöschlingsweiler 62 B4, ✉ 89426 Wittislingen
Zorge 32 B6, ✉ 37449
Zorneding 70 D1, ✉ 85604
Zossen 34 E2, ✉ 15806
Zschopau 50 D1, ✉ 09405
Zschorlau 50 B2, ✉ 08321
Zschornewitz 33 I5, ✉ 06791
Zülpich 44 D1, ✉ 53909
Zweibrücken 53 F5, ✉ 66482
Zwenkau 41 I3, ✉ 04442
Zwethau 34 C6, ✉ 04886 Großtreben-Zwethau
Zwickau 50 A1, ✉ *08056
Zwiefalten 61 G6, ✉ 88529
Zwiesel 58 D6, ✉ 94227
Zwingenberg 54 C2, ✉ 64673
Zwönitz 50 C1, ✉ 08297

Deutsche Kraftfahrzeug-Kennzeichen

(angegeben ist der Verwaltungsbezirk sowie der Sitz der Zulassungsstelle)

A	Augsburg
AA	Ostalbkreis in Aalen
AB	Aschaffenburg
ABG	Altenburger Land in Altenburg
AC	Kreis Aachen in Würselen und Aachen (Stadt)
*AE	Auerbach
*AH	Ahaus
*AIB	Bad Aibling
AIC	Aichach-Friedberg in Aichach
AK	Altenkirchen/Westerwald
*AL	Altena
*ALF	Alfeld/Leine
*ALS	Vogelsbergkreis in Alsfeld
*ALZ	Alzenau/Unterfranken
AM	Amberg
AN	Ansbach
ANA	Annaberg
*ANG	Angermünde
*ANK	Ostvorpommern in Anklam
AÖ	Altötting
AP	Weimarer-Land in Apolda
*APD	Apolda
*AR	Arnsberg
*ARN	Arnstadt
*ART	Artern
AS	Amberg-Sulzbach in Amberg
*ASD	Aschendorf-Hümmling in Papenburg-Aschendorf
ASL	Aschersleben-Staßfurt in Aschersleben
ASZ	Aue-Schwarzenberg in Aue
*AT	Altentreptow
*AU	Aue
AUR	Aurich
AW	Ahrweiler in Bad Neuenahr-Ahrweiler
AZ	Alzey-Worms in Alzey
AZE	Anhalt-Zerbst in Coswig
B	Berlin
BA	Bamberg
BAD	Baden-Baden
BAR	Barnim in Eberswalde
BB	Böblingen
BBG	Bernburg
BBL	Brandenburg Landesregierung und Landtag
BC	Biberach/Riß
*BCH	Buchen/Odenwald
BD	Bundestag, Bundesrat, Bundesregierung
*BE	Beckum
*BED	Brand-Erbisdorf
*BEI	Beilngries
*BEL	Belzig
*BER	Bernau
*BF	Steinfurt in Burgsteinfurt
BG	Bundesgrenzschutz
*BGD	Berchtesgaden
BGL	Berchtesgadener Land in Bad Reichenhall
*BH	Bühl/Baden
BI	Bielefeld
*BID	Biedenkopf
*BIN	Bingen/Rhein
BIR	Birkenfeld/Nahe und Idar-Oberstein (Stadt)
BIT	Bitburg-Prüm in Bitburg
*BIW	Bischofswerda
*BK	Backnang
*BKS	Kreis Bernkastel in Bernkastel-Kues
BL	Zollernalbkreis in Balingen
*BLB	Wittgenstein in Bad Berleburg
BLK	Burgenlandkreis in Naumburg
BM	Erftkreis in Bergheim und Hürth
BN	Bonn
*BNA	Borna
BO	Bochum
BÖ	Bördekreis in Oschersleben
*BOG	Bogen
*BOH	Bocholt
BOR	Borken
BOT	Bottrop
*BR	Bruchsal
BRA	Wesermarsch in Brake Unterweser
BRB	Brandenburg
*BRG	Burg
*BRI	Brilon
*BRK	Bad Brückenau
*BRL	Blankenburg in Braunlage
*BRV	Bremervörde
BS	Braunschweig
*BSB	Bersenbrück
*BSK	Beeskow
BT	Bayreuth
BTF	Bitterfeld
*BU	Burgdorf
*BÜD	Büdingen/Oberhessen
*BÜR	Büren
BÜS	Büsingen am Hochrhein (Kreis Konstanz)
*BÜZ	Bützow
*BUL	Burglengenfeld
BW	Bundes-Wasser- und Schiffahrtsverwaltung
BWL	Baden-Württemberg Landesregierung und Landtag
BYL	Bayern Landesregierung und Landtag
BZ	Bautzen
*BZA	Bad Bergzabern
C	Chemnitz
*CA	Calau
*CAS	Castrop-Rauxel
CB	Cottbus
CE	Celle
CHA	Cham
CLP	Cloppenburg
*CLZ	Kreis Zellerfeld in Clausthal-Zellerfeld
CO	Coburg
COC	Cochem-Zell in Cochem
COE	Coesfeld
*CR	Crailsheim
CUX	Cuxhaven
CW	Calw
D	Düsseldorf
DA	Darmstadt-Dieburg-Kreis und Darmstadt (Stadt)
DAH	Dachau
DAN	Lüchow-Dannenberg in Lüchow
DAU	Daun
DBR	Bad Doberan
DD	Dresden
DE	Dessau
DEG	Deggendorf
DEL	Delmenhorst
DGF	Dingolfing-Landau in Dingolfing
DH	Diepholz
*DI	Dieburg
*DIL	Dillkreis in Dillenburg
*DIN	Dinslaken
*DIZ	Unterlahnkreis in Diez
*DKB	Dinkelsbühl
DL	Döbeln
DLG	Dillingen a. d. Donau
DM	Demmin
DN	Düren
DO	Dortmund
DON	Donau-Ries in Donauwörth
*DS	Donaueschingen
*DT	Lippe in Detmold
DU	Duisburg
*DUD	Duderstadt
DÜW	Bad Dürkheim/Weinstraße
DW	Weißeritzkreis in Dippoldiswalde
DZ	Delitzsch
E	Essen
EA	Eisenach
*EB	Eilenburg
EBE	Ebersberg
*EBN	Ebern
*EBS	Ebermannstadt
*ECK	Eckernförde
ED	Erding
EE	Elbe-Elster-Kreis in Bad Liebenwerda
EF	Erfurt
*EG	Eggenfelden
*EH	Eisenhüttenstadt
*EHI	Ehingen/Donau
EI	Eichstätt
EIC	Eichsfeld in Heiligenstadt
*EIH	Eichstätt
*EIL	Eisleben
*EIN	Einbeck
*EIS	Eisenberg
EL	Emsland in Meppen
EM	Emmendingen
EMD	Emden
EMS	Rhein-Lahn-Kreis in Bad Ems und Lahnstein (Stadt)
EN	Ennepe-Ruhr-Kreis in Schwelm
ER	Erlangen
ERB	Odenwaldkreis in Erbach Odenwald
ERH	Erlangen-Höchstadt in Erlangen
*ERK	Erkelenz
ES	Esslingen/Neckar
*ESA	Eisenach
*ESB	Eschenbach/Oberpfalz
ESW	Werra-Meißner-Kreis in Eschwege
EU	Euskirchen
*EUT	Eutin
*EW	Eberswalde
F	Frankfurt/Main
*FAL	Fallingbostel
FB	Wetteraukreis in Friedberg Hessen
FD	Fulda
*FDB	Friedberg
FDS	Freudenstadt
*FEU	Feuchtwangen
FF	Frankfurt (Oder)
FFB	Fürstenfeldbruck
FG	Freiberg
*FH	Main-Taunus-Kreis in Frankfurt/Main-Höchst
*FI	Finsterwalde
*FKB	Frankenberg/Eder
FL	Flensburg
*FLÖ	Flöha
FN	Bodenseekreis in Friedrichshafen
FO	Forchheim
*FOR	Forst
FR	Breisgau-Hochschwarzwald und Freiburg (Stadt)
FRG	Freyung-Grafenau in Freyung
FRI	Friesland in Jever
*FRW	Bad Freienwalde
FS	Freising
FT	Frankenthal/Pfalz
*FTL	Freital
FÜ	Fürth
*FÜS	Füssen
*FW	Fürstenwalde
*FZ	Fritzlar-Homberg in Fritzlar
G	Gera
*GA	Gardelegen
*GAN	Bad Gandersheim
GAP	Garmisch-Partenkirchen
GC	Chemnitzer Land in Glauchau
*GD	Schwäbisch Gmünd
*GDB	Gadebusch
GE	Gelsenkirchen
*GEL	Geldern
*GEM	Gemünden/Main
*GEO	Gerolzhofen
GER	Germersheim
GF	Gifhorn
GG	Groß-Gerau
*GHA	Geithain
*GHC	Gräfenhainichen
GI	Gießen
*GK	Geilenkirchen-Heinsberg
GL	Rheinisch-Bergischer Kreis in Bergisch Gladbach
*GLA	Gladbeck
GM	Oberbergischer Kreis in Gummersbach
*GMN	Grimmen
*GN	Gelnhausen
*GNT	Genthin
*GOA	Sankt Goar
GÖ	Göttingen
*GOH	Sankt Goarshausen
GP	Göppingen
GR	Görlitz
*GRA	Grafenau
*GRH	Großenhain
*GRI	Griesbach/Rottal
*GRM	Grimma
*GRS	Gransee
GRZ	Greiz
GS	Goslar
GT	Gütersloh
GTH	Gotha
*GUB	Guben
GÜ	Güstrow
*GUN	Gunzenhausen
*GV	Grevenbroich
*GVM	Grevesmühlen
*GW	Greifswald
GZ	Günzburg
H	Hannover
HA	Hagen
*HAB	Hammelburg
HAL	Halle
HAM	Hamm
HAS	Haßberge in Haßfurt
HB	Hansestadt Bremen und Bremerhaven
HBN	Hildburghausen
HBS	Halberstadt
*HC	Hainichen
*HCH	Hechingen
HD	Rhein-Neckar-Kreis und Heidelberg (Stadt)
HDH	Heidenheim/Brenz
*HDL	Haldensleben
HE	Helmstedt
*HEB	Hersbruck
HEF	Hersfeld-Rotenburg in Bad Hersfeld
HEI	Dithmarschen in Heide/Holstein
HEL	Hessen Landesregierung und Landtag
HER	Herne
*HET	Hettstedt
HF	Herford in Kirchlengern
HG	Hochtaunuskreis in Bad Homburg v. d. H.
*HGN	Hagenow
HGW	Hansestadt Greifswald
HH	Hansestadt Hamburg
*HHM	Hohenmölsen
HI	Hildesheim
*HIG	Heiligenstadt
*HIP	Hilpoltstein
HL	Hansestadt Lübeck
HM	Hameln-Pyrmont in Hameln
*HMÜ	Hann. Münden
HN	Heilbronn/Neckar
HO	Hof
*HÖS	Höchstadt/Aisch
*HOG	Hofgeismar
*HOH	Hofheim/Unterfranken
HOL	Holzminden
HOM	Saarpfalz-Kreis in Homburg/Saar
*HOR	Horb/Neckar
*HOT	Hohenstein-Ernstthal
HP	Bergstraße in Heppenheim
HR	Schwalm-Eder-Kreis in Homberg
HRO	Hansestadt Rostock
HS	Heinsberg
HSK	Hochsauerlandkreis in Meschede
HST	Hansestadt Stralsund
HU	Main-Kinzig-Kreis in Hanau
*HÜN	Hünfeld
*HUS	Husum
*HV	Havelberg
HVL	Havelland in Rathenow
*HW	Halle
HWI	Hansestadt Wismar
HX	Höxter
HY	Hoyerswerda
*HZ	Herzberg
IGB	St. Ingbert
IK	Ilm-Kreis in Arnstadt
*IL	Ilmenau
*ILL	Illertissen
IN	Ingolstadt
*IS	Iserlohn
IZ	Steinburg in Itzehoe
J	Jena
*JB	Jüterbog
*JE	Jessen
*JEV	Friesland in Jever
JL	Jerichower Land in Burg
*JÜL	Jülich
K	Köln
KA	Karlsruhe
*KAR	Main-Spessart-Kreis in Karlstadt
KB	Waldeck-Frankenberg in Korbach
KC	Kronach
KE	Kempten (Allgäu)
KEH	Kelheim
*KEL	Kehl
*KEM	Kemnath
KF	Kaufbeuren
KG	Bad Kissingen
KH	Bad Kreuznach
KI	Kiel
KIB	Donnersbergkreis in Kirchheimbolanden
*KK	Kempen-Krefeld in Kempen
KL	Kaiserslautern
KLE	Kleve
*KLZ	Klötze
KM	Kamenz
KN	Konstanz
KO	Koblenz
*KÖN	Bad Königshofen/Grabfeld
KÖT	Köthen
*KÖZ	Kötzting
KR	Krefeld
*KRU	Krumbach
KS	Kassel
KT	Kitzingen
KU	Kulmbach
KÜN	Hohenlohekreis in Künzelsau
KUS	Kusel
*KW	Königs Wusterhausen
*KY	Kyritz
KYF	Kyffhäuserkreis in Sondershausen
L	Leipziger Land und Leipzig (Stadt)
*L	Lahn-Dill-Kreis in Wetzlar
LA	Landshut
*LAN	Landau/Isar
*LAT	Vogelsbergkreis in Lauterbach/Hessen
LAU	Nürnberger Land in Lauf/Pegnitz
LB	Ludwigsburg
*LBS	Lobenstein
*LBZ	Lübz
*LC	Luckau
LD	Landau
LDK	Lahn-Dill-Kreis in Wetzlar
LDS	Dahme-Spreewald in Königs Wusterhausen
*LE	Lemgo
*LEO	Leonberg
LER	Leer/Ostfriesland
LEV	Leverkusen
*LF	Laufen
LG	Lüneburg
*LH	Lüdinghausen
LI	Lindau (Bodensee)
*LIB	Bad Liebenwerda
LIF	Lichtenfels
*LIN	Lingen
LIP	Lippe in Detmold
*LK	Lübbecke
LL	Landsberg/Lech
LM	Limburg-Weilburg in Limburg/Lahn
*LN	Lübben
LÖ	Lörrach
*LÖB	Löbau
*LOH	Lohr/Main
LOS	Oder-Spree-Kreis in Beeskow
*LP	Lippstadt
*LR	Lahr/Schwarzwald
*LS	Märkischer Kreis in Lüdenscheid
LSA	Sachsen-Anhalt Landesregierung und Landtag
LSN	Sachsen Landesregierung und Landtag
*LSZ	Bad Langensalza
LU	Ludwigshafen/Rhein
*LÜD	Lüdenscheid
*LÜN	Lünen
*LUK	Luckenwalde
LWL	Ludwigslust
M	München
MA	Mannheim
*MAB	Marienberg
*MAI	Mainburg
*MAK	Marktredwitz
*MAL	Mallersdorf
*MAR	Marktheidenfeld
MB	Miesbach
*MC	Malchin
MD	Magdeburg
ME	Mettmann
*MED	Süderdithmarschen in Meldorf
*MEG	Melsungen
MEI	Meißen
MEK	Mittlerer Erzgebirgskreis in Marienberg
*MEL	Melle
*MEP	Meppen
*MER	Merseburg
*MES	Hochsauerlandkreis in Meschede
*MET	Mellrichstadt
MG	Mönchengladbach
*MGH	Bad Mergentheim
*MGN	Meiningen
MH	Mülheim/Ruhr
*MHL	Mühlhausen
MI	Minden-Lübbecke in Minden
MIL	Miltenberg
MK	Märkischer Kreis in Lüdenscheid
ML	Mansfelder Land in Eisleben
MM	Memmingen
MN	Unterallgäu in Mindelheim
*MO	Moers
*MOD	Ostallgäu in Marktoberdorf
MOL	Märkisch-Oderland in Bad Freienwalde
*MON	Monschau
MOS	Neckar-Odenwald-Kreis in Mosbach
MQ	Merseburg-Querfurt in Merseburg
MR	Marburg-Biedenkopf in Marburg/Lahn
MS	Münster
MSP	Main-Spessart in Karlstadt
MST	Mecklenburg-Strelitz in Neustrelitz
*MT	Westerwald in Montabaur
MTK	Main-Taunus-Kreis in Hofheim am Taunus
MTL	Muldentalkreis in Grimma
MÜ	Mühldorf am Inn
*MÜB	Münchberg
*MÜL	Müllheim/Baden
*MÜN	Münsingen/Württemberg
MÜR	Müritz in Waren
MVL	Mecklenburg-Vorpommern Landesregierung und Landtag
MW	Mittweida
*MY	Mayen
MYK	Mayen-Koblenz in Koblenz und Andernach (Stadt)
MZ	Mainz-Bingen in Bingen und Mainz (Stadt)
MZG	Merzig-Wadern in Merzig/Saar
N	Nürnberg
*NAB	Nabburg
*NAI	Naila
*NAU	Nauen
NB	Neubrandenburg
ND	Neuburg-Schrobenhausen in Neuburg/Donau
NDH	Nordhausen
NE	Neuss
NEA	Neustadt-Bad Winds heim in Neustadt/Aisch
*NEB	Nebra
*NEC	Neustadt/Coburg
*NEN	Neunburg vorm Wald
NES	Rhön-Grabfeld in Bad Neustadt/Saale
*NEU	Hochschwarzwald in Titisee-Neustadt
NEW	Neustadt/Waldnaab
NF	Nordfriesland in Husum
*NH	Neuhaus
NI	Nienburg/Weser
*NIB	Süd Tondern in Niebüll
NK	Neunkirchen/Saar
NL	Niedersachsen Landesregierung und Landtag
NM	Neumarkt/Oberpfalz
*NMB	Naumburg
NMS	Neumünster
*NÖ	Nördlingen
NOH	Grafschaft Bentheim in Nordhorn
NOL	Niederschlesischer Oberlausitzkreis in Niesky
NOM	Northeim
*NOR	Norden
*NP	Neuruppin
NR	Neuwied/Rhein
*NRÜ	Neustadt am Rübenberge
NRW	Nordrhein-Westfalen Landesregierung und Landtag
*NT	Nürtingen
NU	Neu-Ulm
NVP	Nordvorpommern in Grimmen
NW	Neustadt/Weinstraße
NWM	Nordwestmecklenburg in Grevesmühlen
*NY	Niesky
*NZ	Neustrelitz
OA	Oberallgäu in Sonthofen
OAL	Ostallgäu in Marktoberdorf
OB	Oberhausen
*OBB	Obernburg/Main
*OBG	Osterburg
*OC	Bördekreis in Oschersleben
*OCH	Ochsenfurt
OD	Stormarn in Bad Oldesloe
OE	Olpe
*ÖHR	Öhringen
OF	Offenbach/Main
OG	Ortenaukreis in Offenburg
OH	Ostholstein in Eutin
OHA	Osterode/Harz
OHV	Oberhavel in Oranienburg
OHZ	Osterholz in Osterholz-Scharmbeck
OK	Ohrekreis in Haldensleben
OL	Oldenburg in Wildeshausen und Oldenburg (Stadt)
*OLD	Oldenburg/Holstein
*OP	Rhein-Wupper-Kreis in Opladen
OPR	Ostprignitz-Ruppin in Neuruppin
*OR	Oranienburg
OS	Osnabrück
OSL	Oberspreewald-Lausitz in Senftenberg
*OTT	Land Hadeln in Otterndorf
*OTW	Ottweiler
*OVI	Oberviechtach
*OVL	Obervogtland in Klingenthal, Oelsnitz
OVP	Ostvorpommern in Anklam
*OZ	Oschatz
P	Potsdam
PA	Passau
PAF	Pfaffenhofen/Ilm
PAN	Rottal-Inn in Pfarrkirchen
*PAR	Parsberg
PB	Paderborn
PCH	Parchim
PE	Peine
*PEG	Pegnitz
*PER	Perleberg
PF	Enzkreis und Pforzheim (Stadt)
PI	Pinneberg
PIR	Sächsische Schweiz in Pirna
*PK	Pritzwalk
PL	Plauen
PLÖ	Plön/Holstein
PM	Potsdam-Mittelmark in Belzig
*PN	Pößneck
PR	Prignitz in Perleberg
*PRÜ	Prüm/Eifel
PS	Pirmasens
*PW	Pasewalk
*PZ	Prenzlau
*QFT	Querfurt
QLB	Quedlinburg
R	Regensburg
RA	Rastatt
*RC	Reichenbach
RD	Rendsburg-Eckernförde in Rendsburg
*RDG	Ribnitz-Damgarten
RE	Recklinghausen in Marl
REG	Regen
*REH	Rehau
*REI	Berchtesgadener Land in Bad Reichenhall
RG	Riesa-Großenhain in Großenhain
RH	Roth
*RI	Grafschaft Schaumburg in Rinteln
*RID	Riedenburg
*RIE	Riesa
*RL	Rochlitz
*RM	Röbel/Müritz
*RN	Rathenow
RO	Rosenheim
*ROD	Roding
*ROF	Rotenburg/Fulda
*ROK	Rockenhausen
*ROL	Rottenburg/Laaber
*ROS	Rostock (Kreis)
*ROT	Rothenburg o. d. Tauber
ROW	Rotenburg/Wümme
RPL	Rheinland-Pfalz Landesregierung und Landtag
RS	Remscheid
*RSL	Roßlau
RT	Reutlingen
*RU	Rudolstadt
RÜD	Rheingau-Taunus-Kreis in Bad Schwalbach
RÜG	Rügen in Bergen
RV	Ravensburg
RW	Rottweil
*RY	Rheydt
RZ	Herzogtum Lauenburg in Ratzeburg
S	Stuttgart
*SAB	Saarburg
SAD	Schwandorf
*SÄK	Bad Säckingen
SAL	Saarland Landesregierung und Landtag
*SAN	Stadtsteinach
SAW	Altmarkkreis Salzwedel
SB	Saarbrücken
*SBG	Strasburg
SBK	Schönebeck
SC	Schwabach
*SCZ	Schleiz
*SDH	Sondershausen
SDL	Stendal
*SDT	Schwedt/Oder
SE	Segeberg in Bad Segeberg
*SEB	Sebnitz
*SEE	Seelow
*SEF	Scheinfeld
*SEL	Selb
*SF	Oberallgäu in Sonthofen
SFA	Soltau-Fallingbostel in Fallingbostel
*SFB	Senftenberg
*SFT	Staßfurt
SG	Solingen
SGH	Sangerhausen
SH	Schleswig-Holstein Landesregierung und Landtag
SHA	Schwäbisch Hall
SHG	Schaumburg in Stadthagen
SHK	Saale-Holzlandkreis in Eisenberg
SHL	Suhl
SI	Siegen-Wittgenstein in Siegen
SIG	Sigmaringen
SIM	Rhein-Hunsrück-Kreis in Simmern
SK	Saalkreis in Halle
SL	Schleswig-Flensburg in Schleswig
*SLE	Schleiden
SLF	Saalfeld-Rudolstadt in Saalfeld
*SLG	Saulgau/Württemberg
*SLN	Schmölln
SLS	Saarlouis
*SLÜ	Schlüchtern
*SLZ	Bad Salzungen
SM	Schmalkalden-Meiningen in Meiningen
*SMÜ	Schwabmünchen
SN	Schwerin
*SNH	Sinsheim/Elsenz
SO	Soest
*SOB	Schrobenhausen
SÖM	Sömmerda
*SOG	Schongau
SOK	Saale-Orla-Kreis in Oberböhmsdorf
*SOL	Soltau
SON	Sonneberg
SP	Speyer
*SPB	Spremberg
SPN	Spree-Neiße-Kreis in Forst
*SPR	Springe
SR	Straubing und Kreis Straubing-Bogen
*SRB	Strausberg
*SRO	Stadtroda
ST	Steinfurt
STA	Starnberg
*STB	Sternberg
STD	Stade
*STE	Staffelstein
*STH	Schaumburg-Lippe in Stadthagen
STL	Stollberg
*STO	Stockach/Baden
SU	Rhein-Sieg-Kreis in Siegburg
SÜW	Südl. Weinstraße in Landau
*SUL	Sulzbach-Rosenberg
SW	Schweinfurt
*SWA	Rheingau-Taunus-Kreis in Bad Schwalbach
*SY	Grafschaft Hoya in Syke
SZ	Salzgitter
*SZB	Schwarzenberg
TBB	Main-Tauber-Kreis in Tauberbischofsheim
*TE	Tecklenburg
*TET	Teterow
TF	Teltow-Fläming in Zossen
*TG	Torgau
THL	Thüringen Landesregierung und Landtag
THW	Technisches Hilfswerk (Bundesanstalt)
TIR	Tirschenreuth
TO	Torgau-Oschatz in Torgau
TÖL	Bad Tölz-Wolfratshausen in Bad Tölz
*TÖN	Eiderstedt in Tönning
*TP	Templin
TR	Trier und Kreis Trier-Saarburg
TS	Traunstein
*TT	Tettnang/Württemberg
TÜ	Tübingen
TUT	Tuttlingen
UE	Uelzen
*ÜB	Überlingen/Bodensee
*UEM	Ueckermünde
UER	Uecker-Randow in Pasewalk
*UFF	Uffenheim
UH	Unstrut-Hainich-Kreis in Mühlhausen
UL	Alb-Donau-Kreis und Ulm (Stadt)
UM	Uckermark in Prenzlau
UN	Unna
*USI	Usingen/Taunus
V	Vogtlandkreis in Plauen
*VAI	Vaihingen/Enz
VB	Vogelsbergkreis in Lauterbach/Hessen
VEC	Vechta
VER	Verden/Aller
*VIB	Vilsbiburg
VIE	Viersen
*VIT	Viechtach
VK	Völklingen
*VL	Villingen
*VOF	Vilshofen
*VOH	Vohenstrauß
VS	Schwarzwald-Baar-Kreis in Villingen-Schwenningen
W	Wuppertal
*WA	Waldeck in Korbach
WAF	Warendorf
WAK	Wartburgkreis in Bad Salzungen
*WAN	Wanne-Eickel
*WAR	Warburg
*WAT	Wattenscheid
WB	Wittenberg
*WBS	Worbis
*WD	Wiedenbrück
*WDA	Werdau
WE	Weimar
*WEB	Oberwesterwaldkreis in Westerburg
*WEG	Wegscheid
*WEL	Oberlahnkreis in Weilburg
*WEM	Wesermünde in Bremerhaven
WEN	Weiden/Oberpfalz
*WER	Wertingen
WES	Wesel
WF	Wolfenbüttel
*WG	Wangen/Allgäu
WHV	Wilhelmshaven
WI	Wiesbaden
WIL	Bernkastel-Wittlich in Wittlich
*WIS	Wismar (Kreis)
*WIT	Witten
*WIZ	Witzenhausen
*WK	Wittstock/Dosse
WL	Harburg in Winsen/Luhe
*WLG	Wolgast
WM	Weilheim-Schongau in Weilheim/Oberbayern
*WMS	Wolmirstedt
WN	Rems-Murr-Kreis in Waiblingen
WND	St. Wendel
WO	Worms
WOB	Wolfsburg
*WOH	Wolfhagen
*WOL	Wolfach
*WOR	Wolfratshausen
*WOS	Wolfstein
WR	Wernigerode
*WRN	Waren
*WS	Wasserburg/Inn
WSF	Weißenfels
WST	Ammerland in Westerstede
*WSW	Weißwasser
WT	Waldshut in Waldshut-Tiengen
*WTL	Wittlage
WTM	Wittmund
WÜ	Würzburg
*WÜM	Waldmünchen
WUG	Weißenburg-Gunzenhausen in Weißenburg/Bayern
WUN	Wunsiedel/Fichtelgebirge
*WUR	Wurzen
WW	Westerwald in Montabaur
*WZ	Wetzlar
*WZL	Wanzleben
X	Bundeswehr für Fahrzeuge der NATO-Hauptquartiere
Y	Bundeswehr
Z	Zwickau und Zwickauer Land in Werdau
*ZE	Zerbst
*ZEL	Zell/Mosel
ZI	Löbau-Zittau-Kreis in Zittau
*ZIG	Ziegenhain
*ZP	Zschopau
*ZR	Zeulenroda
*ZS	Zossen
ZW	Zweibrücken
*ZZ	Zeitz
0	Fahrzeuge des Diplomatischen Corps
1-1	Dienstwagen des Präsidenten des Deutschen Bundestages
H	Historische Fahrzeuge »Oldtimer« (Kennbuchstabe steht rechts neben der Zahl)

* Auslaufende Kfz-Kennzeichen, die noch gültig sind.

Entfernungstabelle Deutschland und Europa (Angabe in Kilometern)

Entfernungen in Europa

Entfernungen in Europa	Zürich	Wien	Warszawa	Venézia	Strasbourg	Stockholm	Sofija	Sevilla	Salzburg	Sankt Peterburg	Roma	Rīga	Praha	Paris	Palermo	Oslo	München	Moskva	Mīnsk	Milano	Marseille	Malaga	Madrid	Luxembourg	London	Lisboa	Leipzig	København	Kyjiv	İstanbul	Helsinki	Hammerfest	Hamburg	Glasgow	Genève	Frankfurt a. Main	Dublin	Calais	Budapest	București	Bruxelles	Bratislava	Bordeaux	Berlin	Beograd	Barcelona	Athīnai	Ankara	Amsterdam	A Coruña
A Coruña	2015	2802	3169	2183	2055	3489	3311	946	2535	4327	2474	3716	2610	1575	3399	3311	2375	4416	3718	1930	1450	1157	570	1935	1985	605	2533	2781	3963	3854	2542	5384	2466	2683	1880	2148	2442	1861	2996	3684	1884	2877	989	2617	3073	1116	4130	4457	2077	
Amsterdam	820	1156	1211	1343	596	1489	2104	2339	973	2361	1669	1750	859	504	2597	1311	828	2458	1760	1072	1225	2337	1782	409	491	2317	654	781	2092	2691	1816	3385	466	1189	1000	445	949	364	1408	2204	206	1231	1085	659	1764	1544	2821	3149		
Ankara	2634	2023	2279	2152	2696	3743	1007	4367	2194	3245	2033	2806	2302	3145	2133	3908	2317	2900	2424	2410	2900	4356	3958	2845	3395	4679	2535	3088	1566	458	3675	4993	3051	4092	2721	2667	3852	3270	1782	1124	3058	1976	3501	2660	1385	3360	1525			
Athīnai	2290	1679	2123	1807	2351	3398	726	4023	1849	3226	876	2777	1958	2801	1146	3563	1973	2881	2384	2065	2556	4012	3614	2500	3050	4334	2190	2743	2006	1067	3657	4975	2707	3748	2376	2323	3507	2926	1438	1106	2714	1632	3157	2316	1040	3016				
Barcelona	1064	1832	2337	1232	1109	2783	2360	1026	1517	3494	1372	2932	1719	1090	2302	2605	1376	3581	2883	979	498	1015	617	1137	1498	1337	1692	2075	2988	2902	3167	4537	1760	2196	774	1316	1955	1373	1900	2587	1349	1890	628	1855	1976					
Beograd	1250	639	1083	767	1311	2358	385	2983	809	2187	1299	1737	918	1761	1082	2523	933	2161	1390	1025	1516	2972	2574	1460	2010	3294	1151	2026	1286	927	2618	3935	1667	2708	1336	1283	2467	1886	398	612	1674	592	2117	1276						
Berlin	851	656	592	1101	756	1071	1659	2862	732	1711	1541	1111	405	1044	2469	1158	587	1839	1140	1040	1537	2851	2322	769	1049	2858	193	414	1381	2201	1260	2965	306	1747	1126	558	1507	925	881	1677	763	689	1625							
Bordeaux	938	1810	2177	1373	1063	2497	2501	1251	1542	3327	1513	2716	1618	583	2461	2319	1383	3424	2726	1120	639	1249	694	943	993	1229	1529	1788	2971	3043	2688	4250	1474	1691	701	1156	1450	869	2062	2728	892	1885								
Bratislava	832	67	704	681	886	1771	975	2897	378	1853	1213	1358	331	1311	2140	1854	516	1948	1250	939	1430	2886	2488	1014	1508	3117	564	1116	1232	1517	2324	3602	1007	2206	1117	794	1966	1384	197	993	1185									
Bruxelles	623	1110	1315	1145	435	1617	2058	2146	927	2466	1472	1855	888	310	2399	1439	766	2562	1864	875	1030	2143	1589	213	326	2124	711	909	2104	2600	1945	3371	594	1024	713	400	783	201	1362	2158										
București	1806	1041	1167	1382	1860	3186	383	3712	1421	2132	1915	1694	1320	2285	1592	2843	1490	1787	1311	1637	2127	3583	3185	1988	2482	3906	1552	2105	912	666	2563	3880	1996	3180	1948	1768	2939	2358	800											
Budapest	1010	244	697	695	1063	1964	782	2907	557	2072	1228	1373	523	1489	2153	2047	693	1857	1159	949	1440	2895	2498	1191	1685	3218	756	1309	1091	1323	2503	3592	1200	2383	1294	970	2143	1561												
Calais	802	1309	1477	1325	615	1779	2270	2123	1094	2627	1651	2016	1054	287	2579	1601	935	2724	2025	1054	1055	2120	1565	402	128	2101	878	1071	2266	2812	2107	3533	756	826	742	598	586													
Dublin	1384	1891	2059	1907	1197	2419	2852	2705	1676	3267	2247	2656	1650	883	3175	2241	1531	3320	2622	1650	1651	2716	2162	998	488	2697	1474	1667	2862	3408	2745	4314	1338	344	1324	1180														
Frankfurt a. Main	407	719	1083	935	217	1532	1667	2323	536	2241	1261	1635	527	583	2188	1354	391	2328	1629	664	998	2312	1915	227	722	2388	395	812	1851	2209	1859	3286	498	1420	587															
Genève	289	1042	1608	592	402	2110	1720	1781	742	2765	897	2203	989	534	1824	1932	602	2852	2154	321	456	1770	1372	502	866	2093	963	1390	2269	2263	2301	3863	1075	1564																
Glasgow	1628	2135	2303	2151	1441	2606	3096	2949	1921	3454	2477	2843	1881	1114	3405	2427	1757	3546	2848	1876	1877	2942	2388	1225	715	2927	1704	1897	3088	3634	2796	4359	1578																	
Hamburg	872	1103	883	1289	705	1035	2051	2728	920	1997	1710	1392	723	893	2638	857	775	2130	1432	1113	1442	2756	2171	624	885	2707	415	330	1672	2593	1226	2789																		
Hammerfest	3660	3638	2900	4031	3493	1897	4252	5504	3662	1757	4498	2340	3383	3669	5426	2019	3517	2438	2546	3901	4218	5533	4947	3400	3661	5483	3123	2557	2970	4535	1574																			
Helsinki	2234	1930	1582	2327	1930	191	2935	3942	1958	439	2936	1023	1678	2107	3865	760	1813	1120	1228	2339	2656	3970	3385	1837	2094	3920	1418	851	1652	3218																				
İstanbul	2176	1565	1821	1697	2238	3285	549	3909	1736	2147	1575	2348	1844	2687	1675	3450	1859	2442	1966	1952	2442	3898	3500	2387	2937	4221	2077	2630	1566																					
Kyjiv	1985	1298	791	1779	1972	1977	1283	3995	1608	1222	2310	1103	1366	2398	3238	2201	1747	876	573	2037	2528	3984	3586	2063	2390	4203	1491	1781																						
København	1187	1084	992	1678	1019	662	2086	3043	1112	1288	2025	1501	832	1207	2952	624	967	2239	1541	1428	1756	3071	2486	938	1195	3021	572																							
Leipzig	688	531	722	938	593	1227	1534	2699	569	1872	1378	1270	244	956	2306	1271	424	1967	1269	877	1374	2688	2290	606	1002	2761																								
Lisboa	2382	3042	3410	2550	2295	3729	3678	446	2835	4560	2690	3949	2851	1815	3638	3551	2694	4657	3958	2297	1817	657	696	2175	2225																									
London	926	1433	1601	1449	739	1903	2394	2247	1219	2760	1775	2141	1179	412	2703	1729	1059	2848	2150	1178	1179	2245	1690	527																										
Luxembourg	411	939	1294	934	224	1646	1844	2144	669	2480	1260	1880	747	369	2188	1468	509	2539	1841	663	818	2133	1639																											
Madrid	1661	2430	2935	1830	1706	3194	2958	566	2115	4033	1970	3433	2317	1280	2918	3016	1974	4179	3481	1577	1096	564																												
Malaga	2059	2828	3333	2228	2104	3779	3356	212	2512	4562	2368	3962	2714	1835	3316	3601	2372	4577	3879	1975	1494																													
Marseille	745	1372	2018	772	790	2465	1900	1505	1062	3248	912	2648	1400	769	1860	2287	1015	3263	2565	519																														
Milano	287	881	1521	281	478	2148	1409	1986	571	2671	593	2117	903	850	1521	1970	499	2766	2068																															
Mīnsk	1879	1286	551	1906	1784	1419	1683	3890	1565	797	2437	499	1193	2145	3365	1961	1576	698																																
Moskva	2577	1984	1249	2604	2482	1309	2159	4588	2263	689	3136	922	1891	2843	4063	1878	2275																																	
München	318	441	1030	511	360	1622	1317	2383	142	2180	951	1664	387	810	1878	1632																																		
Oslo	1729	1960	1411	2146	1561	571	2908	3573	1777	1197	2567	894	1534	1738	3994																																			
Palermo	1812	2082	2819	1482	2003	3672	1306	3327	1916	3969	948	3473	2268	2352																																				
Paris	652	1237	1596	1120	490	1916	2145	1837	969	2755	1425	2155	1045																																					
Praha	714	298	646	835	619	1487	1301	2725	341	1796	1341	1301																																						
Rīga	1928	1394	656	2014	1833	325	2065	2913	1673	592	2545																																							
Roma	884	1155	1891	555	1075	2745	1033	2379	989	3041																																								
Sankt Peterburg	2562	1889	1152	2510	2467	628	2504	4573	2168																																									
Salzburg	458	303	1019	457	520	1767	1193	2523																																										
Sevilla	2070	2839	3344	2239	2151	3751	3367																																											
Sofija	1634	1023	1467	1152	1695	2742																																												
Stockholm	1907	1739	1649	2136	1739																																													
Strasbourg	226	811	1238	749																																														
Venézia	558	624	1360																																															
Warszawa	1333	739																																																
Wien	758																																																	
Zürich																																																		

Entfernungen in Deutschland

Entfernungen in Deutschland	Würzburg	Wiesbaden	Ulm	Trier	Szczecin/Stettin	Stuttgart	Schwerin	Salzburg	Saarbrücken	Rostock	Regensburg	Passau	Nürnberg	Münster	München	Mannheim	Magdeburg	Lübeck	Leipzig	Konstanz	Köln	Koblenz	Kiel	Kassel	Karlsruhe	Hannover	Hamburg	Görlitz	Garmisch-Partenk.	Freiburg i. Br.	Frankfurt a. Main	Frankfurt (Oder)	Flensburg	Essen	Erfurt	Enschede	Emden	Düsseldorf	Dresden	Dortmund	Cottbus	Chemnitz	Bremen	Braunschweig	Bonn	Bielefeld	Berlin	Basel	Augsburg	Aachen
Aachen																																																		
Augsburg																																																		571
Basel																																																	361	542
Berlin																																																873	588	635
Bielefeld																																															393	599	562	255
Bonn																																														216	596	472	499	96
Braunschweig																																													383	180	242	663	584	423
Bremen																																												181	336	184	394	773	718	368
Chemnitz																																											491	339	491	415	264	678	392	577
Cottbus																																										179	488	335	690	487	134	845	566	729
Dortmund																																									586	445	233	280	117	112	492	553	566	153
Dresden																																								511	108	76	490	338	557	481	194	743	464	643
Düsseldorf																																							577	69	653	511	285	346	69	179	559	538	557	80
Emden																																						290	618	305	615	619	137	308	350	257	521	842	812	373
Enschede																																					169	143	616	131	617	551	218	301	200	153	521	666	696	224
Erfurt																																				404	466	374	214	308	316	149	339	180	353	278	299	584	418	440
Essen																																			340	123	259	38	543	38	619	478	254	312	98	145	525	564	585	121
Flensburg																																		509	518	472	399	540	658	488	598	670	272	360	591	410	449	978	897	623
Frankfurt (Oder)																																	541	589	363	588	585	622	178	556	79	249	457	305	660	456	104	940	651	699
Frankfurt a. Main																																607	649	250	255	348	515	222	458	224	560	392	443	336	163	314	543	334	359	256
Freiburg i. Br.																															269	865	909	495	515	598	775	467	678	484	780	605	703	596	404	574	802	79	351	475
Garmisch-Partenk.																														344	480	736	1014	708	502	805	929	680	548	692	650	476	835	701	622	679	672	366	151	694
Görlitz																													647	776	557	169	682	642	313	704	699	676	105	609	93	175	571	419	655	580	217	841	563	742
Hamburg																												524	859	754	494	383	157	364	363	328	255	395	500	343	441	542	127	206	447	256	291	822	743	479
Hannover																											154	462	715	610	350	349	309	245	219	241	257	279	381	212	379	413	130	72	316	113	285	677	599	355
Karlsruhe																										481	625	647	350	132	140	736	780	366	386	473	643	339	548	355	651	476	574	467	275	445	672	200	228	346
Kassel																									322	166	310	449	557	451	191	448	465	197	147	263	385	231	350	164	478	284	285	152	268	135	384	522	440	307
Kiel																								403	718	247	96	589	952	847	587	449	91	448	456	410	338	478	566	426	506	607	210	298	530	349	357	916	836	562
Koblenz																							615	244	200	388	518	609	548	329	116	659	663	169	307	267	421	141	510	189	612	445	408	388	79	288	595	404	425	165
Köln																						105	508	247	304	295	425	667	644	431	186	638	570	76	365	174	328	39	568	96	669	502	315	362	34	195	575	501	521	70
Konstanz																					525	433	919	523	231	682	826	776	214	128	363	864	980	589	513	694	869	560	677	578	779	605	797	667	503	645	801	144	186	574
Leipzig																				641	493	436	506	276	513	281	440	212	512	642	383	253	569	469	140	516	517	502	113	436	215	78	390	237	482	389	189	710	428	568
Lübeck																			435	883	483	576	81	368	683	212	68	519	917	812	552	378	153	422	421	385	312	453	495	399	436	537	185	263	505	314	286	879	800	537
Magdeburg																		338	137	762	437	483	373	246	561	147	280	331	620	690	430	217	435	387	170	381	383	421	237	354	247	238	256	104	458	255	154	757	536	497
Mannheim																	502	624	455	289	242	143	659	263	66	422	566	629	408	195	81	678	721	307	326	403	584	278	530	295	632	465	515	408	218	385	615	266	286	289
München																347	532	829	424	216	571	486	864	469	289	627	771	559	88	411	392	648	926	635	414	730	838	606	460	604	562	388	747	613	547	591	584	390	68	640
Münster															662	353	331	335	479	636	154	247	361	207	413	189	277	653	750	542	282	532	422	93	350	66	194	123	554	71	563	488	167	256	175	93	469	605	623	207
Nürnberg														497	166	236	385	664	278	376	406	336	699	304	247	462	606	413	255	376	224	501	761	470	267	568	673	441	314	440	416	241	582	448	382	426	437	448	140	475
Passau													217	710	188	439	575	877	468	402	618	548	912	517	450	675	819	561	276	579	440	691	974	683	457	780	886	654	462	652	564	389	795	661	595	639	627	576	239	688
Regensburg												118	101	593	126	322	430	761	322	336	502	432	796	401	334	559	703	442	214	463	323	545	857	566	312	664	769	538	343	536	445	271	678	545	478	522	482	534	149	571
Rostock											671	816	626	448	773	803	325	119	378	989	596	689	193	556	861	325	180	461	861	990	732	321	281	535	488	498	422	566	438	514	378	479	298	413	617	427	228	992	777	648
Saarbrücken										911	453	570	367	382	425	135	610	716	563	367	243	172	741	371	138	530	658	736	486	267	187	786	802	309	434	412	557	279	637	328	739	572	547	515	214	428	722	265	364	305
Salzburg									584	935	201	118	314	807	142	506	678	978	569	400	720	655	1014	621	448	776	920	535	180	569	536	799	1076	783	574	874	978	761	602	755	705	538	901	762	695	741	732	531	226	790
Schwerin								923	762	100	656	802	612	382	758	670	310	65	364	930	530	623	140	415	729	259	114	447	846	859	599	307	234	469	474	435	356	500	423	447	364	465	231	222	551	360	214	929	762	583
Stuttgart							759	382	219	818	291	398	204	472	227	131	591	712	470	177	366	275	747	353	83	511	655	605	289	206	204	693	809	430	342	535	707	402	506	419	608	435	630	496	344	474	630	271	166	416
Szczecin/Stettin						833	368	930	931	249	715	832	641	660	785	828	338	439	391	1004	755	811	509	572	878	470	448	391	874	1003	756	160	600	710	518	705	685	745	365	680	304	430	566	422	781	579	167	1071	787	818
Trier					927	285	690	651	95	757	497	614	411	314	491	179	602	644	555	433	171	136	669	340	204	455	586	729	553	335	181	779	731	237	427	337	486	200	630	257	732	564	476	508	142	355	715	325	430	160
Ulm				361	821	97	793	300	295	807	219	310	193	559	139	217	566	752	459	121	452	356	787	392	159	550	694	594	193	281	290	682	848	516	381	618	760	488	495	505	597	422	669	536	430	513	618	286	79	502
Wiesbaden			302	149	780	216	623	569	159	757	354	470	258	266	422	95	456	578	409	374	161	74	613	218	152	376	520	582	494	281	38	633	675	226	280	330	474	197	484	208	586	420	427	362	138	307	569	347	371	231
Würzburg		157	196	302	700	151	615	425	302	685	206	322	110	396	275	182	448	569	336	321	305	241	604	210	193	386	511	471	363	322	126	560	666	369	199	458	581	340	372	338	474	300	487	353	281	331	496	385	245	374

Die Entfernungstabellen von Deutschland (rot) und Europa (blau) dürfen nicht miteinander verknüpft werden. Die Tabellen sind jeweils nur getrennt zu benutzen.

Die Entfernungsangaben wurden unter bestmöglicher Benutzung der Autobahnen, Bundes- und Nationalstraßen berechnet. Es wird jeweils die schnellste Verbindung zwischen zwei Orten angegeben, nicht unbedingt die kürzeste. Fährverbindungen werden bei den Kilometerangaben nicht berücksichtigt.